Martin Peier

# gehört

## Wirkungen der Rede am Beispiel der Predigt

TVZ

Martin Peier

# gehört

## Wirkungen der Rede am Beispiel der Predigt

T V Z

Theologischer Verlag Zürich

Gedruckt mit freundlicher Unterstützung der Stiftung Reformierter Stadtverband Zürich, der Kulturstiftung der Burgergemeinde Bern, der Lang-Stiftung Zürich sowie Libref Schweiz und Prolibref Zürich.

reformierte kirche zürich

Burgergemeinde Bern

Der Theologische Verlag Zürich wird vom Bundesamt für Kultur mit einem Strukturbeitrag für die Jahre 2016–2018 unterstützt.

Bibliografische Informationen der Deutschen Nationalbibliothek
Die Deutsche Nationalbibliothek verzeichnet diese Publikation in der Deutschen Nationalbibliografie; detaillierte bibliografische Daten sind unter http://dnb.dnb.de abrufbar.

Umschlaggestaltung
Simone Ackermann, Zürich
Unter Verwendung der Originalgrafik «Referenzsystem» des Autors

Druck
Rosch Buch GmbH, Schesslitz

ISBN 978-3-290-18168-0

www.tvz-verlag.ch

# Inhalt

# Vorwort

Meist ist nicht berühmt geworden, wer eine Rede gehört, sondern wer eine gehalten hat. Deshalb galten schon in der griechischen und römischen Antike die Empfehlungen den guten Rednern, nicht etwa den Hörenden. Das Wissen des antiken iberisch-römischen Rhetorikers Quintilian zur Gerichtsrede und des römischen Cicero zur politischen Rede haben nichts an Aktualität eingebüsst (einmal davon abgesehen, dass es heute auch äusserst begnadete Redner*innen* gibt, die ihre Hörenden finden). Wer eine historisch bedeutsame Rede hielt, konnte sogar in die Geschichtsbücher eingehen. Darüber jedoch entschieden nicht sie selbst, sondern ihre Hörenden; denn sie waren es, die dafür gesorgt haben, dass eine Rede um die Welt ging. Aufgrund der zentralen Rolle der Hörenden wird hier in umgekehrter Richtung gefragt: Was bleibt nach einer Rede bei den Hörenden haften? Woran liegt es, wenn eine Rede wirkt? Wie entsteht bei den Hörenden Sinn?

Lehrbücher und Forschung zu Rhetorik lassen die eigentliche Perspektive der Hörenden ausser Acht, obwohl jede Rede erst in der Wirkung auf sie ihre Erfüllung und Berechtigung findet. Deshalb soll es die Perspektive der Hörenden sein, aus der ich die Rede in diesem Buch untersuche. Als Redetyp wählte ich – in heutigem Kontext – die *Predigt*. Dazu liess ich Hörende befragen, was ihnen in Erinnerung geblieben ist, was sie für sich verstanden haben und daraus ableiten. Mit dem Vorgehen, diese alte Redeform *aus der Perspektive der Hörenden* zu untersuchen und damit auch die Hörenden zu Wort kommen zu lassen, schliesse ich eine Forschungslücke. Die Erkenntnisse daraus sollen eine adäquate Würdigung der Hörenden zur Folge haben und ebenso eine Anwendung für das Halten von Predigten und Reden allgemein ermöglichen.

# 1. Einleitung

Das Wesenhafte einer jeden Rede besteht doch darin, dass sie *ein in Worte gefasstes, mündliches Ereignis* ist, das von Hörenden verstanden werden soll. Darum ist Rede, und im Grunde genommen jedes gesprochene Wort, letztlich ein Vorgang, der mehrfach transferiert und transformiert wird, wohin auch immer ein entsprechender Überstieg geschieht. Nach diesem Verständnis ist daher jede Rede, jede Predigt, kein Produkt, sondern ein Prozess.

Den praktischen Hintergrund der Untersuchung liefern mir rund zwanzig Jahre Erfahrung mit Entstehungsprozessen von öffentlicher Rede sowie mit Feedback-Arbeit. Als Ausgangsfragen verfolgte ich drei Aspekte – *aus der Perspektive der Hörenden*:

- Inwiefern ist die Predigt ein kommunikatives Ereignis?
- Was lässt sich über ein mögliches Verstehen der Predigt sagen?
- Wie lässt sich die Wirkung einer Predigt beschreiben?

Um diesen Fragen auf die Spur zu kommen, analysiere ich zunächst die Hör-Situation: Was ist hier mit *Kommunikation* gemeint? Was mit *Verstehen*? Mit *Wirkung* und mit *Prozessen*? Dazu befrage ich gleich mehrere Wissenschaftsdisziplinen und wähle für die Untersuchung schrittweise die methodischen Werkzeuge. Das aus einer Serie von Interviews erhobene Rohmaterial dient mir als vergleichende Beobachtung und verallgemeinernde Grundlage des Verstehensprozesses.

Eine Rede kann Prozesse auslösen, die Hörende zu einem bestimmten Sachverhalt in ihrem Denken, Reden und Handeln stimulieren und ihnen vertraute Erfahrungen in Leben und Welt neu bebildern und verändern. Dafür sind seit jeher die Hörenden verantwortlich. Ein Beispiel – aus biblischem Kontext – verdeutlicht solche Prozesse. Denn auch da waren es die zuhörenden Menschen, welche die neutestamentlichen Aussagen mehrfach mündlich tradiert hatten, bevor sie verschriftlicht wurden. Ebenso waren es die Hörenden, die einzelne biblische Aussagen in eigene Zusammenhänge stellten. Von Jesus ist die Aussage überliefert: «Wo zwei oder drei in meinem Namen versammelt sind, da bin ich mitten unter ihnen»[1]. Das meint: Sich gemeinsam an einem Ort einzufinden erschöpft sich nicht darin, miteinander zu reden und sich zuzuhören; eine Versammlung birgt das Potenzial, die sich Versammelnden in einen Prozess hinein zu bewegen – hier im Sinn des stiftenden «In meinem Namen». Die Figur Jesus ist nach den Überlieferungen keine ruhende, sondern eine tätige. Von ihm wird entsprechend überliefert: «Was ihr einem meiner Geringsten getan habt, das habt ihr mir getan»[2]. Das Handeln an einem anderen Menschen gilt stellvertretend und ist daher ein gegenüber Jesus verantwortetes Handeln. Die Hörenden machten die eben zitierten Aussagen zu einer doppelten Handlungsoption: Sich zu versammeln kann darin münden, Gutes zu tun. Und umgekehrt: Andern Gutes zu tun, kann davon genährt werden, wie sich Menschen miteinander versammeln. Für die sich hier bildende Fragestellung ist bemerkenswert: Beide biblischen Zitate beruhen auf Gesprächssituationen; in der einen ist vom Versammeln und in der andern vom Tun die Rede. Beide Situationen sind also lediglich *Äusserungen* über das Versammeln und über das Tun; weder versammeln sie jemanden real, noch tun sie wirklich irgendetwas. Beide stehen also für etwas, das sie selbst nicht sind. Zugleich liegt ihnen aber die Erfahrung der Hörenden zugrunde: Verkünden, Glauben, Verstehen und Handeln sind in der Tat aufeinander bezogen. Dies wird hier mit *Relationalität* bezeichnet.

Was bedeutet nun eine so komplexe Verschränkung bereits in einer Einleitung? Entsprechend den biblischen Zitaten gelangt auch heute eine Rede erst durch Relationalität, durch Wechselwirkung von Hören *und* Handeln respektive durch Hören *als* Handeln in ihr Ziel. Daran ist im Grunde genommen die kommunikative Nachhaltigkeit jeder Rede zu messen.

Im Verlauf der Untersuchung haben zahlreiche Leute mitgewirkt und auf unterschiedliche Art zur Entstehung dieser Publikation beigetragen. Der Vielzahl geschuldet danke ich allen Beteiligten in alphabetischer Reihenfolge: Andrea Aebi, Marianne Aegerter, Corinne Auf der Maur, Joachim Bauer, Damian Brülisauer, Trudi Bühler, Martin Dürr, Bruno Essig, Barbara Fierz, Edith Finger, Margrit Finger, Pia Föry, Alfred Frühauf, Werner Geiger, Hellmut K. Geissner (†), Ueli Greminger, Albrecht Grözinger, Jörg Grünert, Andreas Haller (†), Susanne Heine, Kurt Hofer, Madeleine Hofer, Irène Hofstetter, Pascale Huber, Felix Hunger, Ralph Kunz, Madlen Leuenberger, Hans Liggenstorfer, Franziska Loretan-Saladin, Urs Meier, Henriette Meyer-Patzelt, Cédric Peier,

---

1 Mt 18,20.
2 Mt 25,40.

Werner Peier, Res Peter, Lotti Pfeiffer, David Plüss, Paul Prim (†), Elsbeth Roth, Jürg Rother, Marija Runje, Patrick Schwarzenbach, Christoph Sigrist, Edith Slembek, Werner Stahl, Andreas und Martha Steinmann, Martin Stützle, Beat Von Känel, Daniela Wassmann, Peter Weigl, Eberhard Wolf, Waltraud Ziegler, zudem der Stiftung Reformierter Stadtverband Zürich, Lang-Stiftung, Kulturstiftung der Burgergemeinde Bern, Libref Schweiz, Prolibref Zürich.

# 2. «Liebe Gemeinde»

Über eine Rede und deren Wirkung kann nur etwas sagen, wer sie gehört hat. Ebenso kann sich nur zu einer Rede äussern, wer dazu die Gelegenheit erhält und sich hinreichend ausdrücken kann – das Wesentliche des Verstandenen muss man auch benennen können. Was aber bedeutet *hinreichend* und worin besteht das *Wesentliche*? Weder eine umfassende Wort-Treue noch eine korrekte Inhaltswiedergabe können da genügen. Zunächst müssen grundsätzliche Kriterien bezeichnet werden, mit denen sich Hören und Verstehen erfassen lassen. Die fehlende Eindeutigkeit von Sprache und Sprachverständnis sowie das Wissen um eine zeitliche Vorläufigkeit von Begriffsbedeutungen lösen ein anspruchsvolles Unterfangen aus. Zudem wurde bislang meist aus der Perspektive der Redenden nach dem Wesentlichen gefragt.[3] Redende sehen sich deshalb in einer kniffligen Ausgangslage; so simpel sie klingen mag, so komplex ist sie: Wer redet, bringt etwas zum Ausdruck und will es so vermitteln, dass die Hörenden das Gesagte und das Gemeinte verstehen. Diese Ausgangslage provoziert ein komplexes System zwischen *Reden, Hören, etwas Meinen* und *etwas Verstehen*; denn «meinen ist noch nicht sagen, sagen ist noch nicht hören, hören ist noch nicht verstehen, verstehen ist noch nicht einverstanden sein, einverstanden sein ist noch nicht handeln.»[4] Bereits die Eröffnung einer Predigt mit «Liebe Gemeinde» zeigt die komplexe Vielschichtigkeit des Bezugssystems. Aus der Perspektive der Hörenden scheint das System vierfach auf, unabhängig davon, wie Redende und Hörende miteinander übereinstimmen würden:

---

3 Bezüglich Predigtkonzepte wird auf Engemann 2002, Roth 2006, Grözinger 2008 und Pohl-Patalong 2010 verwiesen. Sie beziehen ihre Modelle meist auf die *Produktion* der Predigt. Einzig Pohl-Patalong 2011 untersucht den Gottesdienst mittels Feedbacks, belässt jedoch die Predigt als Leerstelle. Schwier 2008 arbeitet zwar mit Feedbacks, entnimmt aber die Daten einer Laborsituation und simuliert dadurch die Hörsituation.

4 Geissner, bereits 1968 (ohne Seitenangabe); vgl. Hörmann 1976.

1. Die Einladung: Die Predigt ist für Hörende keine Rede, sondern eine ‹Höre›. Sie wird von Menschen akustisch vernommen. «Liebe Gemeinde» ist die schlichte Einladung zuzuhören.
2. Die Anrede: Die Predigt ist eine *Rede.* Sie wird vor Hörenden gehalten. «Liebe Gemeinde» ist die Anrede, wodurch die Anwesenden zur angesprochenen Gruppe werden.
3. Die Divergenz: Mit «Liebe Gemeinde» wird die Gemeinde als singulär Ganzes angesprochen, wogegen die mit der Predigt Gemeinten die individuell Hörenden sind. «Liebe Gemeinde» zeigt das vergemeinschaftende Potenzial der Predigt an, wonach die im Plural Anwesenden ein gemeinsames Ganzes bilden könnten.
4. Die Augenhöhe: Die Hörenden werden nicht über ihre Funktionen (Einwohnerinnen, Parteigenossen usw.) angesprochen. Sie sind weder «meine Damen und Herren» noch «sehr geehrte Zuhörerinnen und Zuhörer» oder «werte Teilnehmende»; das wären andere Qualitäten. «Liebe Gemeinde» offeriert den Hörenden eine Gleichwertigkeit, vorausgesetzt dass ‹Liebe› als reziproke Grösse verstanden wird.

Dieses Bezugssystem setzt sich nach der Eröffnung der Predigt fort, wobei sie den Hörenden unterschiedliche Dimensionen eröffnet: Ist sie für bestimmte Hörende eine sprachlich-sprecherisch gestaltete Ansprache, so ist sie anderen theologisch-existenzielle Reflexion, für wieder andere glaubensvermittelnde Auseinandersetzung mit Gott und den Menschen, und wieder anderen ist die Predigt eine Konfrontation mit dem eigenen Leben und mit der Welt. Die gleiche, *einmalig gehörte Rede* kann bei der Menge von Hörenden divergierende Wirkungen auslösen. Während sie tröstend, fragend, ermutigend, trotzend, erweckend, ermahnend, klagend, jubelnd, zweifelnd oder erhellend wirkt, kann sie für einen Teil der Hörenden nutzlos, zwecklos oder gar sinnlos sein. Für manche wird sie zum Erlebnis, bei dem die Zeit *danach* eine unvergleichlich andere ist als jene zuvor. In jedem Fall ist die Predigt ein *Prozess,* bei dem *etwas In-Gang-Gesetztes etwas in Gang setzt.*

## 2.1. Persönlich im Öffentlichen

Das gesellschaftliche Zusammenleben heute ist von tiefgreifenden volatilen Prozessen geprägt, bei denen – zivilgesellschaftlich betrachtet – traditionelle Schlüsselinstitutionen wie Staat, Schulen, Spitäler, Kirchen, Armee, Medien und selbst Unternehmen sich in der Öffentlichkeit zu bewähren haben. Die Öffentlichkeit im Sinne des öffentlich Zugänglichen (Spitäler), des öffentlich Rechtlichen (Kirchen, Staat) oder des öffentlich Verpflichtenden (Schule, Armee) wird hinterfragt.

Der Wochenrhythmus mit arbeitsfreiem Sonntag verliert an Konturen und wird zunehmend individualisiert gestaltet. Die Zugehörigkeit zu Kirchen und Parteien resultiert vermehrt aus einem bewussten Willensakt als aus einer früher systembedingten Selbstverständlichkeit. Man kann politisch sein, ohne einer Partei anzugehören; man kann religiös sein, ohne Mitglied bei einer Kirche zu sein. Das zwingt Organisationen, mit Anreizsystemen ihre Attraktivität permanent beweisen zu müssen. Einrichtungen des Gemeinwesens stehen dem hohen Tempo wirtschaftlicher Veränderungen gegenüber unter Druck und müssen sich wiederholt bei Anspruchsgruppen plausibilisieren.

Das einst volkspädagogische Fernsehen früherer Jahrzehnte hat ausgedient und seine Monopolstellung bildgebender Berichterstattung an einen breiten, flüchtigen Konsum- und Unterhaltungsmarkt, auch ans Internet und an Social Media verloren. Auf die früher gesellschaftstragenden Institutionen wird ein Auftrag zu stabilisierender Identität projiziert, ihnen aber zugleich mit der Begründung einer freien, selbstbestimmenden und optionalen Gesellschaft die Existenz abgesprochen. Veränderungsprozesse zeigen sich unentwegt in wechselnden Bevölkerungsstrukturen, im Modell lebenslangen Lernens, in digitaler Medialisierung, in neuen Formen an Partizipation bei Entscheidungsprozessen sowie an der Volatilität von Sprache. Wie diese gesellschaftlich bedeutsamen Veränderungsprozesse verhandelt werden, hängt davon ab, ob und wie Menschen miteinander reden, einander zuhören, sich gegenseitig verstehen, wie sie Stolpersteine und Probleme genauso erkennen wie Ansätze zu Lösungen. Die Voraussetzung dazu besteht darin, *miteinander handeln zu wollen*. Darum sind diese Veränderungsprozesse zwingend auch Kommunikationsprozesse.

Es wäre jedoch irrig zu meinen, Veränderungsprozesse würden sich nur vollziehen, wenn zwischen den Beteiligten eine gelingende Kommunikation bestünde. Auch im Nicht-Übereinstimmen, Missachten oder im Verweigern von Kommunikation können sie sich ergeben, wenn auch in unabsehbarer Richtung. Das Potenzial gemeinsamen Handelns liegt im Erkennen von Handlungsoptionen und im Eröffnen von Veränderungspotenzialen, selbst bei unterschiedlichen Wertvorstellungen. Es ist anspruchsvoll, da Vorläufigkeit und Volatilität von situativ gültigen Ergebnissen zugunsten eines Prozesses zuzulassen. Das an Bedeutung gewinnende Grundaxiom, *was heute gilt, kann morgen überholt sein,* lässt letztlich nur prozessuales Voranschreiten zu. Das gilt auch bei strategischen Entscheidungen, denen bereits a priori eine vorläufige Gültigkeit zugebilligt wird, weil man prozessuale Folgeschritte erwartet, deren Tragweite noch nicht abzusehen ist.

Kommunikative und zugleich ökonomische Verwirklichungen einer solchen Volatilität sind die in hohem Rhythmus fabrizierten Communiqués in Krisen oder vorzeitig lancierte Software-Versionen trotz Instabilität des Systems. Volatilität ist auch bei sich neu organisierenden Institutionen zu beobachten. Da zeigt sich, wie Grundstrukturen oft erst in der Anwendung auf Gültigkeit und Wert überprüft werden können und die Organisationen nicht umhin kommen, sich prozessual als lernend zu erweisen.

Die gesellschaftliche Grunderfahrung von *Volatilität* und von *Veränderungsprozessen* lässt vermuten, dass sie auch bei Alltagsgesprächen zum prägenden Grundmuster gehört. Wenn in der Predigt Hörende eine *Wahrheit mit überzeitlichem Gültigkeitsanspruch* angeboten bekommen, sie jedoch aufgrund ihrer Erfahrung von gesellschaftlicher Volatilität *Wahrheit* nur als eine *vorläufige* akzeptieren,[5] ergibt sich für die Predigt eine grundsätzliche Schwierigkeit: Ein *überzeitlich gültiger Wahrheitsanspruch* steht den heutigen volatilen Erfahrungen entgegen. Umgekehrt führt die Predigt zu ebenso irritierenden Reaktionen, wenn Hörende *überzeitlich Gültiges* erwarten, die Predigt den Hörenden jedoch lediglich volatile Veränderungsprozesse und plurale Optionen aufzeigt. Sie bleibt dann hinter der Hörerwartung zurück, es doch endlich einmal gesagt zu bekommen, wie «es» sich verhält. Die gesellschaftliche Grunderfahrung von Vorläufigkeit fordert heraus, in der Predigt nicht die Lösung, sondern die Frage anerboten zu erhalten und insbesondere den Prozess zu erfahren, um so im eigentlichen Sinn kommunikativ zu handeln.

### 2.1.1. Segmentierung – plural und glaubwürdig

Die Gesellschaft lässt sich nicht mehr eindeutig mit sozialen Schichten oder Milieus differenzieren. Dem Menschen steht in der Gesellschaft eine Vielzahl an Optionen offen, sei dies bei beruflichen Engagements, bei sich verändernden Lebensräumen, bei Konsumgütern oder bei den sich technologisch rasch entwickelnden medialen Angeboten. Nur noch wenige gesellschaftliche Zuordnungen bleiben ausschliesslich Einzelnen zugänglich. Es lässt sich zwar eine *Segmentierung* in verschiedene Lebensräume, soziale Bezugssysteme und kulturelle Milieus ausmachen, doch ist diese meist durchlässig. Ohne weiteres können sich Menschen in mehreren, auch gegensätzlich wirkenden

---

5 Waldenfels, S. 225. 236.

Lebenswelten aufhalten; das hat Einfluss auf die bislang stabilisierenden gesellschaftlichen Einrichtungen: Staat, Kirchen, Parteien, Schulen, Familien, Armee und Gesundheitssysteme sehen sich divergierenden Interessen gegenüber und können weder auf selbstverständlich garantierte Akzeptanz noch auf unantastbare Reputation zählen. ‹Staat› wird nicht nur mit Glaubwürdigkeit und Autorität verknüpft, sondern auch mit Glaubwürdigkeits*defizit* und Autoritäts*verlust*. Möglicherweise stehen dahinter *Erfahrungen der Komplexität* im Umgang mit gesellschaftlichen Prozessen und *Situationen der Überforderung* in einer vormals vorhandenen oder zumindest beanspruchten Kompetenz, derer man verlustig gegangen ist. So verfügen die Kirchen zum Beispiel über kein Alleinstellungsmerkmal mehr, womit sie sich in der Gesellschaft behaupten könnten. Zu jedem noch so relevanten kirchlichen Handlungsfeld gibt es eine «säkulare» Alternative. Entsprechend müssten sich in einer segmentierenden Gesellschaft die Kirchen permanent plausibilisieren, um verstanden und akzeptiert zu werden.[6] Für sie besteht ein Spannungsfeld zwischen der Herkunft, der gegenüber sie sich verantwortlich sehen (als ihr Auftrag) und einer gesellschaftlich veränderten Rolle (als Plausibilität ihrer Nachfrage). Das heisst, wer predigt, kommt bei einem nach und nach schwindenden Stammpublikum nicht darum herum, die Predigt auf einem breiten Angebot der Kommunikation und Verkündigung zu behaupten und die Vision, das *Credo*, das aktuelle *Mission-Statement* auf eine Art zu erklären, wie es viele Unternehmen bei strategischen Überlegungen längst schon tun – mit notabene genuin religiösen Begriffen.

Angesichts von vorläufigen und flüchtigen Erfahrungen erfordert das einen dialogischen Umgang mit theologischer Reflexion von tradierten Wurzeln. Das gilt insbesondere angesichts von Hörenden mit volatilen *Lebenserfahrungen* (z. B. Alters- und Schicksalsgruppen), mit disparater *religiöser Sozialisierung* (z. B. Wissen, Kulturverwurzelung, Glaubenserfahrung, Frömmigkeitsmuster), mit kontingenter *Organisationserfahrung* (z. B. Auftragserteilung, -empfang, Problemlösungsstrategien, Reflexionsfähigkeit, Responsiveness), mit individueller *Spracherfahrung* (z. B. Milieuvertrautheit, Interdependenzen) und mit teils konditionierten *Hörerfahrungen* (z. B. Zuhören, Hinhören, Weghören).

6 Karle, S. 136. 228f; Gräb, S. 19.

### 2.1.2. Milieusprache – plural und exklusiv

So durchlässig gesellschaftliche Lebenswelten sind, so kennen etliche eigene Milieusprachen. Damit ist kein Slang gemeint, mit denen sich Angehörige bestimmter Gruppen von anderen abheben. Milieusprache meint auch keinen Fachjargon unter Berufsgruppen, die sich durch Berufszirkel bilden und mittels derer die Beteiligten sich rasch verständigen können. Milieusprache scheint eine Art Sprachschatz zu sein, mit dessen Hilfe der emotionale Wert einer Zeit-Gemeinschaft stimuliert wird. In kirchlichem Kontext hat sich eine Milieusprache gebildet, die sich auf Lebensvollzüge bezieht. Mit zuweilen pseudo-literarischen Sprachfiguren[7] steht die kirchliche Milieusprache – das *Kirchsprech* – indessen im Widerspruch zum ureigenen Auftrag, wonach die Botschaft *allen Menschen* gelte. Predigende bedienen sich dieses Phänomens im Glauben, dadurch eine einander verbindende Atmosphäre zu schaffen. Problematisch daran ist, dass zwar alle eingeladen sind, aber ein Teil dadurch ausgeschlossen wird, weil sich das, wovon die Rede ist, ihnen gerade nicht erschliesst. Wer den Wortschatz nicht kennt, hat kaum Chancen, das Gehörte zu verstehen, ihm Bedeutung zuzusprechen, geschweige diesem einen Sinn abzugewinnen. In der sprachlichen Analyse entpuppen sich Schlüsselbegriffe oft als diffuse Sprachhülsen. Ein genaues Hinterfragen der Begriffe auf das, was sie genau bedeuten und worauf sie zielen, fehlt weithin, so dass ein oft unverständliches und wenig reflektiertes Textbausystem entsteht.

> Dieses Kirchsprech lässt sich in der Tat als eine Sprachsoftware beschreiben, die ihren Vokabelthesauros und ihre syntaktischen Algorithmen als Raster über die Wirklichkeit legt. Was in ihm erfasst ist, mutiert zum «Thema» und lässt sich in ein vordefiniertes Problemfelderschema einordnen. [...] Es ist ein offenes Programm und kann auf alles und jedes angewendet werden, erzeugt allerdings dabei immer ungefähr die gleichen Aussagen. [...] Der Erfolg der programmierten Sprache beruht auf ihrer freundlichen Folgenlosigkeit. Indem das Kirchsprech alles, womit es sich befasst, vereinheitlicht, dient es zur Identifikation derer, die es sprechen. [...] Man versteht nicht die Welt, sondern einander, vorausgesetzt, man hat das Grundeinverständnis vorweg erklärt.[8]

So wird etwa die «Nähe zu den Menschen» als Qualitätsanspruch kirchlichen Engagements postuliert, ohne zu befragen, worin diese Nähe bestehe, wem

7 Schneider, S. 2.
8 Meier, S. 21.

sie gelte und ob sie von diesen auch erwünscht sei. In Anbetracht einer sich segmentierenden Gesellschaft wirkt das Phänomen des Kirchsprechs wie ein doppeltes Kontrastprogramm, das sich gegen den eigenen Auftrag, allen nahe zu sein, genauso stellt wie gegen den gesellschaftlichen Prozess einer offenen Segmentierung.

### 2.1.3. Sozio-Religiosität – plural und identifizierend

Im Nachgang zu Katastrophen mit gesellschaftlicher Tragweite haben sich in den vergangenen Jahrzehnten Trauerfeiern als Anlässe etabliert, bei denen die Kirchen eine nicht nur religiöse, sondern auch zivilgesellschaftliche Aufgabe übernehmen und somit als Türöffnerinnen zum Transzendenten fungieren.[9] Oft stehen staatliche Autoritäten und kirchliche Exponenten gemeinsam hin und setzen ein Zeichen ihrer Solidarität und Empathie. Kirchen schwanken dabei zuweilen zwischen ihrem eigenen, der Tradition verpflichteten Auftrag und dem situativen Anspruch der disparat interessierten Partner.[10] Nur schon der theologische Anspruch, es sei ein *Gottes*dienst zu feiern, wird angesichts einer fremdreligiösen Beteiligung schier unlösbar, wenn beispielsweise auch die Beteiligung von buddhistisch Glaubenden vorgesehen ist, welche sich die Wesenheit ‹Gott› ganz anders als monotheistische Religionen vorstellen.[11] Unvermittelt sind Verantwortliche bei Trauerfeiern mit Fragen konfrontiert wie: Wie wird Gott angesprochen? Von welchem Gott wird Trost erhofft? Kann Gott als Du grundsätzlich angesprochen werden? Für wen sind rituelle Zeichenhandlungen verständlich? Da wird der Anspruch, *alle* zu erreichen – auch Menschen ohne Religion – den Exponenten der Kirchen zur besonderen Herausforderung; denn sie haben sich auf Formen einzulassen, die sie erst (in überkonfessioneller und interreligiöser Arbeit) zu (er)finden haben. Sie haben danach zu fragen, wie die Intention der Feier, die religiösen Ansprüche der Beteiligten, die Sprache und die Ritual-Vertrautheit der Feiernden zueinander stehen. Verstehen sollen auch Teilnehmende ohne religiöse Sozialisation.[12] Dieser Vorgang kann als *sozioreligiöse Ausdruckssuche* bezeichnet werden.

Kirchliche Seiten wenden zuweilen ein, sozioreligiöse Feiern würden für die Kirchen das grundsätzliche Risiko in sich bergen, auf ihre konfessionelle

---

9 Gräb, S. 27. 77.

10 Fechtner, S. 7–19.

11 So die Trauerfeier nach der Tsunami-Katastrophe (5. Januar 2005 in Bern/Schweiz).

12 Engemann 2002, S. 35.

Erkennbarkeit verzichten zu müssen. Es sei daher im Umfeld einer säkular geprägten Gesellschaft wichtig, als Kirchen eigenständig und unverwechselbar aufzutreten. Abgesehen von der Frage, worin genau das Unverwechselbare bestünde, müssten dies letztlich nicht Kirchenleitungen beantworten, sondern jene, die den Kirchen in der Krise die gesellschaftliche Aufgabe zuschreiben,[13] gemeinsam zu trauern. Gelingt dies, so weisen auch sozioreligiöse Feiern ein vergemeinschaftendes Potenzial auf. Menschen sind anlässlich solcher Feiern für die Frage nach den Grenzen des Lebens besonders empfänglich und sensibel auf religiöse Ausdrucksweisen. Gemeinsam vollführte Handlungen weisen über sich hinaus, selbst dann, wenn eine allgemein verständliche Bildsprache und säkulare Formen eingesetzt werde.[14]

### 2.1.4. Öffentlich relevant und persönlich profiliert

Eine Rede lässt sich heute kaum mehr frei von medialen Einflüssen denken. Wer eine Predigt hört, kennt das Genre oft schon aus Film oder Fernsehen. Die audio-visuell-technisch vermittelte Predigt wird, so überspitzt sie auch gestaltet sein mag, für die Hörenden oft zum *medialen Referenzwert* für die Predigt schlechthin. Konfessionelle oder religiöse Kulturen spielen dabei keine Rolle. Das schier endlose Spektrum von Predigten im Film reicht von der Politrede über die flapsige oder bissige Satire bis zur eindringlich ins Gewissen geredeten Ansprache. Reden ohne religiösen Hintergrund, aber mit religiösen Versatzstücken versehen, erweitern das mediale Spektrum. Da finden Formen ihr Publikum, die weniger einem religiösen als weit mehr einem cineastischen Interesse geschuldet sind. Wie kaum sonst wird der Predigt durch ihre mediale öffentliche Präsenz eine Rolle von gesellschaftstragender Bedeutung zugesprochen und zugleich eine private Nähe von ihr abverlangt. Die divergierenden Erwartungsfaktoren entsprechen jenen medialen Erfahrungen, wonach das Private von Einzelnen für gesellschaftlich bedeutsam erklärt wird und daher in die Öffentlichkeit gezerrt wird, als ob es Allgemeingut wäre.[15] Umgekehrt inszenieren Einzelne durch öffentliche Darstellung ihrer Person eine eigene überhöhte Geschichte des Privaten. Die Trennung in eine *öffentliche* Sphäre, in der gesellschaftliche und politische Vorgänge verhandelt wür-

13 Karle, S. 104.

14 Nach der Trauerfeier für ein getötetes Mädchen wurden als Symbol von Kindlichkeit und von flüchtigem Leben Ballone aufsteigen gelassen. (Appenzell/CH, 26.9.2007)

15 Weiss, S. 137.

den, und in eine *private,* wo im Schutz der eigenen vier Wände das gelebt würde, was nicht für die Öffentlichkeit bestimmt sei, lässt sich heute nicht mehr aufrechthalten.[16] Spätestens seit der Erfindung des allgemein zugänglichen Internets liegen Öffentliches und Privates nur einen Klick voneinander entfernt. Die Grenzen sind höchst durchlässig,[17] so dass das Private im Licht der Öffentlichkeit sowie Öffentliches mitten in der Privatsphäre gleichwertig zueinander behandelt werden.[18] Meist wird der Zugriff auf Privates mit dem *gesellschaftlichen Interesse* begründet, mit dem der unvermeidbare «Gang an die Öffentlichkeit» für legitim erklärt wird. Welche Kriterien gelten sollen, bleibt unklar. Für entscheidungsberechtigt halten sich oft Medienschaffende und mehr noch solche, die sich an den Medien zu schaffen machen. Dadurch ist *mediale Öffentlichkeit* eine Grösse, die sich nicht mehr nach der Öffentlichkeit, sondern nach (ökonomischen) Interessen Einzelner richtet. Die Öffentlichkeit selbst muss als Begriff neu diskutiert werden; denn die mediale Gesellschaft erfindet Räume des Öffentlichen und verbindet sie zu einem flüchtigen, nicht-endlichen Raum, dem man entweder angehört oder sich andernfalls entziehen muss. Konsequenterweise ist von *Öffentlichkeiten*[19] im Plural zu sprechen. Somit verschieben sich sämtliche Begriffe, die Öffentliches für sich beanspruchen. Wie lassen sich *öffentliches Interesse, öffentliche Meinungsbildung, öffentliches Recht auf Information* oder *öffentliche Grundversorgung* differenzieren? Diese Diskussion steht aus.

Für die im öffentlichen Raum gehaltene Predigt stellt sich eine analoge Frage. Ist Predigt öffentliche Rede, in der Privates zur Sprache kommt? Oder ist sie private Rede, der die Bedeutung des Öffentlichen durch den Raum zugebilligt wird und die somit die Legitimation erhält, öffentlich Relevantes zu thematisieren? Das Interesse von Hörenden scheint einen nochmals anderen Pfad zu suchen. Nicht die Differenzierung von Öffentlichem und Privatem ist die fragliche Opposition; denn Hörende haben kaum Interesse an privaten Geschichtchen. Sie wollen nicht wissen, wie der Alltag der predigenden Person aussieht; das wäre indezent, weil unausweichlich. Mit dem Privaten verbinden die Hörenden Beziehungsfragen zu Familie und Partnerschaft, Bereiche, an denen der sogenannte Stallgeruch der Redenden klebt, und Themen, die diskret und unter vier Augen besprochen gehören. Sie wollen nicht

---

16 Ritter, S. 10.
17 Weiss, S. 142.
18 Weiss, S. 19.
19 Haller, S. 38.

von Ereignissen erfahren, deren Wirkung intim ist.[20] Das wäre wie eine Veräusserlichung, eine Zurschaustellung des Eigenen, peinlich berührend und die Redenden mitunter ihrer Würde beraubend. Ebenso wenig wünschen sie wertende oder gar abwertende Aussagen, die kränkend, boshaft, höhnisch, bissig, lieblos, verletzend oder ausfallend wirken.

Hörende bevorzugen *persönlich* angesprochen zu werden; dieses Anliegen erfüllt sich, wenn der Eindruck entsteht, die Predigt gelte genau ihnen. Es bietet sich an, *Öffentliches* und *Persönliches* zu differenzieren. Persönliche Äusserungen lassen eine Haltung der Redenden erkennen, bei der ihre Einstellung zu den gestellten Fragen spürbar wird. Es erschliesst sich den Hörenden, wie die Redenden denken, fühlen, handeln, glauben; dadurch wird ihnen anerboten, selbst ihre Haltung aus dem Gehörten abzuleiten und für sich Sinn zu konstituieren. Eine argumentierende Darstellung öffnet eine neue Perspektive; das ist dem Öffentlichen geschuldet. Dabei bleiben sowohl Verstehenshorizont wie Denkraum den Hörenden überlassen; persönlich zu predigen hat also die Aufgabe, den Verstehensprozess zu begünstigen.

## 2.2. Hören – das andere Reden

In der Predigt ist ein Potenzial zur Kommunikation angelegt, das sich im Vorgang von Hören und Verstehen bemerkbar macht. Von sich aus ist eine Predigt allerdings nicht kommunikativ; denn bei jeder Predigt besteht die Möglichkeit, dass sie an den Hörenden vorbei gedacht und vorbei geredet wird und daher wirkungslos verpufft, weil Vorwissen, Verstehensfähigkeit oder Verstehensbereitschaft der Hörenden falsch eingeschätzt wurden. Zudem sind die Hörenden immer frei sich zu entscheiden, Kommunikation zu verweigern,[21] sie auszuschlagen oder sich ihr zu entziehen. Da setzt das für die Predigt entscheidende Verständnis von *Kommunikation* an. Sowohl das in den Raum gesprochene Wort als auch die gleichzeitige Anwesenheit mehrerer Menschen im gleichen Raum als Kommunikation zu bezeichnen,[22] wäre im vorliegenden Zusammenhang wenig hilfreich. Ausgangspunkt ist die Annahme, dass sich zur Predigt Menschen einfinden, die aus einem be-

20 Denecke, S. 135f, Goller, S. 19. 35.
21 Tropp, S. 26f.
22 Watzlawick, S. 53.

stimmten Grund eine hören wollen. Mit der Entscheidung, am Gottesdienst teilzunehmen, signalisieren sie ihre Bereitschaft zu einem wie auch immer gearteten *gemeinschaftlichen Tun*[23] und somit zu einer *Kommunikation*, wie sie als «*communicatio*»[24] ursprünglich gemeint war. Nach diesem Verständnis ist sie *gemeinschaftliches Handeln im Prozess*, eine fortführende Auseinandersetzung mit dem Gehörten.[25] Im Verstehen können die Anwesenden ihre kognitiven, theologischen, geistlichen, biografischen, handlungsleitenden, emotionalen, sprachlich-sprecherischen Intentionen einbringen. Der Prozess kann sich verändern, wie auch das Verhältnis der Hörenden zum Gehörten. Ohne weiteres Zutun kann der Prozess so verlaufen, dass er in unterschiedlichen Mustern (Nicht-)Verstehen mit nicht zwingend voraussehbarer Wirkung hervorruft. Den einzelnen Hörenden bietet er Anziehungspunkte an, die sich ihnen – nach und nach – wiederum als relevant oder irrelevant erweisen werden. Der Prozess – volatil in der Wirkung, offen im Blick auf dessen Ausgang[26] – kann auch scheitern; er ist nicht gefeit vor Nichtverstehen, fehlender Übereinstimmung und Unverständnis.

Gegen das Verständnis von Kommunikation als vergemeinschaftendem *Prozess* sträubt sich bei der Predigt zuweilen ein Anspruch von Predigenden, wonach die Hörenden bereits als Gemeinschaft konstituiert sein müssten. Wie aber sollte eine solche zum Vorhinein möglich sein, ohne vereinnahmend zu wirken? Liegt das Potenzial einer ‹Einheit im Glauben› nicht gerade in ihrer (partiellen) Nichtübereinstimmung? Eine solche als Ausgangspunkt für die Pluralität des Glaubens zu verstehen, hätte ihre Analogie in der historisch verbrieften Vielfalt christlichen Glaubens in dessen Anfängen. Das Potenzial der Predigt bestünde im fortwährend dialogischen Entwickeln von Verstehen und in der daraus, zeitlich wie inhaltlich flüchtigen Übereinstimmung. Dies wäre der Prozess der sich bildenden *Communio* – der Gemeinschaft – als Analogie zum Prozess einer Gesellschaft, die sich als Willensgemeinschaft

---

23 Tropp: «… Kommunikation ist eine soziale Handlung der Vermittlung individueller Bedeutungskonstruktionen. Dabei gilt für jede Kommunikation als soziale Handlung, dass ihr immer die Intention des Erreichens des allgemeinen Kommunikationsziels der Verständigung inhärent ist.» (S. 28). Ebenso Geissner 1981, S. 20ff.

24 Geissner 2001, S. 11.

25 Tropp: Es «hat sich […] ein Kommunikationsverständnis durchgesetzt, das […] von der Unwahrscheinlichkeit des Verstehens ausgeht und damit an dem im kommunikativen Alltag […] auftretenden Gefühl des Sich-Unverstanden-Fühlens ansetzt. Kommunikation wird begriffen als […] ein sozialer Prozess der Vermittlung von Bedeutungen.» (S. 25).

26 Vgl. Engemann 2008, S. 317; zuvor Martin 1998, S. 53.

über Wertvorstellungen hinweg konstituieren will. Die Predigt trifft tatsächlich weder auf ein kollektives *Ganzes* (da es die Gemeinde als *die* Hörerin so nicht gibt) noch auf ein *einzelnes* Gegenüber (da mehrere Leute die Predigt hören), sondern auf eine Vielzahl von Hörenden. Unterschiedlich ausgestaltet sind deren Umgang mit Sprache, ihre Kultur, über Bildsprache einen Zugang zum Gehörten zu erhalten, die Vertrautheit, hörend zu verstehen, wie auch ihre Fähigkeit, sich mittels abstrakter Begriffe verständigen zu können. Aus dieser Unterschiedlichkeit heraus bildet sich der gesamte ‹Text› der Predigt, der aus der gehaltenen wie auch aus der vielfältig gehörten besteht. Was die Hörenden verstehen und wie sie in ihr Sinn erkennen,[27] setzt sich im Verlauf stetig fort und formt im Prozess eine *Textualität*. Sie umfasst sieben Merkmale: Die grammatische Ebene *(Kohäsion)*, die Relationen zwischen den Ereignissen und den Protagonisten im Text *(Kohärenz)*, die Absicht der Rede *(Intentionalität)*, die Erwartung der Hörenden, deren persönliche Erfahrung und deren Wissen *(Akzeptabilität)*, das Neue *(Informativität)*, den Kontext *(Situationalität)* sowie die Fähigkeit, das Verstandene mit Bisherigem zu verbinden *(Intertextualität)*.[28]

Vermag sich die Textualität der Predigt aus der vorliegenden Materie dialogisch zu entwickeln, so kann dies durch die Anwesenden im Hören und Verstehen antizipiert werden. Eine Dialogizität liegt für die Hörenden dann vor, wenn sie die Predigt als (fiktives) *Gespräch* empfinden und eine persönlich wirkende Betroffenheit empfinden. Was für sie jedoch genau ‹Gespräch› bedeutet, bleibt noch zu klären. Man kann zu Recht einwenden, die Predigt sei kein Gespräch, weil eine synchrone Beteiligung der Hörenden unmöglich sei. Es fehle die Gesprächsrunde und eine gleichzeitige mündliche Teilnahme. Zudem hätten die Beteiligten ungleiche Rederechte und keine Möglichkeit einer Gegenrede. Auf den ersten Blick fehlt der Predigt in der Tat das Antithetische und Elemente von Verschränkung und Widerspruch. Doch scheint sie die Qualität eines Gesprächs erreichen zu können, was jedenfalls aus der Perspektive der Hörenden höher bewertet wird als eine reine Rede. Es muss demnach eine Analogie von Rede und Gespräch vorliegen. Um sie zu eruieren, soll die Struktur des Alltagsgesprächs[29] untersucht werden. Die Szene dazu ist denkbar einfach: Zwei oder mehr Menschen reden miteinander und nehmen Rollen ein – hörend und redend. Fix zugewiesen sind sie nicht, viel-

---

27 Geissner 2007, S. 124.
28 Beaugrande/Dressler, S. 14.
29 Geissner 2001, S. 181–198.

mehr wechseln sich die Beteiligten darin mehrmals ab. Sie kennen also die je andere Perspektive.

> Beziehungen zueinander haben nicht ‹Sender› und ‹Empfänger›, sondern Sprechende, die zugleich Hörende, Hörende, die zugleich Sprechende sind. Sie sprechen miteinander, äussern ‹sich› und zugleich sich über ‹etwas›.[30]

Dieser Prozess, bei dem die Beteiligten *sich zeigen*, indem und wie sie *über etwas* reden, gilt für übliche Alltagsgespräche, bei denen Rollen und Regeln von allen akzeptiert sind. Gleichwertige[31] Dialogpartner bleiben Redende und Hörende selbst dann, wenn nicht alle die gleichen Redeanteile erhalten, allen aber ein unantastbarer Argumentations- und Denkraum zugebilligt wird. Übertreten Teilnehmende, indem sie das Gespräch überragen (gern oder viel reden) oder es torpedieren (dreinreden, abwiegeln), wird das ordnende System des Gesprächs aufgelöst. Sie werden als jene entlarvt, die *ausufern*, über andere *herfallen* oder anderen *ins Wort fallen*.

> Das Gespräch, als Prototyp der mündlichen Kommunikation, ist [...] die intentionale wechselseitige Verständigungshandlung mit dem Ziel, etwas zur gemeinsamen Sache zu machen, bzw. etwas gemeinsam zur Sache zu machen.[32]

Worin besteht nun die Analogie zwischen dem Alltagsgespräch und dem Prozess der Predigt als einem Potenzial zum Dialog? Wenn Hörende die Predigt als Gespräch empfinden, müsste ein solcher Prozess zumindest darin enthalten sein. Hinweise gäben dazu beispielsweise Feedbacks wie: Man habe während der Predigt gut mitdenken und abwägen können. Man habe darin das eigene Leben wiedererkannt und eigene Möglichkeiten gesehen. Man hätte gern noch bei diesem oder jenem Gedanken verweilt oder auf bestimmte Aussagen reagieren wollen. Auf der Metaebene gelten solche Feedbacks als prozessuales Partizipieren und als Element einer Dialogizität. Besonders bei nicht zu Ende geführten Dialogen sind solche Aussagen probate Mittel, sich auch nach dem offiziellen Ende eines Gesprächs doch noch einbringen zu können. Wären solche Aussagen Teil im Alltagsgespräch, so entsprächen sie den Voten jener Teilnehmenden, die im Verlauf der Predigt das Wort nicht haben ergreifen können, weil das in ihrer äusseren Form nicht vorgesehen ist. Unter den

---

30 Geissner 2001, S. 24.

31 Geissner 1998, S. 204: Vgl. Konversationsmaximen nach Paul Grice (bei Rolf 2005).

32 Geissner 1998, S. 45.

Hörenden möchten einige das Ihrige beitragen, kommen aber nicht zum Zug oder wären kaum in der Lage, ihre Gedanken in der erforderlichen Zeit in Worte zu fassen. So weisen Reaktionen nach der Predigt und beim Alltagsgespräch ähnliche Muster auf. Der Prozess der Predigt erweist sich als ein unfertiger Dialog respektive als eine *Sequenz des Dialogs*. Dabei sind die Rede- und Höranteile ungleich verteilt und die wechselseitigen Rollen *redend – hörend* zeitlich (und örtlich) verschoben angelegt. Das bedeutet: Nicht die Predigt als gehaltene Rede oder als gelesenes Manuskript ist dialogisch, sondern der *Prozess der Predigt*. Er beginnt weder in einem gedanklich freien noch in einem zeitlich unabhängigen Raum, sondern schliesst dort an, wo sprachlich, kognitiv, theologisch, literarisch, soziologisch, jahreszyklisch und emotional bereits Ereignisse der Predigt vorausgegangen sind. Was in der Predigt zur Sprache kommt, ist in gleicher oder ähnlicher Form anderswo bereits einmal gedacht worden. Der Dialog erstreckt sich vom ersten Impuls über Gedankengänge, über seelsorgliche Gespräche und öffentliche Diskurse bis hin zum *Vorfertigen* der Gedanken *beim Schreiben* und zu ihrem *Verfertigen beim Halten* der Predigt. Daraufhin setzt die «Wirkungsgeschichte» bei den Hörenden ein. Diese nehmen die *‹vorfertigen›* Gedanken der Predigt entgegen und *verfertigen* sie selber im je eigenen Denkraum.[33] Was immer der Predigt kontextuell zugrunde liegt, erweist sich für die Hörenden als eine komplexe Verstehenswelt. Und zugleich gerät die Predigt bei den Hörenden in eine Vielfalt von Zusammenhängen, so dass sich die im Vollzug entwickelnde Textualität vielfach ausweitet. «Jedes kommunikative Ereignis hat seine Kommunikationsgeschichte, mit der sich unterschiedliche Kommunikationsgeschichten der Teilnehmenden verflechten.»[34] Die Vielzahl der objektiv vorliegenden und zugleich subjektiv erlebten *Kontexte* bildet die Gesamtheit an *Kontextualität*. Differenzieren lässt sie sich als extrinsische und intrinsische.

*Extrinsisch* zeigt sie sich im vorgefundenen Raum: Licht, Mobiliar, Position des Sprechplatzes, Anordnung von Bank- oder Stuhlreihen. Bergkapellen mit handgeschnitztem Gestühl und buntbemalter Orgelbrüstung wirken anders als kubistische Bauhaus-Kirchen mit dunklem Parkettboden und schwerem Zwölfleuchter über einem wuchtigen Abendmahlstisch oder als barocke Dome mit rosa Stuckaturen an weissen Gipswänden.

*Intrinsisch* zeigt sich *Kontextualität* durch Gefühle, Lebenslagen, Erwartungen, Erfahrungen und persönliche Ereignisse der Hörenden. Kontextualität lässt sich deshalb gerade nicht als eine für die ganze Gemeinde gültige

---

33 Luther 1989, S. 222; Reuter, S. 101.

34 Geissner 2001, S. 14.

erfassen. Extrinsische wird zudem mit intrinsischer Kontextualität individuell vermengt, indem sich objektiv Vorliegendes mit subjektiv Wahrgenommenem vermischt. Die Predigt breitet sich daher in einer *pluralen Kontextualität* aus und umfasst gesprochenen, gehörten, verstandenen und gefühlten ‹Text› ebenso wie die Wirkung von Klängen, Bewegungen und Gerüchen im Raum und Haltungen, Erfahrungen, Geschichten und Überzeugungen der Beteiligten.[35]

Trotz aller *objektiv vorgefundenen Subjektivität* und *subjektiv erlebten Objektivität* wird der Predigt das Potenzial zugesprochen, einen kommunikativen Prozess der Hörenden zu ermöglichen – theologisch ausgedrückt, die Hörenden zum «Leib Christi» werden zu lassen und so einen Prozess der *Vergemeinschaftung*[36] zu initiieren. Zuvor Gedachtes wird aktuell in neue Zusammenhänge gestellt und in der Predigt somit als noch nie *so* Gedachtes erkannt. Daraus erwächst der Prozess, den die Hörenden als *Gespräch* bezeichnen. Daran partizipieren sie. Daraus ergibt sich ein Verhältnis von Reden und Hören im Prozess mit einer dreifachen Gleichung:

1. *Reden* ist eine andere Qualität von *Hören.*
   *Hören* ist eine andere Qualität von *Reden.*
2. *Jemandem etwas sagen* ist die andere Seite davon, *jemandem zuzuhören.*
   *Jemandem zuhören* ist die andere Seite davon, *jemandem etwas zu sagen.*
3. Etwas *meinen* ist eine andere Qualität von etwas *verstehen.*
   Etwas *verstehen* ist eine andere Qualität von etwas *meinen.*

---

35 Karle, S. 210f.

36 Ich beziehe mich hier auf Max Weber, wonach mit Vergemeinschaftung ein die Gemeinschaft bildender Prozess bezeichnet wird, bei dem sich soziales Handeln einstellen kann und der auf subjektiv gefühlten Zusammengehörigkeit der Beteiligten beruht. § 9, Abs. 1f.

# 3. Hören und Verstehen

Auf welchem theoretischen Hintergrund der Verstehensprozess zu sehen ist und wie daraus Kriterien des Verstehens entwickelt werden, kann mit einem Modell dargestellt werden, das auch einer späteren Transformation von der Theorie zur Praxis standhält.

## 3.1. Kartografie des Verstehens

Hellmut K. Geissner (1926–2012) entwickelte in den 1960er Jahren die *Rhetorische Kommunikation* und verstand sie als Teil von Sprechwissenschaft (Theorie) und Sprecherziehung (pädagogische Intervention). Er konzentrierte sich darin auf mündliche Verständigung, wobei nicht technische Werkzeuge oder individuelle Sprechleistungen im Fokus lagen, sondern Denkvorgänge und Prozesse der Beteiligten, in denen kommunikatives Handeln entsteht.

> Grundlage ist nicht Sprechen als Individualleistung, nicht das Sprechen des Menschen (Drach), nicht der sprechende Mensch (Winkler), sondern sind aufgrund der prinzipiellen Pluralität (Hannah Arendt) der Menschen in sozialen Strukturen die miteinander sprechenden vergesellschafteten Menschen. In ihren Sozialsituationen entstehen Handlungs-Situationen, die Kommunikations-Situationen werden können, das heisst soziales Handeln geht in kommunikativem Handeln nicht auf, es geht in kommunikatives Handeln ein.[37]

Auf der Basis eines solchen Verständnisses muss der Prozess von allen Beteiligten gewollt sein; ihr Wille, ihre Fähigkeit und Absicht, zu verstehen, bil-

37 Geissner 2002, S. 199f; bereits auch 1981, S. 51.

den die unabdingbaren Voraussetzungen. Da setzt das Modell, das Geissner «Situationsmodell» nannte, an: Die Beteiligten streben Verständigung an. Die Formel lautet mit einem 9-Tupel kurz: «Wer spricht Was, Wo und Wann, Wie, Warum und Wozu, auf welche Weise (direkt oder medial), mit oder zu Wem, bzw. für Wen?»[38] Das Situationsmodell breitet eine Kartografie für Hören und Verstehen aus und zeigt das Verständnis mündlicher Kommunikation als Dialog. Damit schafft es auch für die Predigt eine analytische Grundlage:

> Mündliche Kommunikation ist […] eine situiert-situierende Gemeinschaftshandlung kopräsenter, vergesellschafteter Subjekte, die prototypisch in Gesprächen vollzogen wird. […] Es gibt keinen ‹universal› gültigen Umgang mit Situationen, weil es keine ‹universal›-gültigen Situationen gibt, das heisst, Situationen werden durch die Miteinandersprechenden überhaupt erst je neu konstituiert. Das aber heisst nichts anderes als: Verständigung kann nur gelingen, wenn es den Personen zuvor gelingt, die Situation zu ihrer gemeinsamen zu machen.[39]

Um die *Perspektive der Hörenden* berücksichtigen zu können, muss das Modell nun weiter entwickelt und umformuliert werden. Es wird nicht mehr gefragt, *wer* zu *wem* spricht, sondern *wer von wem was* versteht. In Konsequenz müsste das 9-Tupel anstelle von ‹*Wer spricht*› und ‹*Mit-Wem*› usw. in ‹*Wer versteht*› und ‹*Wer versteht von wem*› usw. abgeändert werden. Um das Modell jedoch nicht zu komplizieren, werden die ursprünglichen Begriffe auch weiterhin eingesetzt.

### 3.1.1. Das Gegenüber – «Wer spricht»

Zuhören hängt vom Interesse der Hörenden ab: Wer zuhört, *sieht* zugleich jemanden, muss dabei zuweilen den Hals recken, guckt zwischendurch woanders hin, erhascht einen Blick oder schliesst die Augen. Wer hört, hört zu, hört weg, nimmt Inhalt, Stimme, Raum und Gesten ebenso wahr wie eigene Reaktionen auf das, was geschieht. Wer hört, zuckt zusammen, langweilt sich, ist gebannt, verliert sich in eigenen Gedanken oder ertappt sich beim Abschweifen, hervorgerufen nur durch ein einziges Wort. Wer hört, folgt einem roten Faden, lässt ihn fallen, greift den eigenen wieder auf, merkt auf, wenn der eigene mit jenem der Predigt auf eine Art zusammenpasst und zuweilen

---

38 Geissner 1982, S. 38; 1988, S. 72; 2000, S. 97.

39 Geissner 2000, S. 92f.

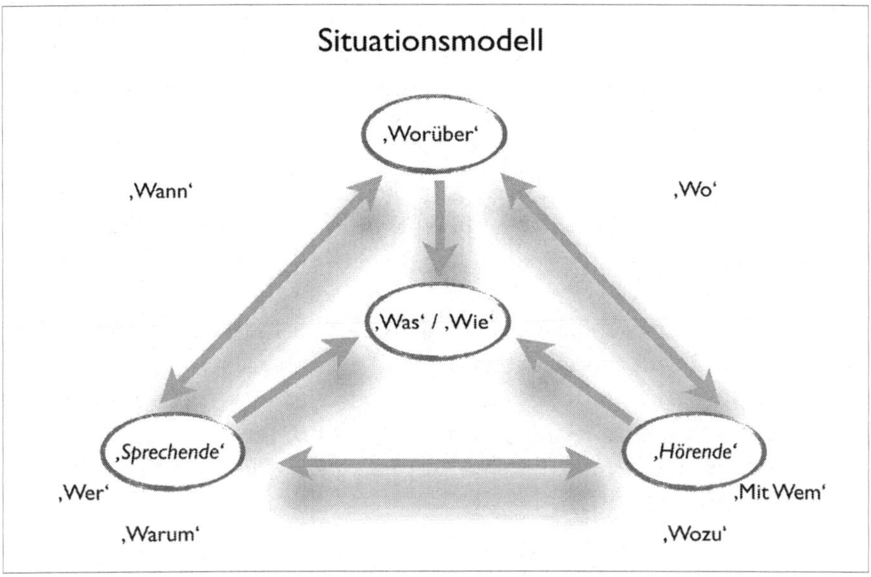


*Abb. 1: Situationsmodell nach Geissner. © Geissner (1976, 1982).*

beide wie ein einziger wirken. Wer hört, versteht und kann sich auf das Gehörte einen Reim machen (oder auch nicht). In allem verbinden Hörende, was sie hören und verstehen, jeweils mit dem Menschen, dessen Stimme sie (einladend oder bemühend) hören und dessen Gedanken sie als plausibel oder an den Haaren herbeigezogen empfinden. Die Bezüge zu den Predigenden sind so vielfältig und so unterschiedlich wie die Reaktionen der Hörenden auf die Predigt; dabei können sich Gedanken der Predigt mit den eigenen vermischen und die intendierte Wirkung sich auf diejenigen der Hörenden übertragen. *Wer* also spricht? Für die Hörenden gehören Redende zum ‹Text› der Predigt, das heisst, sie sind Teil dessen, was sie beim Hören mit allem verbinden, was sie verstehen und empfinden; mit allem, was ihnen entgegenkommt und was sie daraus beim Hören für sich ableiten. Die Frage nach dem Wer bezieht sich daher kaum auf die Sprechenden in ihrer Funktion als Rednerin, Pfarrer, Seelsorgerin oder liturgisch gekleideten Menschen; ebensowenig geht es um die explizite performative Leistung. Die Frage nach dem Wer interessiert die Hörenden im Verhältnis zum ‹Text›: Es interessiert sie, was sie als Anliegen der Predigt zu hören bekommen und *wie* sie es gehört haben. Schliesslich interessiert sie, inwiefern die Predigenden mit ihrer Sicht zum in der Predigt verhandelten Inhalt den Hörenden eine eigene Sicht zubilligen und was dieser mit ihnen zu tun haben soll. Möglicherweise projizieren sie, was sie verstanden haben, auf die Redenden; das dient ihnen als Hilfskonstruktion zum besseren Verstehen, auch wenn sie missverstehen. Im Wer verbinden sich *Inhalt* (Gesagtes) und *Gehalt* (Gemeintes) mit den Erlebens- und Verstehens-Horizonten der Hörenden. Das Gesagte und Gemeinte, das Gehörte und Verstandene, selbst das Wahrgenommene und Empfundene interagieren und bilden den *Verhandlungsraum des Dialogs*. Ihr Interesse basiert darauf, die Predigt über religiöse, existenzielle, geistige und emotionale Zugänge[40] zu verstehen. Von den Redenden aufgeworfene Fragen, eingestandene Widerstände und Aspekte, die verschwiegen bleiben sollen, können auch bei den Hörenden wirken, weil auch sie Fragen, Widerstände und verschwiegene Abgründe kennen und diese durch die Predigenden als ihren eigenen ‹Text› erkennen können. So betrachtet sind sie am dialogischen Prozess beteiligt und zugleich in der Lage, an ihrer eigenen Wirklichkeit zu partizipieren,[41] sofern ihnen dies zugestanden wird.

### 3.1.2. Ansprüche – «Mit-Wem»

Im Film «Fame»[42] üben sich junge Talente in Gesang, Tanz und Schauspiel und bereiten sich auf ihren High-School-Abschluss vor. Junge Erwachsene aus der Schauspielklasse erleben dabei, wie die einstudierte Rolle sie mit ihren eigenen Lebensansichten konfrontiert. Was die Künstlerinnen sagen und wie sie es sagen, verknüpft sich eng mit ihnen als Menschen; sie spielen die Rolle nicht, sie verkörpern sie. Im Spannungsfeld von dargestelltem und persönlichem Leben provoziert sie der Coach während einer Probe mit der für sie noch ungewohnten Perspektive der Zuschauenden, indem er sie auffordert: «Sprich nicht *zu* mir; sprich *mit* mir». Damit fokussiert er die Bühnenrolle auf das Dialogische; der Monolog wird zum Dialog. Die Analogie zu den Predigenden besteht darin, dass auch sie nicht eine Rolle übernehmen, sondern ihre eigene Lebenswelt den Hörenden zur Disposition anbieten. Die intentionale und sprecherische Haltung, mit jemandem zu reden, übertragen sie auf die Qualität des Redens, indem sie die Hörenden im Dialog erfahren. Wie aber muss man sich die Hörenden, deren Erfahrungen zur gleichen Pre-

40 Pohl-Patalong 2011, S. 81–94.
41 Schweizer 1848, S. 151.
42 Film «Fame» von Kevin Tancharoen, USA 2009.

digt vielfältig und deren Erwartungen an die gleiche Predigt unterschiedlich sind, im Dialog vorstellen?

Das Mit-Wem fragt daher ein Doppeltes, indem der Dialog ein einzelnes Gegenüber suggeriert, die Situation der Rede jedoch von einer Gruppe Hörender ausgeht. Wenn also die Rede einer Menge gilt, dann ist sie zunächst als Zielgruppe zu betrachten. Sie ist jedoch nicht funktional oder soziologisch, vielmehr gilt sie lediglich als *intendierte* Zielgruppe; denn die Hörenden, denen die Predigt gelten soll, verhalten sich wie auch immer zum Thema, zum Text der Predigt und zu ihrer Intention. Welche Zugänge findet die Gruppe zum Inhalt der Rede? Was ist an Zustimmung oder an Ablehnung von ihr zu erwarten? Was könnte an Argumenten oder Gegenargumenten von ihr eingebracht werden? Was könnte eine Auseinandersetzung mit ihrer eigenen Haltung auslösen? So zu fragen ist an sich nicht neu,[43] würde nicht die Frage nach der «Zielgruppe» oft auf Projektionen oder sogar Feindbildern basieren. Selbst wenn sie unbeabsichtigt gebildet werden, werden sie beim Sprechen hörbar und in Gestik und Mimik sichtbar. Oft verkommt die ursprünglich dialogische Haltung zu einer *Zu*-Wem-Tonalität, bei der die Hörenden suggestiv *angepredigt*[44] werden. Das *Mit*-Wem erfordert von den Redenden weit mehr: Sie benötigen mehrfache Perspektivenwechsel und somit relationale Leistungen, sich zugleich in die eigene Lage, in die der Protagonisten in der Predigt sowie in die der Hörenden zu versetzen. Auch ohne konkreten Anlass (z. B. Todesfall, Katastrophe, Jahresereignis), aus dem heraus die Rede entwickelt wird, eröffnet der relationale Perspektivenwechsel einen intendierenden Zugang zur intendierten Haltung der intendierten Hörenden. Ein *antizipierender Dialog* ist in der Lage, den Hörenden neue Denkräume zu eröffnen und Möglichkeiten zum Verstehen anzubieten, weil er nicht bei der Antwort oder bei der Absicht zu überzeugen ansetzt, sondern bei den Fragen und somit bei den Hörenden. Sie wollen Denkangebote zu ihren individuellen Fragen, Haltungen und Wertesystemen.

Je präziser das Mit-Wem *vor-gedacht* wird, um so eher können die Hörenden ihren eigenen Optionen *mit-* und *nach-denkend* und eigene Handlungsoptionen bildend folgen. Hörende als Beteiligte mit eigenen Handlungsoptionen als *Zielgruppe* zu bezeichnen, ist daher nicht mehr länger zu halten. Der Begriff suggeriert, Kommunikation nach dem System von Absender und Empfänger zu verstehen, indem sie in eine Richtung «zielt»: Jede Abweichung vom «Ziel» käme einem Verfehlen der Kommunikation gleich. Hörende sind

---

43 Lange, S. 176f.

44 Geissner 1986, S. 134.

aber keine Zielgruppe, auf die man es abgesehen hat. Sie erheben einen anderen Anspruch an die kommunikative Leistung, die sie selbst erbringen. Sie wollen angesprochen werden und als Anspruchsgruppe ihre *Ansprüche* anbringen; vier sind erkennbar: dialogische, emotionale, inhaltliche und transformierende.

1. Die Hörenden möchten *dialogisch angesprochen werden*. Sie wollen weder infantilisierend unterfordert noch intellektualisierend überfordert werden. Sie möchten von gleich zu gleich als mündige Hörende gelten, denen zugetraut wird, nach und nach zu entscheiden, durch welche Optionen sich ihnen Sinn erschliesst. Sie erheben den Anspruch, dass sie auf Augen- respektive «Ohrenhöhe» angesprochen werden.
2. Die Hörenden möchten von den Predigenden *emotional angesprochen werden*. «Es hat mich angesprochen» meint keinen akustischen oder visuellen Akt, sondern eine emotional-dialogische, allenfalls eine transzendent wirkende Interaktion. Die Hörenden möchten in ihren kognitiven Gedankengängen emotional bewegt werden. Sie erheben Anspruch auf bewegende und somit auf handelnde (Sprach-)Bilder.
3. Die Hörenden möchten *inhaltlich angesprochen werden*. Sie wollen sich mit dem Inhalt auseinandersetzen und sich auf eigene, ihnen vertraute Fragen ebenso einlassen wie auf ihnen fremde oder sogar befremdende. Die Fragen haben sich ihnen schlicht zu erschliessen, die Konsequenzen, die sie daraus ziehen würden, genauso. Sie erheben Anspruch auf offene Fragen, denen nicht schon im Ansatz die Antwort, die zu erwartende Haltung oder ein ihnen suggeriertes Weltbild anhaftet.
4. Wenn sich Hörende nicht unmittelbar «gemeint» fühlen, so können sie gleichwohl *mittelbar angesprochen* werden, indem sie stellvertretend hören und im Differenzieren, was anderen oder was ihnen gilt, eine (stellvertretend) transformierende Rolle einnehmen. Sie erheben den Anspruch, dass das ihnen persönlich Geltende auch andern Handlungsoptionen offen lässt.

### 3.1.3. Relationalität – «Wer» und «Mit-Wem»

Anders als bei üblichen Rede-Situationen liegt bei der Predigt das Besondere in der Grundannahme, dass die Hörenden auch wirklich etwas zu Hören erhalten wollen. Wer in einem Gottesdienst anwesend ist, rechnet mit einer Predigt. Zu dieser Bereitschaft gehört auch die Erwartung, dass sie mit den Hörenden irgendwie zu tun hat und sich dadurch «etwas» zwischen den Hörenden und den Redenden abspielt. Dieses Etwas steht für einen *relationalen* Prozess, der durch unterschiedliche *Modi* ausgestaltet wird. Wort, Klang, Raum, Mimik, Gestik, Bewegung, Sprache, Sprechen formen diese Modi als Kanäle zwischen den am ‹Gespräch Predigt› Beteiligten. Ein solch relationaler Prozess lässt sich paraphrasierend auf der Metaebene eines Hörenden etwa so vorstellen: «*Wie auch immer der Inhalt der Predigt – also das, was ich meine, gehört und verstanden zu haben sowie was ich meine, dass es gesagt worden ist – mir entgegenkommt, wie auch immer die Deutung der Predigt – also das, womit ich etwas anfangen kann (oder nicht), weil ich meine, es sei so und so gemeint – mir entgegenkommt, verbinde ich es mit meinem Leben. Ich verknüpfe die (verbalen und nonverbalen) Aspekte miteinander, lasse mich auf das Gehörte ein und versuche zu verstehen. Vorne spricht jemand mit einer Haltung zu dem, wovon die Rede ist. Ob ich das auch teile und ihm die gleiche Bedeutung zumesse, ist eine andere Frage, meine eigene.*»

Die Paraphrase deutet an, wie «multimodal» die Hörenden «hören» und wie sie die «ganze» Predigt an Bedeutsamem messen. Sie differenzieren Inhalt, Deutung und Bedeutung der Predigt über mehrere Modi wie Sprachmodus, Sprechmodus, Klangmodus, Gefühlsmodus mit der ihnen eigenen und subjektiv gewerteten Varianz. Modi sind zwar objektiv beschreibbar (sichtbar, hörbar, tastbar, fühlbar …), haben aber immer einen ausschliesslich subjektiv normierenden Charakter. So kann man zwar bezüglich des Sprechmodus im europäischen Kulturkreis davon ausgehen, dass eine tiefe Männerstimme allgemein sachkompetenter und glaubwürdiger wirkt als eine hohe Stimme.[45] Die Glaubwürdigkeit exklusiv an der Stimmlage festmachen zu wollen, würde niemals genügen, da Hörende Glaubwürdigkeit für sich selber multimodal konstituieren. Daher kann von einer bereits im vornherein aufeinander abgestimmten oder von einer inszenierbaren Konstellation nicht die Rede sein, mit der man für Sprache, Sprechen und Proxemik (individuelles und soziales Verhalten im Raum) allgemein gültige Regeln festmachen könnte.

Die Modi ermöglichen, dass sich die Predigt als relationaler ‹Text›, der sich aus dem ‹Text› der Predigenden und dem ‹Text› der Hörenden bildet, nach und nach verfertigt. Das heisst, dass die Relationalität zwischen Hörenden und Predigenden – wegen der Differenz von Gemeintem und Verstandenem sowie des individuell als relevant oder irrelevant betrachteten *Textes* – zu

45 Gutenberg, S. 84, Nicol 2002, S. 25f.

einer doppelt kontingenten Grösse wird. In der ganzen Komplexität besteht zwischen Predigenden und Hörenden eine sprachlich, sprecherisch, performativ, proxemisch, theologisch und lebensphilosophisch bedingte, doppelte Kontingenz.[46] Fehlen zwischen Gesagtem und Gehörtem, zwischen Gemeintem und Verstandenem sowie Eigenem (z. B. biografische Geschichte und Bezugssysteme) und Eigentlichem (z. B. sich den Hörenden erschliessender Deutungshorizont) nur schon die modalen Bezüge, so bleibt die Predigt kommunikativ isoliert und zerfällt geradezu vor versammeltem Publikum.

Hörende – als Einzelne der selbst wiederum in sich mehrfach kontingenten Versammlung – sind in der Lage, eine Kontingenz durchaus wahrzunehmen, selbst wenn sie eine solche nur selten benennen können. Sie erkennen Ungereimtheiten in der Predigt, äussern im Nachgang ihr ungutes Bauchgefühl oder sind irritiert durch einen für sie nicht nachvollziehbaren Predigtverlauf.[47] Nehmen sie eine Kontingenz wahr, so machen sie sich selbst dafür verantwortlich, bezichtigen sich ihrer eingeschränkten Aufmerksamkeit oder der zu geringen Fähigkeit, zu verstehen. Ihre Selbstbezichtigung geschieht weniger analytisch als vielmehr emotional. Die Absicht, die Kontingenz zu überwinden, ist in ihrem Verhalten erkennbar, Kommunikation herstellen zu wollen. Das multimodal relationale *Textsystem* würde der Predigt als Strukturhilfe dienen. Sowohl beim Entstehungsprozess der Predigt wie auch zum Zeitpunkt, wenn sie gehalten wird, baut sich ein Dialog über multimodale Prozesse auf und ab. Das Textsystem schafft Kongruentes ebenso wie Kontingentes, indem Gemeintgesagtes und Gehörtverstandenes Übereinstimmung finden respektive sich im Missverstehen verlieren. Da entscheidet sich, ob eine eigenständige Meinungsbildung gemeint ist und den Hörenden zugebilligt wird, oder ob eine ideologisierende Deutungshoheit beansprucht wird. Relationalität ist demzufolge die dialogische Auseinandersetzung am Textsystem von denen, die an der Predigt beteiligt sind. Von der metasprachlichen Ebene kann man leicht ableiten, was sprachlich an Prozessen auf dem Spiel steht: Jede Rede und jede Predigt ist imstande, die demokratischen Regeln zu verletzen, zumal die Überwindung von Kontingenz immer gewolltes Verstehen voraussetzt.[48]

---

46 Luhmann: «Kontingent ist etwas, was weder notwendig ist noch unmöglich ist; was also so, wie es ist (war, sein wird), sein kann, aber auch anders möglich ist. Der Begriff bezeichnet mithin Gegebenes (zu Erfahrendes, Erwartetes, Gedachtes, Phantasiertes) im Hinblick auf mögliches Anderssein.», S. 152.

47 Piper, S. 354.

48 Lütze, S. 342.

### 3.1.4. Denkraum – «Was», «Wie» und «Worüber»

Analog der Differenzierung von Inhalt und Gehalt ist in der Rede auch zu erörtern, inwiefern das *Was* und das *Wie* voneinander zu unterscheiden sind: Das Was fragt, was mit der intendierten Anspruchsgruppe bedacht und was den Hörenden gesagt werden soll. Das Wie fragt nach der Anmutung des Inhalts, nach der dramaturgischen Gestaltung, nach der sprachlichen Gattung und nach der Art, wie das zu Verhandelnde betrachtet werden kann. Das Wie fragt nach der Werthaltung, nach dem Bezugssystem, mit welcher ethischen Würdigung und welcher Intention das zu Sagende gesagt werden soll. Was und Wie[49] verhalten sich wie ein Zwillingspaar, so wie es schon in Goethes Faust heisst: «Das Was bedenke, mehr bedenke Wie!»[50] Die Hörenden interpretieren das Paar als Ganzes, so wie sie die Predigt als ganze in Präsentation und Inszenierung[51] zu hören bekommen. Stimmen Was und Wie nicht überein, so wird bei den Hörenden ein Nichtverstehen oder Missverstehen provoziert; auch dabei besteht die Möglichkeit einer doppelten Kontingenz. Wenn zum Beispiel mit hastigen Worten zur Ruhe eingeladen oder die österliche Freude mit Grabesstimme verkündet wird, klaffen Was und Wie auseinander.

Was und Wie lassen sich auch in ihrer Negation als Was-nicht und Wie-nicht denken. Zuweilen wird nicht alles gesagt, was es zu sagen gäbe. Willentlich oder unbewusst fällt die Entscheidung, was erörtert und was verschwiegen wird respektive *wie* es erörtert oder verschwiegen wird.[52] Ebenso willentlich oder unbewusst entscheiden die Hörenden, was sie hören oder verstehen und wie sie das ihnen Verschwiegene interpretieren sollen.

Die Aspekte des 9-Tupels Wer, Mit-Wem, Worüber, Was und Wie enthalten bei aller präzisen Ausgestaltung die Möglichkeit der doppelten Kontingenz: die Predigt kann auch ganz anders verstanden werden. Zudem können weitere Kommunikationsbarrieren das Verstehen beeinflussen, z. B.:

1. *theologische Barriere*:
   unterschiedliche Zugänge zur biblischen Botschaft
   und unterschiedliche theologische Vorstellungen

---

49 Geissner 2001, S. 26f; Slembek 2001, S. 93f.

50 Johann Wolfgang von Goethe, Faust II, 2. Akt.

51 Meyer-Blanck 2008, S. 137.

52 Geissner: «Was weiss ich, was die anderen wissen? Was weiss ich, was die anderen nicht wissen? Was weiss ich nicht, was die anderen wissen? Was weiss ich nicht, was die anderen nicht wissen?» (Seminar-Skript, unveröffentlicht).

2. *religiöse Barriere:*
   unterschiedliche Glaubensbezüge und Glaubenserfahrungen
3. *lebensweltliche Barriere:*
   unterschiedliche Weltbezüge, Berufsbilder, Werte, Lebensentwürfe, -erfahrungen, Rollenverständnisse
4. *institutionelle Barriere:*
   unterschiedliche Auffassung von Gemeinde, Amt, Leitung, Beziehungssystemen
5. *mentale Barriere:*
   unterschiedliche Konflikt-, Urteils-, Lernfähigkeit[53]

Was und Wie werden aus möglicherweise divergierenden Kontexten heraus in wiederum divergierende Kontexte hinein gehört und interpretiert. Weitere Barrieren in der Kommunikation können durch unbedachte Themenwahl, eine inadäquate Sprache, eine suggestive Wortwahl oder auch falsche Artikulation entstehen, so dass Was und Wie einander gegenseitig verdrängen und die Hörenden sich ungewollt auf andere Prozesse einlassen. Oft haben kleinste Elemente enorme Wirkung. So wirken bereits Füllwörter, Stimmlage, sprecherische Blockaden auf die Geschlechterrolle. Slembek weist auf Verstehensbarrieren hin, die durch die Genderfrage eine besondere Brisanz erhalten:

> Im *Wie* der Beiträge von Frauen lässt sich immer wieder beobachten, dass zahlreiche Floskeln vorkommen, die das *Was* relativieren. Solche Relativierungen können ganz unterschiedlicher Art sein. Die Partikel ‹eigentlich› und ‹irgendwie› schränken eine Aussage ein. Sie kommen bei Frauen bis zu dreimal häufiger vor als bei Männern. Andere Formen, die das Gesagte einschränken, sind z. B. «Ich weiss nicht, aber …», «es ist vielleicht nicht wichtig, aber …». Auch Konjunktive, z. B. «könnten Sie …», «vielleicht würden Sie besser …» und Verkleinerungen wie «ein bisschen» können den Inhalt relativieren, sogar als unwichtig erscheinen lassen. Die Formen werden von Frauen etwa doppelt so häufig gebraucht wie von Männern. Alle diese Formen schränken den Anspruch auf Richtigkeit des Gesagten ein und werden von Hörenden im Allgemeinen als Unsicherheit gewertet.[54]

Das Was und das Wie tragen zur Wirkung und Wertung einer Aussage bei. Da die Hörenden nur diese eine Chance haben, Gehörtes zu verstehen und ihm

---

53 Geissner 1977, S. 239ff; Piper, S. 357.

54 Slembek 2001, S. 94.

eine Bedeutung zuzuschreiben, «gilt das gesprochene Wort» in einem nicht zu unterschätzenden Mass. Eine noch so geringe partielle Übereinstimmung von Inhalt und Gehalt, von Gesagtem und Gemeintem sowie von Intention und Wirkung kann als geglückte Kommunikation empfunden werden. Sie ist ebenso fragil wie filigran und trägt in sich das latente Risiko zu misslingen – schon beim nächsten Satz.

Wenn Hörende bei einer Rede nicht wissen, *worüber* geredet wird, haben sie keine Chance zu verstehen. Was gesagt wird, kann zwar womöglich sprachlich rezipiert werden, die Deutung und die Bedeutung dessen, was gehört worden ist, bleiben jedoch unfassbar. Zwischen Hörenden und Redenden ist im Worüber – auch ausserhalb verbaler Kommunikation – eine Übereinkunft nicht nur möglich, sondern unerlässlich, um einen wie auch immer gearteten Zugang zu einem Denkraum als «Universum» des verhandelten Themas zu erhalten. Wessen Raum leer bleibt, wem das Wissen, die Erfahrungen oder die Gefühle zum Worüber fehlen, kann nicht nachvollziehen, worum es in der Predigt geht. Um einen Zugang zu diesem Denkraum zu erhalten, benötigen die Hörenden eigentliche Einladungen hinzuhören, geeignete Hinführungen, Eingangspforten und Attraktoren im Worüber. Da ist noch nichts erörtert, geschweige denn etwas zu Ende gedacht. Das Worüber klärt nicht den Inhalt der Predigt, sondern umfasst den Gehalt dessen, wovon die Rede sein wird. Hörende wie Redende haben je eigene Zugänge zum Worüber und benötigen einen Prozess, um nicht «aneinander vorbeizureden». Ein geklärtes Worüber ermöglicht in dieser Hinsicht ein dialogisches Verhältnis und erzeugt insofern eine Interdependenz zwischen Was, Wie und Worüber, als sich der gesamte Denkraum verschieben kann, wenn einer dieser Aspekte verändert wird.

### 3.1.5. Komplementär – «Worüber», «Was und Wie»

Das Worüber ist also als Denkraum der Predigt vorzustellen, der das intendierte Thema und den möglichen Gehalt der Rede, also das, *wovon die Rede sein soll*, den Hörenden eröffnet. Was und Wie bilden den Weg durch den Denkraum als *sprechdenkende Exploration*. Was und Wie stehen für den Inhalt und den dargebotenen Vortrag dessen, was auf dem Weg der Rede *zur Sprache kommen soll*. Sprachlich entsteht nun eine Dichotomie: Das Worüber drückt aus, «wovon die Rede» ist, hingegen zeigen Was und Wie, «was zur Sprache kommt». Auch wenn zur semantisch-idiomatischen Differenzierung der beiden Redewendungen wissenschaftliche Untersuchungen fehlen, so ist zumindest in der Praxis der Sprachgebrauch deutlich: ‹Sprache› umfasst ein ungleich grösseres Gebilde als ‹Rede›; diese ist gewissermassen Teilmenge von ‹Sprache›. Im idiomatischen Sprachgebrauch sieht es aber umgekehrt aus: Auf die Frage, worüber gesprochen werde, können nur Antworten folgen, die erklären, *wovon die Rede sei* und sie meinen den *gesamten Denkraum*, der durch den ‹Text› der Predigt angeboten ist. Dagegen steht, quasi auf geringerer Sprachstufe «etwas zur Sprache bringen» und meint das Gesagte, Verhandelte und Erörterte. ‹Sprache› bezieht sich als Formulierung der Redenden auf den sprechdenkenden Sprechakt im Entstehungsprozess der Rede sowie als Re-Formulierung im Verstehensprozess der Hörenden.

Der weit umfassendere Begriff ‹Sprache› und die spezifische Form ‹Rede› sowie der dazu komplementäre (umgangs-)sprachliche Gebrauch lassen den Schluss zu, dass ein Wechselprozess zwischen *Rede* und *Sprache* respektive zwischen *Worüber* und *Was* stattfindet. Wenn der Entstehungsprozess einer Predigt für die Sprechenden vom Worüber ausgeht und in das sprachlich-sprecherische Was und Wie mündet, wenn also die ‹Rede-von-Etwas› in ein ‹Zur-Sprache-Bringen› führt, so wird damit gezeigt, dass das gesamte Potenzial der Sprache eingesetzt wird, um den Inhalt zum Ausdruck zu bringen. Die Rede ist nicht einfach herbeigeredet, sondern sie ist Sprache und steht für den ‹Text› der Predigt, für die Haltung derer, die sie halten und die sie hören.

Umgekehrt gestaltet ist der Prozess der Hörenden. Sie nehmen zuerst auf, *was* und *wie etwas* zur Sprache kommt, dann setzen sie das Verstandene kognitiv, emotional, partizipativ in ihren eigenen Kontext, um zu erkennen, wovon die Rede war. Das Gehörte und Verstandene mündet in einen neuen Kontext, in einen Denkraum, in dem die Hörenden dem Verstandenen eine eigene Bedeutung zuweisen, einen eigenen (Nicht-)Sinn benennen und somit ein eigenes Worüber schaffen können.

Hier besteht also ein doppelter, *komplementärer Prozess*, den die Redenden vom *Worüber* hin zum *Was* und *Wie*, die Hörenden aber umgekehrt vom *Wie* und *Was* zum *Worüber* durchlaufen. Die Komplementarität des Prozesses verstehe ich als einen Hinweis auf die zahlreich stattfindenden Missverständnisse zwischen Hörenden und Redenden; und zugleich sind scheinbar Widersprüchliches und sich gegenseitig Ausschliessendes notwendige wechselseitige Ergänzungen zu gemeinsamem Verstehen, also letztlich zur Kommunikation. Dass für diesen Prozess eine Abhängigkeit der Hörenden von den Redenden besteht, leuchtet leicht ein. Aufgrund der vorgedachten Intention, der gewählten Sprache und der Kontextualität sind die Hörenden an das gebunden, was ihnen während des Hörakts angeboten wird. Es basiert auf relationaler Authentizität, auf rhetorischer Redlichkeit und glaubwürdiger Vermittlung. Die hier beobachtete Komplementarität kann ein Schlüssel sein, in der Rezeptionsforschung nicht länger nach semantischer Übereinstimmung zu suchen, sondern auf die Bedeutung, Deutung und Sinn-Konstitution der

Hörenden zu fokussieren; das aber bedingt, die Hörenden als gleichwertige Beteiligte an einem Dialog zu verstehen.

### 3.1.6. Zweck und Sinn – «Wozu» und «Warum»

Das *Wozu* fragt danach, welche Verstehenshorizonte die Hörenden erkennen und mit welchem prozessualen Vorgehen sie diese erreichen.[55] Es fragt nach dem Zweck, der sich den Hörenden erschliessen könnte. Was ist als Zweck gemeint? Zunächst ist zwischen ‹Zweck› und ‹Ziel› respektive zwischen ‹Zweck› und ‹Sinn› zu unterscheiden. Dazu ein Beispiel: Jemanden nach einem Herzinfarkt zu reanimieren, verfolgt den Zweck, Weiterleben zu ermöglichen. Der Zweck steht im Dienst des Ziels, das er selbst nicht ist. Die Hilfeleistung wäre *zwecklos*, wenn keine Aussicht auf Wiederbelebung bestünde. *Sinnlos* wäre die Hilfeleistung, wenn man dem Patienten lediglich die Hand hielte, um dessen Puls zu fühlen. Da verfehlte die Massnahme das Ziel; denn Sinn entsteht in wiedergewonnenem Leben.

Für die Predigt ist weniger von Zweck als von Intention zu sprechen. Im erwähnten Beispiel erhielte der Aspekt von geteilter Intentionalität besondere Bedeutung, wenn die beiden Menschen – Hilfe bedürfend wie Hilfe leistend – darin übereinstimmen, das gemeinsame Ziel im wiederhergestellten Leben zu sehen. In je anderer Perspektive erkennen beide ihren Sinn. Im Modell zur Kommunikationssituation wird mit dem *Warum* nach der Legitimation gefragt. Aufgrund der gesellschaftlichen Erfahrung, wonach sich Institutionen heute in der Öffentlichkeit zu plausibilisieren haben, erhält die Frage nach der Legitimation einer Rede konstituierende Bedeutung. Denn die Rechtfertigung erschliesst sich nicht mehr durch die Rolle der Redenden oder durch deren berufliche Funktion; das erachten insbesondere Menschen von ausserhalb des üblichen Hörerkreis nicht mehr für selbstverständlich. Zwar ist das Phänomen bei kirchlichen Exponenten noch immer verbreitet, wonach es einfach gut sei, dass die Kirche sich äussere, *weil* sie sich ohnehin äussere. Deren Legitimation liege in der Äusserung selbst. Hörende fragen heute unabhängig von Rang oder Status danach, was die Redenden dazu berechtigt, sich zu einem angesprochenen Sachverhalt zu äussern. Die Frage verbinden sie mit der theologischen, gesellschaftlichen, ethischen und politischen Glaubwürdigkeit von Kirche und von Predigenden.

55 Voigt, S. 41.

Umgekehrt gilt das Warum auch der Legitimation der Hörenden. Auch sie sind danach gefragt, wie sie sich als Hörende legitimieren, Gehörtes verstehen zu wollen und nach eigenem Wissen weiterzuentwickeln. Was macht die Hörenden mündig? Das Warum fragt nach der geistigen Basis, nach der Haltung, nach der Überzeugung, die der Situation zugrunde gelegt ist, und lässt Beteiligte Klarheit erlangen über den Beweggrund, auf dem das Verhandelte basiert. So gefragt zu werden ist für all jene anspruchsvoll, die nicht gewohnt sind, sich ausserhalb eigener Denkräume aufzuhalten, neue Denkhorizonte zuzulassen und am Schluss einer Rede möglicherweise an einem anderen Ort im sonst vertrauten Denkraum anzukommen – womöglich an einem fremden Ort. Nach dem Warum zu fragen, stellt für Redende wie für Hörende insofern hohe Anforderungen, als der dispositionale Denkraum eines Worüber grundsätzlich infrage gestellt werden kann. Für Redende bedeutet eine ihnen zugestandene Legitimation keinen Freibrief, so und nur so über das intendierte Thema zu sprechen. Die Komplementärprozesse und die Hörakt-Optionen erfordern eine Dialogizität auf Augenhöhe. Sie rechnen zugleich mit der Volatilität von Wahrheit und der Kontingenz im Verstehen.

### 3.1.7. Orientierung – «Wann» und «Wo»

Im 9-Tupel komplettiert das Paar *Wann* und *Wo* nicht einfach das Modell als Marginalie, sondern dient der Plastizität der Rede; es bietet sich als Werkzeug an, die Predigt mit literarischem Potenzial zu nutzen und dient den Hörenden als Strukturhilfe zum Verstehen. Mit Antworten auf die Frage «Wann?» können die Hörenden das Gehörte zeitlich einordnen und Zeitpunkt, Zeitspanne und Zeitverlauf dessen erkennen, was sich in der Predigt ereignet. Das Wann kann die Hörenden in eine gedachte Zeit transformieren und lässt sie dadurch auch dramaturgisch den Protagonisten annähern. Durch das Wann können die Hörenden nachvollziehen, ob das Gehörte beispielsweise in einen Abend, in eine Jahreszeit, in die Zeit vor oder nach einem besonderen Ereignis hinein gedacht ist. Das Potenzial liegt darin, den Verlauf der ‹Geschichte Predigt› zu erfassen, in sie hineinzugehen und sie mit der eigenen zu verbinden. Das Wann sorgt für Dialogizität, wodurch die Hörenden eigene biografische Transitionen erkennen und mit jenen der Predigt verknüpfen. Sie nehmen ihr Leben in zeitlicher Dimension wahr, indem sie den Tag einer wiedererlangten Gesundheit, die Phase nach dem Tod eines nahen Menschen, die Belastung durch berufliche Umstände oder die Phase geglückten Lebens benennen können. Das Wann in der Predigt vermag durch die zeitliche Dimension eine Analogie zur strukturierenden Dimension der Hörenden zu schaffen und die gehörte Predigt mit ihrer eigenen zu *synchronisieren*. Dabei leistet das Wann auch einen metaphorischen Rahmen, ob eine Predigt beispielsweise am Abend eines Lebens spielt, die verblassende Kraft eines Menschen verkörpert oder mitten im schwindenden Einfluss eines Ereignisses aufgeht.

Analog zur Synchronisierung der *Geschichte in der Zeit* hilft den Hörenden die Verortung der Predigt durch das *Wo*. Es fragt, wo die Predigt örtlich wie dramaturgisch stattfindet, ob hinter verschlossenen Türen oder draussen vor der Stadt geredet, gehandelt oder geglaubt wird. Das Wo klärt das «Setting» der Predigt, ob es in der Einsamkeit einer Wüste anzusiedeln ist oder mitten in einer Menschenmenge, ob in der verdunkelten Kammer, ob im öffentlichen Raum auf Reisen, am Rand des Lebens oder mitten in hektischer Geschäftigkeit, ob in fiktivem oder realem Raum, in Metaphorik oder in realpolitischem Kontext, ob an geliebten oder ungeliebten Orten. Solche Strukturhilfen ermöglichen, sich in literarischem, historischem, geografischem, emotionalem und metaphorischem Sinn zu verorten und die ‹Geschichte Predigt› mit den eigenen Wegkreuzungen und Wendepunkten in eine Beziehung zu bringen.

Wann und Wo bieten den Hörenden ein plastisches Koordinatensystem in Zeit und Raum, worin sie sich orientieren und ihre Geschichte strukturieren und so mit eigenen Erfahrungen von Zeit und Raum verbinden können. Die narrative Wirkung von Wann und Wo greift im Kontext der Predigt auf eine Tradition bis in deren Anfänge zurück. Besonders die neutestamentlichen Gleichnisse sind literarische Meisterleistungen mit einer starken zeitlichen und räumlichen Verortung. Das «Gleichnis von den Arbeitern im Weinberg», auf das sich die beobachtete Predigt bezieht, spielt anfangs auf dem Marktplatz – zur Rekrutierung von Arbeitskräften – und dann auf einem Gutshof – zur Auszahlung des Taglohns. Zudem füllt es die Zeitspanne eines Herbsttages, von der frühmorgendlichen Marktlage der Helfer in der Weinlese bis zur abendlichen Lohnauszahlung. Damit ermöglicht es gleich mehrere Ebenen von Dialog-Situationen, welche die Umstehenden in der Geschichte, die Hörenden, denen das Gleichnis erzählt wird sowie die Hörenden der Predigt, zu Partizipierenden macht. Diese Plastizität von Raum und Zeit lässt die Hörenden eintreten in die Welt der Protagonisten, selbst dann, wenn keine Geschichte im eigentlichen Sinn vorliegt, sondern die Rede argumentatorisch aufgebaut ist.

## 3.2. Begriff, Sinn und Bedeutung

Ausgehend von der griechisch-antiken Philosophie Platons setzt sich die Semiotik sprachlich und übersprachlich mit Begriffen, Zeichen und deren Bedeutungen auseinander und wird interdisziplinär, auch in Ökonomie und Sozialwissenschaften diskutiert.[56] Sie beschreibt das Verhältnis von Begriff, Zeichen und Bedeutung im Modell des sogenannten semiotischen Dreiecks[57]:

1. Das *Signifikant* steht für etwas, das dazu dient, etwas anderes zu bezeichnen, das es selbst nicht ist.
2. Das *Signifikat* steht für jenes Andere, das mithilfe des *Signifikanten* bezeichnet wird.
3. Das Verhältnis von Signifikant und Signifikat ermöglicht sprachlich und bedeutungsleitend einen wechselseitigen *semiotischen Prozess* (Semiose): Ein Signifikant kann zu einem Signifikat transformiert werden; ebenso kann ein Signifikat durch ein Signifikant konkretisiert werden. Durch wiederholte Ableitungen von Begriff zu Begriff kann man eine Art von Begriff-System bilden, welches das Potenzial enthält, bedeutungsleitend ein Verstehenssystem zwischen Redenden und Hörenden zu entwickeln. Dieser nicht-endende Prozess ermöglicht zwischen den Redenden und den Hörenden ein zeitgleiches Handeln – sprechend oder hörend – und formt nach und nach Gesagtes, Gehörtes, Gemeintes, Verstandenes zu einem System von Deutung, Bedeutung und Sinn respektive auch von Um-Deutung, Un-Bedeutung und Unsinn *(Interpretans)*.

Eine Rede benötigt ein Verstehenssystem, das zwischen Redenden und Hörenden Verständigung ermöglicht. Das ist wichtig, weil Redende ihren spezifischen Wortschatz einsetzen, ihren Erfahrungsschatz mitbringen, ihre eigene Syntax, Bildsprache, Sprach- und Bedeutungsstufen anwenden, diese aber keiner allgemeinen Übereinkunft entsprechen. Zudem oszillieren Begriffe zwischen physischer, mechanischer, metaphorischer, abstrakter, figurativer, szenischer oder bildhafter Sprache.

---

56 De Saussure, Peirce, Bühler, Bachtin, Austin, Searle, Geissner, Eco, Engemann (Überblick in: Rolf 2008).

57 Ogden und Richards 1923: The Meaning of Meaning; Bühler seit 1934, Organon-Modell.

Solche zuweilen innerhalb von Sekunden vollzogene Wechsel zwischen den Sprachstufen erfordern von den Hörenden eine hohe Fähigkeit, Sprache abstrahieren zu können und eine Bereitschaft aufzubringen, laufend einen semiotischen Prozess zu vollziehen. Um Verständigung zu erwirken, müssten die Redenden die Prozessschritte ihrer Rede respektive die Wechsel der Sprachstufen erkennbar machen, um so die Hörenden leiten zu können. Das ermöglichte einen synchronisierenden Prozess von allen Beteiligten. Wenn hingegen ein Begriff auf mehreren Sprachstufen parallel verwendet wird und die Rede ohne Hinweise zwischen den Stufen wechselt, kann weder ein zweckdienlicher semiotischer Prozess gestaltet, noch weit weniger eine Verständigung gefördert werden. Es ist vorstellbar, dass ein Begriff im Verlauf des Prozesses die Bedeutung ändert und schliesslich in einem letzten Signifikat aufgeht. Im Situationsmodell nach Geissner ist dieser Prozess zwischen dem *Worüber* und dem Paar *Was* und *Wie* untergebracht. In ihm werden die Hörenden zu einer Konkretisierung des Verstandenen in das *Was* und *Wie* geführt. Die Intention der Bedeutung von Begriffen kann sich den Hörenden erschliessen, indem ihnen der semiotische Prozess dialogisch angeboten wird. Als dialogisches Verfahren helfen schlichte Fragen: *Wofür steht das? Worauf bezieht sich das?* So wird nach der *hintergründigen* Dimension, nach dem Referenzwert gefragt. In umgekehrter Richtung fragt der semiotische Prozess nach der Konkretion eines Signifikats durch ein Signifikant. Da wird fragt: *Woran lässt sich das festmachen? Wie drückt sich das aus?*

Der skizzierte Prozess oszilliert zwischen ‹grossen› und ‹kleinen› Begriffen, bis die Hörenden ihre je eigene Logik gefunden haben. Am Beispiel der untersuchten Predigt oszilliert das Bezugssystem zwischen dem grossen Begriff ‹Himmelreich› und dem kleinen ‹leere Hände›, was zwei Denkwege eröffnet.[58] Der erste führt vom Grossen zum Kleinen, der zweite in die umgekehrte Richtung. Leitet man nun den grossen Begriff ‹Himmelreich› ab, indem man fragt, wie dieses sich zeige, so wäre – in den Worten der Predigt-Sequenz – der Begriff *Aufscheinen* eine erste Ableitung. Die wiederholte Frage, wie sich das äussere oder woran man das festmache, führt zur Aussage, dass ich «erhalte, was ich brauche». So setzt sich der begriffliche Strang weiter fort bis zu den «leeren Händen». Umgekehrt liesse sich der Prozess ebenso denken, indem gefragt wird, wofür die «leeren Hände» stehen. Dafür könnte ein Begriff genannt werden wie «ohne Arbeit sein» oder «über nichts verfügen können». Der semiotische Prozess dient als Verständigungssystem. Sofern das Worüber als dispositionaler Denkraum für die Hörenden funktioniert,

58 Siehe die Predigt im Wortlaut in Kap. 8.2. oder als Paraphrase in Kap. 5.

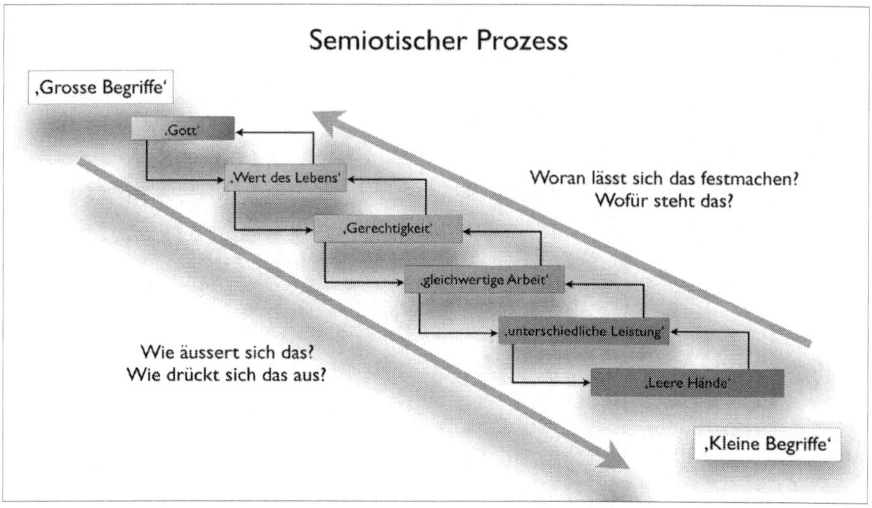


*Abb. 2: Semiotischer Prozess mit Sprachstufen. © Martin Peier.*

indem sich ihnen der Gehalt der Predigt erschliesst, ermöglicht es den semiotischen Prozess von Worüber zu Was und Wie. Das entspricht dem Prozess, vom Gehalt der Predigt zu ihrem Inhalt zu finden. Aktiv bleibt der semiotische Prozess so lange, bis die Hörenden sich klar darüber werden, wie sie die dargestellten Begriffe durch die optionalen Begriffs- und Sprachstufen im Bezugssystem verstehen, wie sie diese deuten und ihnen Bedeutung zumessen wollen. Da sie nur eine Chance haben zu verstehen, durchlaufen sie den semiotischen Prozess zeitlich gerafft. Entsprechend bleibt ihnen eine äusserst begrenzte Zeit, aus dem Verstandenen für sich Sinn entstehen zu lassen.[59]

## 3.3. Strukturhilfe und Referenzierung

Im Zusammenhang von Chaostheorie und Ordnungssystemen beschäftigte sich der belgische Mathematiker Benoît Mandelbrot (1924–2010)[60] mit der

59 Geissner 2007, S. 124.
60 Mandelbrot 1987.

Frage nach dem Messen komplexer Formen und entwickelte die Theorie der Fraktalen Geometrie. Dabei ging es zunächst darum, Phänomene, die in der Natur zu beobachten sind, zu messen und mathematisch zu beschreiben. So fragte Mandelbrot beispielsweise nach der Länge von Küstenlinien oder nach dem Volumen von komplexen Körpern wie jenem der menschlichen Lunge. Die Genauigkeit der Messung liess er mit einer Graduierung von *Rauheit* korrelieren und differenzierte eine Granularität des Messbaren.

Die Beobachtungen fokussierte er zunächst auf Englands Küste und stellte fest, dass diese Küstenlinie insgesamt – aus der Distanz eines Satelliten – in ähnlicher Struktur wieder zu erkennen war bei Betrachtung aus der Nähe. Weil durch die Komplexität der aus der Nähe betrachteten Küstenlinie deren Länge zunahm, wurde die Frage nach der Länge mit der Frage nach der Rauheit, nach der Granularität einer Messung verknüpft. Eine sich wiederholende *Struktur* des Phänomens im Phänomen sowie die sich wiederholende Struktur von artfremden Phänomenen nannte er *Selbstähnlichkeit*, die *Wiederholung* der Strukturen *Iteration*. Die beobachtete Struktur, die sich immer wieder zum «Aufbrechen» anbot, bezeichnete er als *Fraktale*[61]. Ein Beispiel dafür ist die Struktur des Romanescos. Sie zeigt spiralförmig angeordnete Kegel. Die Spiralen sind wiederum spiralförmig angeordnete Kegel, die spiralförmig angeordnete Kegel enthalten. Dadurch wirkt die Struktur rhythmisiert, organisch und zugleich nie gleichbleibend, für Betrachtende jedoch um etliches «verständlicher». Benoît Mandelbrots Beobachtungen von artfremden Phänomenen lassen sich fortsetzen; das Fliessverhalten von Wasserwellen ist vergleichbar mit jenem von Sanddünen, Getreidefeldern und Gletschern. Auch lassen sich Wassermassen und Menschenmassen vergleichen. Wird in einem Fluss das Wasser wegen eines Pfeilers durch Umströmung zur Seite gelenkt, so bildet sich an dessen Lee-Seite eine Zone, wo durch Nachlaufwirbel das Wasser im beinahe strömungsfreien Raum «liegenbleibt». Selbstähnlich dazu verhalten sich Menschenmassen, die sich von A nach B bewegen. Steht in einem Durchgang ein Pfeiler oder auch nur ein Abfalleimer, so teilt sich der Strom nachhaltig und bildet an dessen Lee-Seite einen Raum, in dem sich Leute ohne zielgerichtete Bewegung kurz aufhalten. Das physikalische Phänomen weist eine Analogie im sozialen Verhalten auf; Erkenntnisse der Selbstähnlichkeit dienen einer Kundenlenkung und der Evakuierungsplanung (Personenhydraulik).

---

61 Hastings, S. 3. – Von lateinisch «frangere, fractus»: brechen, gebrochen. Mit Fraktale werden Phänomene bezeichnet, die nicht abgeschlossen, sondern – geometrisch – mit «ausfransenden» Rändern versehen sind.

*Abb. 3: Selbstähnlichkeit am Beispiel des Romanescos, Foto: Martin Peier.*

Die Struktur der Selbstähnlichkeit hilft nicht nur, Phänomene leichter zu «lesen», sondern trägt dazu bei, eigentliche Kommunikation zu schaffen, indem sich Leute darüber verständigen, ein Phänomen «zur gemeinsamen Sache zu machen». Daher sind die mathematischen Formeln der Fraktalen Geometrie hier nicht von Bedeutung; weit mehr interessiert, ob die Spur der Fraktalen Geometrie zur Kommunikation wirksam ist und Selbstähnlichkeit als strukturierendes Prinzip Verständigung schaffen kann.

Einen Indikator dazu erhält man zumindest dadurch, dass Hörende Gehörtes mit eigenen Ereignissen verknüpfen, die sie selbstähnlich zum Vergleich hinzuziehen und als Referenzwerte verwenden. Das Gehörte wird erst durch die Verknüpfung mit Vertrautem verstanden. Es scheint, dass sich Gehörtes auf Vergleichbares und insofern auf Selbstähnliches bezieht und selbstähnliche Strukturen als Verstehenshilfen wirken. Dadurch wären in einer Rede die Funktion von Elementen und das Werk als Ganzes leichter zu bestimmen. Es liesse sich daraus ableiten, dass Begriffe in einem nachvollziehbaren und logisch ableitbaren Bedeutungshorizont verwendet werden. Es liesse sich auch ableiten, dass bei referenzierendem Hören eine Horizontverschiebung der Begriffe und Episoden erfolgen kann. Es liesse sich drittens ableiten, dass Predigtteile sich zueinander und zur gesamten Predigt selbstähnlich verhalten. Viertens liesse sich ableiten, dass die Hörenden einen iterativen Prozess durchlaufen, bei dem sie selbst den ihnen wichtigen Gehalt nach und nach entwickeln und die Predigt im Vollzug des Hörens zu verfertigen beginnen. Es liesse sich fünftens ableiten, dass Begriffe und Episoden in ihrer Bedeutung selbstähnlich weiterentwickelt werden und im Prozess intentional von Redenden wie Hörenden geteilt werden. Der iterative Prozess bezieht sich dann nicht einfach auf Begriffe in der Predigt, sondern auf den Gehalt, auf die Deutung des Verstandenen und Bedeutung des Ganzen. *Selbstähnlichkeit* und *Iteration* wirken also nicht nur strukturierend, sondern auch prozessual, wodurch das Hören zum Handeln wird:

1. Referenzierung: übereignetes, überliefertes, erfahrenes Handeln
2. Interesse: abwägendes, (wieder-)erkennendes Handeln
3. Imitation: nachahmendes Handeln
4. Interpretation: sinnstiftendes Handeln
5. Iteration: weiterentwickelndes Handeln

Selbstähnlichkeit weist eine iterative Längsstruktur, ein *Syntagma*[62], auf und entspricht der dramaturgischen Verflechtung. Syntagma kennzeichnen Plot-Points, Vorwegnahmen und Rückverweise, Spannungsbögen, sprachliche Veränderung und Verknüpfung.[63]

> Jedes Element verweist auf zuvor Gesagtes, Gesehenes, Gehörtes oder auf später noch zu Sagendes, zu Sehendes, zu Hörendes. Es greift bereits Gesagtes, Gesehenes, Gehörtes auf, es verdichtet, führt zum Höhepunkt oder schliesst ab. […] Alle Teile wirken also nach vorn und nach hinten. Ein Zitat, eine Geste, eine Handlung usw. erkennt man durch die Wiederholung, Verfremdung oder Weiterführung wieder. Das verbindet zwei Teile wechselwirkend miteinander. Dadurch wird deutlich: Wie jeder Teil nicht nur eine je eigene Funktion für sich hat, hat er ebenso eine Funktion für das Gesamtwerk.[64]

Selbstähnlichkeit bildet ebenso eine strukturierende Querstruktur, ein *Paradigma*[65]. Das Paradigma meint ein doppeltes Strukturelement: Erstens ist es eine Äusserung mit einem darin enthaltenen Sprachbild, mit einer sie begleitenden Geste, mit der Mimik der Sprechenden, selbst mit einem Bild zu Le-

---

62 Geissner 1976, S. 24.
63 Peier 2007, S. 24ff. Vgl. auch Nicol 2002 / 2005.
64 Peier 2007, S. 15.17.
65 Geissner 1976, S. 24.

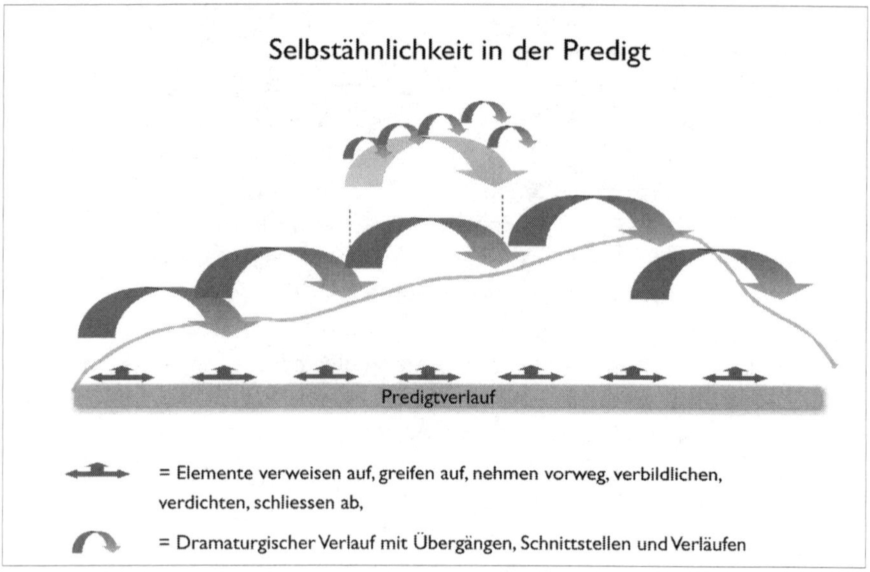


*Abb. 4: Selbstähnlichkeit in der Predigt. © Martin Peier.*

ben und Mensch der Redenden verknüpft. Alles, was dadurch in der Äusserung zum Ausdruck kommt, geschieht immer multimodal. So erfordert eine Aussage zu «Freude» ein Sprachbild mit ‹Freude›, eine Haltung der Predigenden zu ‹Freude›, ein Verständnis zu ‹Freude›, das wiederum sprecherisch zum Ausdruck kommt. Eine Episode dagegen, die einen «Mangel» schildert, erfordert im Sprachbild genauso ‹Mangel›. Dass Mimik, Gestik und Proxemik die zusätzlich wirkenden Modi darstellen, versteht sich. Dabei geht es nicht um theatralische Qualität, sondern um die Kongruenz der Modi als Gesagtem und Gemeintem und als Gehörtem und Verstandenem. Das scheint zwar logisch, doch hören Hörende oft «Freude», sehen aber ‹Langeweile›, hören «Mangel», müssen aber einen üppigen Redeschwall über sich ergehen lassen; sie erhalten zwar eine Geschichte angekündigt, müssen indessen assoziative Sprachschnipsel sortieren, bereiten sich auf Argumente zu einem Sachverhalt vor, haben sich jedoch gegen willkürlich wirkende Behauptungen zu stemmen.

Zweitens verhält sich ein Paradigma selbstähnlich, indem Wesenszüge der umfassenden Teile auch im Kleinen aufscheinen; sprachliche Miniaturen bergen in sich das Wesenhafte der gesamten Predigt. Ebenso ist die Predigt in ihren Einzelteilen genauso ‹Predigt› und bleibt – selbst in Sequenzen und

Szenen aufgelöst – ‹Predigt›.[66] «Freude» im Grossen lässt auch «Freude» im Kleinen erwarten, «Mangel» im Grossen auch «Mangel» im Kleinen. Das Verhältnis zwischen Grossem und Kleinem bezieht sich auf Form, auf Inhalt, Gehalt und Bedeutung, auf sprachliche und sprecherische Gestaltung, auf Dramaturgie sowie auf den Verstehensprozess. Es handelt sich um die im semiotischen Prozess geschilderte Wechselwirkung. Dem Einzel-Ereignis wird metaphorische Bedeutung und dadurch eine gesellschaftliche Dimension zugesprochen (pars pro toto). Umgekehrt erwirkt die Konkretisierung von allgemeinen Erfahrungen eine Plausibilität in der Darstellung des Einzelnen (totus pro parte). Dadurch bietet die Fraktale Geometrie mit der iterativen Selbstähnlichkeit eine Verstehenshilfe an und ermöglicht Kommunikation: Hörende als Einzelne wie als Gruppe entwickeln intentional Verständigung.

## 3.4. Neuronale Indikatoren

Hörende scheinen auf Modi wie Sprache und Sprechen, Mimik und Gestik zu reagieren. Visualisierte Geschichten, verbalisierte Körpermetaphern und Imitations-Angebote spielen beim Verstehen eine besondere Rolle. Daher ist danach zu fragen, ob und wie die Aufmerksamkeit der Hörenden fokussiert werden kann. Seit den 1990er Jahren sind die Neurowissenschaften damit beschäftigt, die Entstehung von Kommunikation, den Erwerb von Sprache sowie die Frage von Imagination und Imitation bei Kommunikationsprozessen zu eruieren. Eher zufällig entdeckten Forscher um Giacomo Rizzolatti an der Universität Parma (Italien) Spiegelneurone im Rahmen von neurologischen Experimenten an Affen. Ein Affe sollte nach einer Nuss greifen. Dabei beobachteten die Forscher, wie im Hirn Nervenzellen aktiviert wurden, sobald er nach der Nuss griff. Dass sie reagierten und stimulierend «feuerten», auch wenn der Affe nicht nach der Nuss griff, sondern diese Handlung lediglich beobachtete, überraschte.[67] Muskelzuckungen wurden zunächst vermutet, doch zeigten weitere Experimente, dass ausschliesslich das Hirn die beobachtete Handlung auslöste. Die Szene ist so einfach wie komplex: Sehen und Erkennen handeln quasi im Auftrag des Körpers, der dem Hirn mitteilt, den Impuls zum Zugreifen zu geben. Dem Körper wird zugetraut, dass die Hand

66 Nicol 2002, S. 108ff.
67 Rizolatti/Sinigaglia, Iacoboni.

mit den Fingern ergreifen kann, was zum Mund geführt werden soll, obwohl das zu Ergreifende lediglich Mittel zum Zweck ist, nicht aber die Handlung selbst. Wie komplex eine solche Handlung auch für den Menschen ist, tritt dann zu Tage, wenn sie nicht mehr zu leisten ist – krankheits- oder altersbedingt. Die Vorstellung der nicht mehr möglichen Handlung löst Reaktionen aus, als ob die Handlung selbst verunmöglicht wäre. Dadurch wirkt diese einfache Handlung wie eine Abstraktion von verdichtetem Leben. Die Situation beim Hören ist noch komplexer, zumal sie nur eine abstrakte Auseinandersetzung mit der Handlung darstellt. Sie ist demzufolge eine Abstraktion der Abstraktion von verdichtetem Leben. Darin widerspiegelt sich die Funktion von Sprache – von gesprochener wie von geschriebener – und bringt zum Ausdruck, was sie vermitteln kann, inwiefern sie Handlung ausdrückt und was Ausdruck des Lebens ist. In allem ist Sprache zugleich Handeln und Handeln zugleich Sprache. Man erhoffte sich nun einen Schlüssel, wie Verstehen und Nachahmung sich zueinander verhalten.

> Frühere Studien […] haben sich vor allem mit dem oberen Teil von F5 beschäftigt, welcher hauptsächlich Repräsentationen brachiomanueller Handlungen (z. B. den Arm ausstrecken und zugreifen) beherbergt. Neuere Studien haben hingegen im lateralen Teil Mundspiegelneurone beschrieben, die entweder auf Handlungen des Mundes bei der Nahrungsaufnahme (z. B. Essen mit dem Mund greifen oder saugen) oder auf kommunikative Gesten (z. B. schmatzen, engl.: lip smacking) reagieren.[68]

Spiegelneurone sind mitverantwortlich für Kommunikationsprozesse. Einige sind zudem nicht einer einzelnen Modularität zuzuschreiben, sondern multimodal agierend reagieren sie sowohl auf auditive, visuelle als auch olfaktorische Reize. Diese multimodale Aktionsfähigkeit lässt bezüglich der Kommunikation die Vermutung zu, dass Hören, Verstehen, Sprechen und Gestikulieren aufeinander bezogen sind und eng zusammengehören.[69] Das Spiegelneuronensystem verleiht dem Menschen eine hohe Kompetenz zur Imitation und zur Entwicklung eigener Sprache; dies betrifft auch das Deuten von Gestik und Mimik, wenngleich – bedingt durch kulturelle Unterschiede – das Potenzial zum Missverstehen enorm ist. Die Verbindung von Entstehung von Sprache und Spiegelneuronen ist besonders beim Körperausdruck gut zu beobachten. Der Ursprung menschlicher Kommunikation, die vor dem

68 Rütsche/Meyer, S. 119.
69 Vgl. Spiegel 2006, S. 155.

eigentlichen Spracherwerb stattfindet, wird sogenannten Grundgesten zugeschrieben.[70] Gestik und Mimik gehen auf der Ebene des Unbewussten mit der Sprache einher – genau genommen der sprachlichen Äusserung voran. Spiegelneurone scheinen das Verständnis verbaler und – noch weit mehr – nonverbaler Intentionen zwischen Menschen zu fördern. Zudem scheinen sie die Fähigkeit zu sozialem Handeln zu begünstigen: Menschen kommunizieren, wenn sie sich in andere einfühlen, von anderen unterscheiden, wenn sie imstande sind abzuwägen und zu imitieren,[71] Sprache selbst weiterentwickeln, Nonverbales wie Verbales einbringen und sich dadurch verständigen.

> Die Effekte der Spiegelneurone können […] ansteckende Wirkung haben und im Beobachter emotionale oder sogar körperliche Gefühlszustände induzieren, die dem entsprechen, was an einem anderen Menschen wahrgenommen wurde. Indem wir uns aufeinander einlassen, verändern wir uns also.[72]

Das gilt besonders, wenn davon die Rede ist, was den Beteiligten vertraut ist.[73] Voraussetzung dazu ist eine geteilte Intentionalität, also eine wie auch immer geartete Übereinstimmung der kommunikativen Absicht.[74] Für eine Rede bedeutet dies, dass in die Sprache integrierte Handlungsbeschreibungen, dass Sprachbilder sowie konkrete Schilderungen direkte Auswirkungen auf die Hirntätigkeit von Hörenden haben.[75] Insbesondere kann die körperbasale Sprache das Verstehen beim Hören stark beeinflussen. Die Neurowissenschaft beobachtet, wie Menschen auf ihnen vertraute Handlungen stärker reagieren als auf für sie unbekannte. Folglich ist zu fragen, inwiefern das für die Hörenden Vertraute noch veränderungsfähig ist oder inwieweit sie sich

---

70 Tomasello, S. 17f; vgl. auch Bauer, Lauer, Iacoboni.

71 Fischer: «Im Rahmen einer Konvergenz (verbale und nonverbale Annäherung) einigen sich Menschen in Bezug auf Sprache relativ rasch auf gemeinsame Begriffe und nähern sich sprachlich einander an (Satzbau, Dialekt, Sprechgeschwindigkeit; […]), um eine schnelle sprachliche Verständigung zu garantieren …» (S. 30). Vgl. auch Heyes, S. 1f, Rizzolatti 2001, Iacoboni 1999, Rizzolatti 2001, Bauer 2007.

72 Bauer 2007, S. 40.

73 Z. B. Heyes, S. 5, vgl. Halsinger.

74 Tomasello, S. 17; vgl. Beaugrande/Dressler.

75 Fischer: «Auch die Beobachtung von Handlungen (Video), die mit dem Mund oder der Hand durchgeführt werden, erhöht die Aktivität des Broca-Areals. Wenn sprachlich, im Gegensatz zur reinen Präsentation von Worten, Sätze angehört werden, bei denen Handlungen beschrieben werden, die mit verschiedenen Körperteilen in einer bestimmten Folge (hierarchisch) durchgeführt werden, wird das Broca-Areal mit einbezogen.» (S. 13)

nur bestätigen lassen, was ihnen ohnehin bereits bekannt ist.[76] Genauso ist zu fragen, mit welchen Deutungsmustern Begriffe verwendet werden, da hinter jeder Deutung auch eine innere Haltung und ein Wertesystem stehen. In der untersuchten Predigt ist von «leeren Händen» die Rede. Die Metapher steht für die missliche Lage, ohne Arbeit dazustehen und daher in der Gesellschaft nichts zu gelten. Das Leben ist den Betroffenen aus den Händen geglitten, weshalb sie «nichts in den Händen» haben. Für ein Deutungsmuster der Metapher braucht es das Verständnis für die Lebenswirklichkeit von Erwerbslosen sowie für das Wertesystem von Leistung und Arbeit. Fehlen solche Zusammenhänge, ist davon auszugehen, dass neuronale Reaktionen ausbleiben. Hierin lässt sich ein Zusammenhang vermuten, wonach neuronale Reaktionen auf eine Referenzierung, auf einen Bezug von Vertrautem und auf die Bereitschaft, Verstehenshorizonte zu verschieben, zurückgreifen.

In einem Punkt ist gegenüber den neurowissenschaftlichen Erkenntnissen Zurückhaltung angezeigt. Die zuweilen deterministische Haltung in Bezug auf Interpretationen von kommunikativen Beobachtungen suggeriert eine Eindeutigkeit der Kommunikation. Davon ist Abstand zu nehmen; in der Kommunikation ist von einer doppelten Kontingenz auszugehen: Redende wie Hörende sind nie zwingend aufeinander bezogen und gleichzeitig ist es nie unmöglich, dass sie es sind. Jeder Sachverhalt kann auch ganz anders sein.

76 Die Frage nach Veränderungsfähigkeit und Veränderungsbereitschaft ist durch die Social Media neu lanciert worden, indem mittels Friends, Likes oder Dislikes Communities gebildet werden, die suggerieren, dass diese gemeinsame Meinung zugleich eine allgemeingültige wäre.

# 4. Den Hörenden auf der Spur

Will man Hörprozesse ausmachen und Wirkungen der Predigt beschreiben, braucht es vorab eine Vorstellung davon, welche Zugänge sich die Hörenden bauen. Sie hängen von ihrem Wissen, ihren Erfahrungen und Erwartungen ab. Es sind für sie dieselben Anknüpfungspunkte, wie sie auch in Gesprächen weitergeführt werden können. Genau das bot sich mittels Interviews zur Untersuchung an. Ich wollte verstehen, welche Vorstellungen Hörende zu Hören, Verstehen und Wirkung haben und worauf sie beruhen bezüglich Erfahrungen, Wissen und Erwartungen. Dabei kam ein implizites Verfahren zum Zug, um keine Gefälligkeitsantworten zu provozieren. Ich fragte nicht direkt nach solchen Stichwörtern, sondern erhoffte mir, über thematische Umwege zu Antworten zu kommen. Die Workshops fanden zu predigt-affinen Themen statt wie «Das ‹Ich› in der Predigt», «Authentizität der Redenden» oder «Feindbilder in der Predigt», doch die Beobachtungen zielten auf die oben erwähnten Zugänge zur Predigt ab. So wurde im Workshop «Feindbilder in der Predigt» diskutiert, dass Feindbilder in Wirklichkeit lediglich Projektionen oder metaphorisch zu verstehende Redewendungen seien. Daher sei ihnen jegliche inhaltliche Bedeutung abzusprechen, zumal sie ohnehin nie in eine Predigt gehörten. Tatsache aber war, dass den Teilnehmenden genau kontrastreiche Sprachbilder haften blieben, nicht jedoch der eigentliche Inhalt. Entsprechend wurden auch Fragen nach Bildern in den Fragenkatalog der Interviews eingefügt. Aufgrund der Workshops unternahm ich den Versuch, eine Hör-Typologie[77] aufzubauen. Ich vermutete, mittels Erfahrung, Wissen und Erwartung eine solche bestimmen zu können. Es sollte sich aber als Irrweg erweisen; gleichwohl wird sie hier kurz vorgestellt.

---

77 Vgl. Nisslmüller.

## 4.1. Irrtum einer Typologie

Von der Idee, eine Typologie von Hörenden zu entwickeln, versprach ich mir generalisierende Kategorien für Hören und Reden. Aus den Workshops gingen zunächst fünf Zugänge respektive Typen hervor:

1. *Predigt ist theologische Rede*: Hörende erwarten eine sprachlich, sprecherisch und literarisch durchdachte Ansprache, eine Rede mit theologischer Relevanz und eloquenter Qualität. Sie soll dramaturgisch stringent sein und ein klares Aussageziel haben. Hörende möchten die Predigt konsumieren und sehen ihre Partizipation im Hören erfüllt.
2. *Predigt ist seelsorgliches Gespräch*: Hörende erwarten in der Predigt Raum, um das ihnen Angebotene einordnen zu können. Sie verstehen sich als Teil der Predigt oder als Teil *in* der Predigt, als Gesprächsteilnehmende. Die Rede endet für sie nicht mit dem Amen, sondern setzt sich fort über Impulse zu ihrer Lebenssituation, zu Fragen an ihr Leben, auch an Weltthemen, sofern sie mit ihnen zu tun haben.
3. *Predigt ist Denkanstoss*: Hörende erwarten einen Inhalt, über den sie im Anschluss weiterdenken können. Was gesagt wird, soll ihnen einleuchten, zumindest zu denken geben. Daher muss der Text durchdacht sein; assoziative Aneinanderreihungen oder spontane Äusserungen sind unerwünscht. Politische, missionarische oder demagogische Interventionen lehnen sie ab, da sie ihrem Anspruch, selbstdenkend aus dem Gehörten Konsequenzen zu ziehen, widersprechen.
4. *Predigt ist Erbauung*: Hörende erleben die Predigt als Blick in ihre geistig-geistliche Heimat. Ihnen liegt zuweilen mehr am Gottesdienst insgesamt. Sie fühlen sich seelisch berührt, wenn sie an ihre eigenen Geschichten erinnert und emotional darin bestärkt werden. Handeln, Denken, Fühlen und Glauben möchten sie mit anderen Menschen teilen. Die Predigt hören sie in den ihnen vertrauten Sprachkategorien und Schlüsselbegriffen, die zu ihnen passen.
5. *Predigt ist Zeugnis gelebten Glaubens*: Die Predigt ist den Hörenden eine Bezeugung des Glaubens und eine Bestätigung ihres eigenen Glaubens; für sie spielt die Gemeinde als Glaubensgemeinschaft eine wichtige, beheimatende Rolle. Sie erkennen in den bezeugten Glaubensgeschichten der anderen ihre eigene. Von der Predigt erwarten sie, dass der christliche Glaube im Zentrum steht und ihr eigenes Glaubensleben verändert.

All diesen skizzierten Zugängen zur Predigt gemeinsam ist die Perspektive, dass in einer – wie auch immer gestalteten Art – von Gott oder zumindest von Transzendenz die Rede ist und Gott mit den Menschen und Menschen miteinander im Gespräch stehen. Die Predigt muss den Dialog zwischen Gott und Mensch nicht vollziehen, sondern ermöglichen. Es soll etwas von der transzendenten Erfahrung aufscheinen, wovon frühere Generationen sagten, sie gingen «z'Predigt» respektive «unter die Predigt»[78]. Damit billigen sie alle der Predigt die Option einer Orientierung zu. Ansonsten weisen die Hörtypen disparat wirkende Zugänge zur Rede auf. Da in Rede-Situationen unter den Hörenden nicht einfach ein einziger Hörtyp vorkommt und es keine Reden nach Hörtypen gibt, ist eine Typologisierung überflüssig.

## 4.2. Relationale Authentizität

Hörende verbinden eine Rede unausweichlich mit den Redenden. Deren persönliche Haltung überträgt sich auch auf die Predigt und zurück auf die Hörenden. Diese Auseinandersetzung zwischen Predigt, Redenden und dem, was die Hörenden verstanden haben, bezeichne ich als *relationale Authentizität*:

> Authentizität steht für den Menschen, für sein Selbst, für seine Glaubwürdigkeit, Eigentlichkeit und Echtheit, kurz: für seine Haltung. Und in seiner Haltung stimmt der Mensch überein mit seinen Erfahrungen, mit seinen Absichten und mit seinen Zielen. Dies alles wird sichtbar in seinen Handlungen. Ein Mensch argumentiert redlich, logisch und nachvollziehbar; er stimmt insofern mit sich überein, als verbale, nonverbale und extraverbale Signale kongruent wirken. Doch dies ist lediglich eine erste Perspektive; denn Authentizität stellt sich nicht einfach ein, wenn Haltung und Handlung eines Menschen einander kongruent zu sein scheinen. Auch haftet Authentizität einem Menschen nicht einfach a priori an. Authentizität muss in eine Situation hinein entwickelt werden. Und sollte sie sich – wie auch immer – für einmal eingestellt haben, so bleibt sie nur flüchtig und muss wiederholt erarbeitet werden – arrangiert, ohne arrangiert zu wirken. […]
>
> Die Authentizität eines Menschen kann man nicht an seinem Verhalten in einzelnen liturgischen Sequenzen erkennen, denn Authentizität ist ursächlich keine Per-

78 Adelung, S. 829.

formance. Sie stellt sich weder dadurch ein, wie Menschen den Gottesdienst gestalten, noch erschliesst sie sich durch eine wie auch immer stimmig einstudierte Performance. Authentizität ist primär eine Wirkung und erst sekundär Ursache; sie wirkt als Antwort darauf, wie Menschen zuvor gedacht, geredet und gehandelt haben (Haltung und Handlung). Und diese Wirkung wird dann ersichtlich. Was nämlich Authentizität auslöst und womöglich in Gang setzt, das wirkt in der damit verknüpften Performance. Authentizität benötigt Ausdrucksformen, gewissermassen «kommunikative Transportsysteme», über die sie wahrgenommen werden kann: Authentizität benötigt Sprache und Reden, Handlung und Haltung, Liturgie und Gestaltung, Menschen und deren gelebten Glauben. Authentizität steht dadurch in einem zeitlichen Verlauf, sozusagen zwischen der Haltung und der Handlung eines Menschen (als Voraussetzung für ihre spätere, verkündigende Leistung) und der kommunikativen Transportsysteme (als performative Vermittlung von Erfahrungen und Erwartungen), derer sie sich bedienen muss. [...]

Authentizität kann ein einzelner Mensch weder erwirken noch sich selbst zuschreiben. Zwei Beispiele hierfür: Authentizität als ‹Echtheit› verstanden besteht nicht darin, dass «man einfach sich selber» ist, ungeachtet von anderen Anwesenden und ungeachtet einer situativ zu erfüllenden Funktion. Und: Authentizität als ‹Eigentlichkeit› verstanden ist nicht einfach dann gegeben, wenn man ‹ganz bei sich› ist. ‹Eigentlich› kann man ‹im Grunde genommen› mit sich nicht übereinstimmen angesichts anderer Leute im Gottesdienst und ungeachtet der situativ zu erfüllenden Funktion. ‹Echt› und ‹eigentlich› können im Gottesdienst nur jene Menschen sein, die sich auf den Kontext mit anderen einlassen. [...] Offensichtlich greift ‹Authentizität› in einen kommunikativen Kontext, wo das ‹je Eigene›, das ‹Echte›, das ‹Eigentliche› erst durch das ‹je Andere› eine ‹echte und eigentliche› Kontur bekommt. Und offensichtlich stellt sich Authentizität erst dadurch ein, dass das ‹je Andere› und das ‹je Eigene› miteinander in einen Dialog treten: als Text und als Mit-Text – Kon-Text. Noch mehr: Offensichtlich entsteht Authentizität gerade erst dadurch, dass sie unverfügbar bleibt und von anderen zugesprochen werden muss. Dadurch erhält ‹Authentizität› eine ähnliche Qualität wie ‹Vertrauen›: beides kann man nur geschenkt bekommen. Daraus folgernd kann Authentizität nur von den gottesdienstlichen Partnern zugesprochen werden, als ‹Kon-Text› zum ‹Text› und als ‹Re-Aktion› zur ‹Aktion›. Dieser Zuspruch ist wechselseitig und kann den Musizierenden ebenso gelten wie der Pfarrerin, dem Pfarrer, den Lektorinnen oder der singenden Gemeinde.

Authentizität geschieht also zum ersten zwischen Haltung und Handlung, zum zweiten zwischen Reden und Auftreten, zum dritten als Dialog zwischen Redenden und Hörenden und zum vierten zwischen Text und Kon-Text. Daraus ergibt sich ein weiterer, kommunikativer Aspekt. Einerseits steht da die Pfarrperson, wie sie (aus der Perspektive der Teilnehmenden) der Gemeinde erscheint, ihr entgegenkommt, auftritt, den Blick senkt, das Wort erhebt, zum Nachdenken auffordert und zum Beten einlädt; dies entspricht der Perspektive des Auftretenden, des Erscheinenden. Andererseits steht da die Pfarrperson, die (aus ihrer Perspektive) die Gedanken gesammelt hat, nun ein Wort an die Anwesenden richtet, also zur Gemeinde geht, hinsteht, sich zeigt, zum Mitdenken einlädt und gemeinsam beten möchte; dies entspricht der Perspektive des Reflektierenden, des Seienden. Oder – etwas weniger philosophisch: ‹Erscheinend› steht für die ‹Wirkung›, ‹Seiend› für die ‹Ursache›. Und auch hier gilt: Es gibt eine Wechselwirkung bezüglich der Frage, was Ursache und was Wirkung ist. Dies beschränkt sich nicht auf eine fixe Zuweisung von Rollen und Funktionen, sondern verändert sich im Verlauf des Gottesdienstes, so wie ‹Text› und ‹Kon-Text› unterschiedlich verortet und unterschiedlichen Funktionen zugeordnet werden, während der Gottesdienst weiter voranschreitet. [...] Jedes Sprechen und Handeln wird in diesem Dialog neu daraufhin geprüft, inwiefern sie echt und «persönlich verbürgt» ist. Prüfend sind alle sich am Gottesdienst Beteiligenden.

Authentizität ist ein Vielfaches: sie misst sich zum Ersten an der inneren Haltung und der Handlung der Pfarrerin und des Pfarrers. Authentizität misst sich zum Zweiten an der Haltung der versammelten Gemeinde, und zwar als Gemeinschaft von Menschen mit unterschiedlichen Erfahrungen. Authentizität misst sich zum Dritten an den Erwartungen und Werthaltungen der versammelten Gemeinde. Und zum Vierten stellt sie sich nicht nur für die Anwesenden ein, sondern auch für gemeinsam gestaltete Situationen. [...] Authentizität ist kein Produkt des Zufalls, sondern sie braucht Menschen, die sich einbringen als Sprechende, als Hörende, als Singende und Betende usw., letztlich als Glaubende. Authentizität wirkt als Dialog zwischen Seiendem und Erscheinendem, Ursächlichem und Wirkendem, zwischen Text und Kon-Text. Und: Authentizität lässt sich schwer messen, aber erfahren lässt sie sich so intensiv, dass die gewirkte Atmosphäre, der liturgische Augenblick, die gestaltete Situation, die ergreifende Rede zuweilen den Beteiligten die Nackenhaare aufzustellen vermag. [...] Garantiert ist der gelingende Dialog nicht, und die zugesprochene Authentizität in jedem Fall nur geschenkt, theologisch gesprochen: ein Akt der Gnade.[79]

---

79 Peier 2011, S. 334–338.

## 4.3. Dialog als Methode zum Verfahren

Die Untersuchung, die dieser Publikation zugrunde liegt, befasst sich mit der Beobachtung einer Predigt in zwei Varianten. Gehalten wurde sie von der gleichen Pfarrerin in derselben Kirchgemeinde in zwei Quartieren. Ein fünffacher Dialog zog sich durch die gesamte Untersuchung: Ein erster bestand aus Fachgesprächen, die um eine Verbindung von Theorie und Praxis kreisten. Sie wurden mit einer Gruppe von theologischen Fachleuten geführt; jemand aus dieser Gruppe übernahm das spätere Coaching mit der Pfarrerin sowie das Briefing der Kirchgemeinde. Diese Gruppe wirkte als Think Tank für die eingesetzten Grundlagenpapiere und für die methodische Fokussierung.

Ein zweiter Dialog fand in der Form eines Coaching mit der Pfarrerin statt. Dabei war eine umfassende Transparenz über das Verfahren wichtig, inklusive der Fragen zu Datenschutz betreffend der Audio- und Video-Aufzeichnungen. Ebenso klärten wir im Gespräch die Rollen der Behörde, der Kirchenmusiker, der im Gottesdienst Anwesenden sowie der Leute, die sich für Interviews zur Verfügung stellten. Der Dialog mit der Pfarrerin umfasste, abgesehen von organisatorischer Korrespondenz, ein jeweils nach der Predigt evaluierendes Gespräch, einen Workshop zur weiteren Entwicklung homiletischer Fragen sowie eine Einführung zum Grundlagenpapier «Systematik für Predigt-Beobachtungen». Der dritte Dialog fand in der Kirchgemeinde statt. Es ging um die geeigneten Interviewpartner und die Wahl der passenden Logistik sowie um die Interviews selbst. Der vierte Dialog betraf die Interviewenden. Die Anforderung an sie bestand darin, kirchlich-religiös interessiert zu sein und über Sozialkompetenz und Erfahrung zu verfügen, Interviews durchzuführen. Ausserdem mussten sie mit religiösen Vorstellungen vertraut sein, ohne kirchliches Binnenmilieu zu repräsentieren. Der Dialog endete mit einem evaluierenden Briefing. Den fünften Dialog bot eine ökumenisch zusammengesetzte, theologische Ad-hoc-Fachgruppe an. Mittels Video-Aufnahmen visionierte sie die Predigten: als Triangulation zu möglichen Differenzen von «Laien-Feedback» und «Fach-Feedback».

In Pretests konnte ich beobachten, wie sich die Hörenden mit der Predigt zu identifizieren begannen. Sie machten sie sich zu eigen, zustimmend oder ablehnend. Für die dialogische Arbeit war es wichtig, auch diesen Prozess zuzulassen; denn die Hörenden waren nicht das Objekt der Predigt, sondern ihr *Prädikat*. Über sie wurde immer wieder gesagt, sie würden mitpredigen[80] –

80 Geissner 2007, S. 119ff; Schweizer 1848, S. 153.

lateinisch «co-praedicare». Also sind sie Handelnde, auch bei den Feedbacks; sie nehmen nach der Predigt eigene Handlungsoptionen mit. Der Predigt stellen sie gerade darin ein Prädikat aus. In Bezug auf den Prozess der Rede sind sie die Handelnden, denen die Predigt anvertraut wird. Darum bedeutet dies wirkungsästhetisch: *Die Predigt gehört den Hörenden.* Es steht ihnen Recht und Pflicht zu, sie zu beurteilen und zu würdigen – nach von *ihnen* gewonnenen *Erkenntnissen,* nach einer von *ihnen* empfundenen *Wirkung* und nach einem von *ihnen* erkannten *Nutzen*.

## 4.4. Qualitativ fragen und objektiv beobachten

Die Sozialforschung hat als hermeneutisches Werkzeug die Methode der qualitativen Interviews entwickelt. Dabei geht es nicht um Daten in repräsentativen Mengenverhältnissen, sondern um Daten, die mittels Interviews erhoben und anschliessend generalisiert werden. Die Methode der qualitativen Interviews bietet den Vorteil, dass die Befragten in ihren eigenen Sprach- und Sprechmustern formulieren und sich nach freiem Ermessen allgemein oder persönlich äussern können. Qualitative Interviews erlauben Beobachtungen zu Verstehenshorizonten und Verständigungsprozessen. Zudem lassen sich durch die Interviews Kongruenz und Kontingenz von Intention (der Predigenden) und Wirkung (bei Hörenden) gut beschreiben. Die qualitative Befragung wird nach der Methode von Philipp Mayring durchgeführt.[81] Bezüglich der Predigt hat Uta Pohl-Patalong das Verfahren für Feedback zum Gottesdienst beschrieben; daran orientiert sich nun das Verfahren zur Predigt.

> Ziel qualitativer Sozialforschung ist es, Begründungszusammenhänge zu entdecken, innere Motivlagen aufzuzeigen und lebensweltliche Strukturen zu verstehen. […] Eine Untersuchung der sozialen Wirklichkeit erfordert daher Zugänge, die von Kommunikation und Interaktion geprägt sind. Damit aber muss der Ansatz der qualitativen Sozialforschung ein *induktiver* sein: Statt vor der Untersuchung formulierte Thesen zu belegen oder zu widerlegen, ist es das Ziel qualitativer Forschung, aufgrund der gewonnenen Daten neue Hypothesen zu erstellen und damit die Theoriebildung weiterzutreiben.[82]

81 Mayring 2002, S. 26. 64. 66. 86.
82 Pohl-Patalong 2011, S. 56.

Als Kontrollinstrument der qualitativen Sozialforschung dient die sogenannte Triangulation[83]. Damit kommt ein ergänzendes Verfahren zum Zug, das der Verifikation respektive der Falsifikation dient, indem zur primären Methode eine Varianz geschaffen wird. Dieses Verfahren findet hier gleich mehrfach Anwendung. Die gleiche Untersuchung gilt einer Predigt in zwei Varianten. Zudem werden Interviews mit Hörenden zum einen mittels offenem, episodischem Interview und zum andern anhand eines Leitfadens geführt. Zum Dritten liess ich neben Laien auch Fachleute nach der Wirkung der Predigt befragen. Ferner sollte die Pfarrerin zu Intention, zu Vorgehen, zu Planung und zur intendierten Wirkung Auskunft geben.

Zur objektiven Deskription verwendet die qualitative Sozialforschung oft Videoaufnahmen. Aufgrund meiner Erfahrungen mit Video und Fernsehen in der Praxis lassen sich diese technischen Hilfsmittel nur mit grosser Zurückhaltung rechtfertigen. Die Arbeit mit Video suggeriert eine Objektivität, die nie besteht. Video bedeutet schlicht «*ich* sehe», und dies zu recht, weil immer eine Subjektivität besteht.

- Einstellung der Kamera, Veränderungen an Bild, Farbe, Kontrast entsprechen der subjektiven Sicht von Regie und Kameraleuten und erzielen analog eine subjektive Interpretation bei den Hörenden.
- Bildausschnitt, Schwenk und Kamerafahrten sind fremd gesteuert.
- Der Blick in den Raum ist durch die Regie vorbestimmt.
- Videoaufzeichnungen erlauben nur ein begrenztes Frequenz-Spektrum.
- Es fehlt die räumliche und körpereigene Resonanz.
- Hörende können den Inhalt von Videos nicht abstrahieren, ohne auch die Technik der Produktion und den Beobachtungsprozess zu antizipieren.

Im Video auftretende Menschen müssen sich, wenn sie sich selbst im Bildschirm betrachten, mit einer für sie fremden Person auseinandersetzen: Ihre Stimme klingt anders, weil sie sie nur von aussen und ohne körperliche Resonanz wahrnehmen. Das eigene Gesicht wirkt unerklärlich falsch, weil man sich für gewöhnlich im Spiegel sieht – spiegelverkehrt. Durch die asymmetrische Struktur des menschlichen Gesichts erscheint auf Video die Normalität als Fremdheit. Für Protagonisten erfordert dies einen versöhnlichen Umgang mit dem Umstand, anders auszusehen (Spiegelung), anders zu klingen (fehlender Resonanzraum) und anders zu wirken (Mimik und Gestik). Analyti-

83 Mayring 2002, S. 147; Flick, S. 519.

sches Hören und Transkribieren von Texten erlauben zwar eine Objektivierung von Daten, jedoch lediglich auf semantischer Ebene.

## 4.5. Grundlagen zur Untersuchung

Beim Verfahren, eine Predigt in zwei Versionen entstehen zu lassen, bin ich davon ausgegangen dass eine Predigt ihr Entwicklungspotenzial insbesondere durch prozessuales Vorgehen ausschöpfen kann. Ich habe bei zahlreich Predigten zu «zweiten» Versionen angeregt und die Überarbeitungen begleitet. Meist waren sie in Wirklichkeit zehnte oder zwölfte Versionen und wiesen durch den Prozess eine beachtliche Steigerung ihrer Qualität auf. Um Zufallsergebnisse zu verhindern, nutzte ich vier Pretests.

*1. Pretest*: In einer Kirchgemeinde liess ich Gemeindemitglieder Feedback zu Predigten geben. Die drei betroffenen Pfarrer erhielten diese Rückmeldungen und ein fachliches Coaching für den weiteren Prozess. In diesem Projekt konnte beobachtet werden, wie Predigten auf Hörende wirken.

*2. Pretest*: Zeitgleich entwickelten wir zur Sendung «Wort zum Sonntag» bei der deutschen ARD eine «Systematik für Sendung-Beobachtungen». Damit sollte die Qualität der Beiträge verbessert werden. Basis boten ein Raster des SWR sowie ein eigenes zur Entwicklung von Gottesdiensten.[84] Es galt zu prüfen, ob es zugleich für die TV-Sendung und die Predigt anwendbar ist. Im Folgenden ist sie daher benannt als «Systematik für Predigt-Beobachtungen».

*3. Pretest*: In einer weiteren Kirchgemeinde erprobten wir den Interview-Leitfaden in zwei Fassungen. Als primäre Methode wählte ich das episodische Interview mit offener Dramaturgie: Hörende berichten, was ihnen in den Sinn kommt. Das lässt Raum für eigene Schilderungen und eigene Sichtweisen, was einem üblichen Gespräch nahekommt. Die Hörenden selbst entscheiden, was ihnen wichtig war.

Parallel zum episodischen Leitfaden wurde als Triangulation ein strukturiertes Interview aufgebaut; dieses basierte auf den vier Themenbereichen der «Systematik für Predigt-Beobachtungen», benötigte aber statt der bislang theoretischen Struktur einen geeigneten Gesprächsverlauf.

*4. Pretest*: In einem Workshop mit Pfarrpersonen untersuchte ich audiovisuell vermittelte Predigt-Anfänge. Aus den gewonnenen Erkenntnissen ent-

84 Peier 2007, S. 28.

wickelte ich den Leitfaden zum Evaluationsgespräch, welches dann zeitnah nach jedem der beiden Gottesdienste durchgeführt werden sollte.

### 4.5.1. Systematik für Predigt-Beobachtungen

1. **Gehalt (Theologie, Inhalt, Deutung, Bedeutung)**
   *(Leitmotiv: Dafür stehe ich ein, daran glaube ich)*

**1. Theologische Relevanz**
__ Sind theologische Kernfragen eingeflochten?
__ Wie gut ist die Predigende / der Predigende als kirchliche Person erkennbar?
__ Wie stark sind theologische Reflexionen mit Lebens- und Welterfahrung verknüpft?

**2. Thematische Aktualität**
__ Wie deutlich ist erkennbar, dass das Gesagte für hier und heute gilt?
__ Wie kompetent werden gesellschaftliche Themen aufgegriffen?
__ Wie schlüssig wird aktuelle Wirklichkeit theologisch / christlich gedeutet?

**3. Persönliche Intention**
__ Wie transparent wird die Rede- und Denk-Absicht? (Zweck des Gottesdienstes)
__ Wie eigenständig sind die Gedanken? (neuer Kontext)
__ Wie redlich steht die sprechende Person hinter dem Gesagten? («Authentizität»)

2. **Struktur (Dramaturgie, Aufbau, Argumentation)**
   *(Leitmotiv: Auf diese Art möchte ich ins Ziel führen)*

**4. Dramaturgie**
__ Verdichten sich die Gedanken und führen sie ins Ziel?
__ Gibt es inhaltlich und performativ Aspekte, die das Verstehen unterstützen?
__ Wie deutlich sind Handlungsstränge erkennbar?

**5. Aufbau / Gliederung**

__ Wie klar ist der Beitrag strukturiert (linear oder zirkulär)?
__ Sind Einstieg, Entfaltung, Verdichtung, Lösung, Pointe aufeinander bezogen?

**6. Schlüssige Argumentation**

__ Wie schlüssig reihen sich die Gedankenschritte aneinander?
__ Sind die Argumentationsstrukturen erkennbar gemacht?
__ Sind die Argumentationsschritte plausibel?

## 3. Hörende (Anspruchsgruppe, Nutzwert, Pointe)

*(Leitmotiv: So möchte ich verstanden werden)*

**7. Plausible Anspruchsgruppe**

__ Ist eine Anspruchsgruppe einleuchtend intendiert?
__ Stimmen Inhalt und Intention mit der Anspruchsgruppe überein?

**8. Nutzwert für die Hörenden**

__ Können Erkenntnisse, Wissen, Perspektiven aus der Predigt neu gewonnen werden?
__ Vollzieht sich ein gedanklicher Prozess für Sprechende und Hörende?
__ Wird eine Balance von Lernen, Erkennen und Erbauung erzielt?

**9. Kongruenz von Zielgruppe und Sprache**

__ Stimmt die Sprache mit jener der Anspruchsgruppe überein?
__ Stimmt das Sprechen mit der Anspruchsgruppe überein (Hörgewohnheiten)?
__ Wird die Anspruchsgruppe von der sprechenden Person ernst genommen?

**10. Rezipierbare Pointe**

__ Ist eine Pointe erkennbar? Kann sie in eigenen Worten wiedergegeben werden?
__ Hat die Pointe einen Erkenntniswert für die Anspruchsgruppe?

## 4. Performativität (Sprache, Sprechen, Proxemik)

*(Leitmotiv: So rede ich «mit Herzen, Mund und Händen»)*

**11. Anschaulicher Wortschatz**

__ Wie bildhaft wird gesprochen, inwiefern bildet sich ein sogenanntes Kino im Kopf?

__ Inwiefern stimmt der Wortschatz mit dem Inhalt überein?

**12. Hörfreundliche Syntax**

__ Wie klar sind Gelenkwörter als Strukturhilfen eingesetzt?

__ Sind die Äusserungen spezifisch für eine Rede gestaltet (schriftlich – mündlich)?

**13. Sprech-Rhythmus / Artikulation**

__ Wie angenehm wirkt der Beitrag im Rhythmus von Mitdenken und Mitverstehen?

__ Wie dialogisch hört sich der Beitrag an; werden Hörende zum Mitdenken eingeladen?

**14. Authentische Paraverbalität / Proxemik**

__ Ist die Haltung kongruent mit dem Inhalt (Ruhe, Spannung, Zugewandtheit)?

__ Wie stimmen Mimik, Gestik und Körpersprache mit dem Inhalt überein?

## 4.5.2. Leitfaden für strukturiertes Interview

| Fragen Standarddeutsch | Frage i Mundart | Systematik nach 4.5.1. |
|---|---|---|
| Was waren für Sie die wichtigsten Gedanken? | Was hei öich di wichtigschte Gedanke i der Predig tüecht? | Frage 6: Schlüssige Argumentation |
| Welche Themen brachte die Pfarrerin heute ein? Wie war das für Sie heute? | Weli Theme hat hüt d Pfarreri mitbbracht? Wie isch das für euch hie gsii? | Frage 4: Dramaturgie |
| Gelten die Gedanken der Predigt auch fürs Hier und Jetzt? | Gäute die Gedanke, wo der hüt ir Predig hört heit, für hie u hüt? | Frage 2: Thematische Aktualität |
| Manchmal packt es einen, so wie in einem Film. War das heute für Sie so? | Mängisch packts eim, wie imene Fium. Isch das hüt ou passiert? | Frage 5: Aufbau / Gliederung |
| Gibt es Bilder, die Sie bei der Predigt gesehen haben? Woran erinnern Sie sich? | Gits Biuder, wo der i der Predig gseh heit? Was isch nech blibe? | Frage 11: Anschaulicher Wortschatz |
| Haben Sie etwas gehört, das für Sie wie ein springender Punkt wirkte? | Heit dir öppis wie ne springende Punkt i däre Predig ghört? E Pointe? | Frage 10: Rezipierbare Pointe |
| Was denken Sie, was die Pfarrerin sagen wollte? Woran merken Sie das? | Was heit der ds Gfüeu, was d Pfarrerin hett wöue säge? U a wasem merket der das? | Frage 3: Persönliche Intention |
| Hatten Sie das Gefühl zu merken, für wen die Pfarrerin predigt? | Heit der z Gfüeu gha, dir merket, für wer d Pfarrerin prediget? | Frage 9: Kongruenz von Zielgruppe und Sprache |
| Hat da jemand aus dem Glauben geredet? Verknüpft mit ihrem Alltag? | Het da öpper usem Gloube use ggredt? Was hett das mit öiem Autag öppis z tüe? | Frage 1: Theologische Relevanz |
| Fühlten Sie sich von der Pfarrerin direkt angesprochen? | Ischs nech vorcho, d'Pfarrerin redi grad zu öich persönlech? | Frage 12: Hörfreundliche Syntax |

| Fragen Standarddeutsch | Frage i Mundart | Systematik nach 4.5.1. |
|---|---|---|
| Was war die Predigt für Sie, eine Rede, ein Gespräch? Und wie sollte es sein? | Isch die Predig für öich e Red oder es Gspräch? U was hetted dir gärn? | Frage 13: Sprech-Rhythmus / Artikulation |
| Wie hat die Pfarrerin auf Sie gewirkt? | Wie het d'Pfarrerin säuber uf öich gwürkt? | Frage 14: Authentische Paraverbalität / Proxemik |
| Was hat Ihnen die Predigt gegeben? Gab es da für Sie neue Gedanken? | Was het euch die Predig ggää? Hetts daa für öich nöii Gedanke ghaa? | Frage 8: Nutzwert für die Hörenden |

### 4.5.3. Leitfaden für episodisches Interview

| Fragen Standarddeutsch | Frage i Mundart | Frage-Intentionen |
|---|---|---|
| Was kommt Ihnen zur Predigt in den Sinn? | Was chunnt öich z Sinn zu dere Predig? | Gibt es Merkwürdiges und Bemerkenswertes? |
| Woran machen Sie das fest? | A wasem machet der das fescht? | Allgemeines konkret verankern. |
| Wofür steht das? | Was isch für öich da der-hinger? | Pars pro toto |
| Was hat dies bei Ihnen ausgelöst? | Was het das uusglööst bin euch? | Gibt es Erstwirkungen der Predigt? |
| Woran erinnert Sie das? | A was het euch das erin-neret? | Referenzwerte? |
| Und ist das gut so? | U isch das guet gsii? | Ableitsysteme? |
| Was bedeutet das nun für Sie? | Was heisst de das itz für euch? | Kernaussagen? |
| Sind Sie abgeschweift; wohin? | Sit dir mau abgschweift? Wohi? | Transitionen? |
| Was nehmen Sie in den Alltag mit? | Was nemet der mit i Au-tag? | Bedenkenswertes? |
| Worin gibt die Predigt Ihnen etwas zu denken? | Was het euch die Predig ggee? | Handlungsoptionen? |

### 4.5.4. Leitfaden für Evaluationsgespräch

1. **Vorbereitungsprozess, Entstehung der Predigt**
   - Wie bist du in der Reihenfolge der Arbeitsschritte vorgegangen?
   - Wie hast du das Thema der Predigt gewählt?
   - Wie hat sich der Inhalt entwickelt? Gab es eine Dramaturgie für die Predigt?
   - Welche Schritte gab es von schriftlich zu mündlich?
   - Was war mit dem ‹Ich› in der Predigt (theologisch, psychologisch, kommunikativ).
   - Bei welchen Arbeitsschritten gab es Hindernisse, Blockaden? Wie hast du sie gelöst?
   - Welche Rolle haben die Hörenden bei der Vorbereitung gespielt.

2. **Halten der Predigt**
   - Wie ist es dir beim Sprechen ergangen?
   - Als wer hast du geredet, welche Aufgabe oder Rolle hattest du (Authentizität)?
   - Wo warst du beim Reden: bei dir, bei den Hörenden, beim Thema, beim Text?
   - Wohin bist du abgeschweift – warum?

3. **Intendierte Wirkungen der Predigt**
   - Was war deine Intention? Was denkst du: wurde diese von der Gemeinde erkannt?
   - Wie stellst du dir vor, dass die Hörenden dich wahrgenommen haben?
   - Woran machst du das fest?
   - Was vermutest du: Worin haben die Hörenden einen für sich Nutzen erkannt?

4. **Konsequenzen für die Weiterarbeit**
   - Woran möchtest du weiter arbeiten (du musst nicht wissen, wie es zu lösen ist)?
   - Was möchtest du beibehalten?
   - Was vermutest du, wo das Coaching ansetzen wird?
   - Was vermutest du, was erwarten die *Hörenden*, wo das Coaching ansetzen wird?
   - Was vermutest du: Was könnte sich für die Hörenden verändern, wenn du darauf reagierst, wo das Coaching ansetzen sollte, wie es sich die Hörenden wünschen?

### 4.5.5. Gestaltungsfaktoren zur Dialogizität

1. **Wer ist die Heldin / der Held der Predigt**
   - __ **Person** (z. B. Kind *oder* Arbeiter der ersten Stunde *oder* Arbeiter der letzten Stunde)
   - __ **Phänomen** (Arbeit, Arbeitslosigkeit, Lebenswert, Empfangen)
   - __ **Denkgrösse** (z. B. alle sind gleich, jedem das Seine / jeder das Ihre)
   - __ **Phänomene** (z. B. Weinberg, Marktplatz, Gesprächsrunde, Hunger, Vertrauen)
   - __ **Perspektive** der Heldin (ungewohnte Denkprozesse, Facetten, innere Position)
   - __ **Eigener Ich-Bezug** zu Held *oder* zu Antagonisten (Faszination, Widerstand)
   - __ **Optionen der Hörenden** in Bezug auf Held (z. B. Emotionen, Wissen, Identifikation)

2. **Ort der Geschichte**
   - __ Wo spielt die Geschichte? (historisch, existenziell, biografisch, theologisch)
   - __ Wie sieht der Ort aus? Atmosphäre, Symbolik, Lebensraum?
   - __ Welche Visualisierungen stehen zur Verfügung?
   - __ Verhältnis der Orte zu den Hörenden und umgekehrt?

3. **Handlung**
   - __ Dimensionalität: Konflikte, Kontraste
   - __ Peripetie: Überraschende Wendepunkte
   - __ Plot: Handlungsstrang mit emotionalen Zusammenhängen
   - __ Kardinalpunkt: Zwingendes, Beobachtungspunkt, Schlüsselmoment
   - __ Perspektiven, Prozesse:Entwicklung, Steigerung (Feindbilder, Kontrahenten, Rollen)

4. **Intention und Ziel**
   - __ Ziel im Denkraum der Predigt (Über das Gesagte hinaus zum Gemeinten)
   - __ Intention und Ziel der Handlung in der Predigt
   - __ Pointe von Handlung und Denkraum
   - __ Anschluss für den eigenen, persönlichen Überstieg

**5. Dramaturgie**

- Grundsatz: Die Form folgt der Intention und in deren Folge der Aussage
- Grundsatz umgekehrt: Die Intention fragt nach geeigneten Formen
- Linearität, Zirkularität: einstrangig, repetitiv, aktionsorientiert, progredierend
- Strukturen: Syntagma (Längsstruktur), Paradigma (Querstruktur)
- Rhythmus: verändernd, beschleunigend, verlangsamend, mit/ohne Coda
- Narration/Argumentation: Narration im Dienst der Argumentation oder umgekehrt?
- Übergänge: verknüpfend, übersteigend, verdichtend, auflösend
- Position des Plots: Voraussetzungen, Folgehandlungen, Folgeprozesse
- Zuspitzen der Pointe: Thema-Rhema-Spannung in Makro- und Mikro-Strukturen

**6. Sprache zum Sprechen, Sprache zum Verstehen**

- Sprache: Anspruchsgruppen und (anwesende) Hörgruppen, Soziolekt
- Sprachstufen: Kongruenz der Sprache, Versteh-Kompetenz der Hörenden
- Semiotischer Prozess:Begriffsstufen, Bedeutungsstufen, dramaturgische Bedeutung

## 4.6. Von der Recherche zur Evaluation

Die 1. Phase der Untersuchung diente dazu, Grundlagen zu entwickeln, zu erproben und für die Untersuchung bereitzustellen. Zudem wurden alle Beteiligten auf ihre Rollen vorbereitet. Den Abschluss der Phase bildete der Gottesdienst mit den Interviews und dem Evaluationsgespräch mit der Pfarrerin.

Die 2. Phase begann mit dem Workshop zur Rhetorischen Kommunikation und zu Gestaltungs-Faktoren von Dialogizität. Es folgte das Coaching zur Entwicklung der zweiten Version der Predigt. Auch diese Phase endete mit Gottesdienst und Interviews sowie mit dem Evaluationsgespräch.

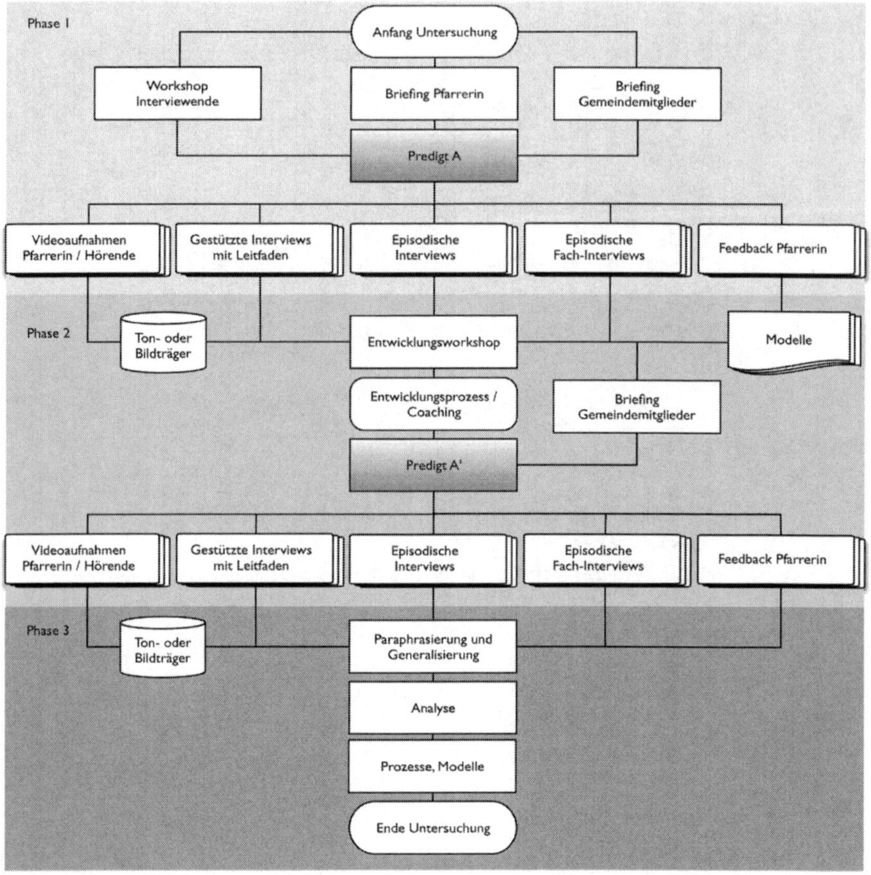


*Abb. 5: Darstellung des gesamten Untersuchungsverfahrens. © Martin Peier.*

Die 3. Phase diente der Auswertung der Videos und der Audio-Files. Zudem wurde eine theologische Fachgruppe zur Visionierung hinzugezogen.

Für die Untersuchung eignete sich eine Kirchgemeinde mit mehreren Predigt-Standorten und soziodemografisch ähnlichen Quartieren. Damit konnten unnötige Variablen vermieden werden. Zu den Interviews wurden Leute aus der üblichen Gottesdienstgemeinde gewählt. Sie sollten prima vista respektive *prima audita* auf die Predigt reagieren und sich in Worten ausdrücken können. Bezüglich der predigenden Protagonistin brauchte es jemanden mit einem Interesse an Entwicklungsprozessen, professionellem Feedback, Workshops und Coaching. Als Interviewende entschied ich mich für Studierende der Universitäten Luzern und Zürich. Mit ihnen entwickelte ich die

Dossiers «Leitfaden für episodisches Interview» und «Leitfaden für strukturiertes Interview».

Für die erste Predigt arbeitete die Pfarrerin vollkommen auf sich gestellt, so wie sie es gewohnt war. Pädagogische, rhetorische oder homiletische Interventionen gab es keine. Nur die Ausgangslage war eine andere, hatte sie doch der Predigt eine erhöhte Aufmerksamkeit geschenkt. Doch der Vergleich mit Manuskripten anderer Predigten liessen ihre Ausdrucksweise unschwer erkennen; Sprachbilder, Aufbau und theologische Reflexion wichen nicht von ihrem gewohnten Stil ab. In der Phase zum zweiten Gottesdienst hingegen liess ich die Pfarrerin in einem Coaching begleiten; denn ich wollte feststellen, ob ein Hörverstehen auch auf Veränderungen der Predigt zurückzuführen wäre. Ich liess das Coaching mit einem Entwicklungsgespräch eröffnen zu Grundlagen der Rhetorischen Kommunikation und «Gestaltungs-Faktoren zur Dialogizität». Es stand der Pfarrerin frei, wie sie sich für die zweite Version der Predigt vorbereiten wollte.

Im Evaluationsgespräch nach der ersten Version gab die Pfarrerin zur Weiterarbeit folgende Analyse (zusammenfassend paraphrasiert): «Mir fallen viele Schwachstellen auf, wo ich Hilfe bräuchte. Hat es mit der Vorbereitung zu tun, mit Mosaiksteinchen, mit der Mnemotechnik, damit den Leuten mehr bleibt als nur der eine Satz? Aber wie gelingt das, ohne banal zu werden und nur in Bildern zu reden? Wie kann ich Theologie und Predigt verbinden und gleichwohl einprägsam sein? Hat das mit der Dramaturgie zu tun?» Sie schlug vor, das Coaching bei den Übergängen in der Predigt anzusetzen. Vielleicht gehöre ein bestimmtes Sprachbild ans Ende, wenn es ihr so wichtig sei. Das wäre Dramaturgie. Zur Frage, was sich die Hörenden vom Coaching für ihre Pfarrerin wünschen würden, meinte sie: «Ich weiss von jemandem, der mir sagte, ich könne noch mehr von mir zeigen. Es sei zu rund, zu geschliffen gewesen. Ich könne das Thema noch offener lassen, nicht gleich auch die Lösung bringen.» Schliesslich setzte sie sich zum Ziel, dass sie die Leute mehr durch die Predigt führen wolle. Es brauche griffige und den Inhalt bündelnde Merkpunkte. Damit solle einprägsamer, klarer werden und mehr Strahlkraft erhalten, was sie meine.[85] So hatte die Pfarrerin ihr Arbeitsprogramm selbst definiert; im späteren Workshop wurden ihr ein paar Werkzeuge gezeigt, mit denen sie ihre eigenen Ziele verfolgen konnte. Zudem fanden als Coaching Gespräche statt, bei denen sie ihre Fortschritte reflektierte respektive im Dialog die selbst erkannten Stolpersteine aus dem Weg räumte. Sie entschied selber, welche Interventionen sie für sich in Anspruch nehmen wollte. Hilf-

85 Vgl. Originaltext Kap. 8.1.1.

reich für die Arbeit waren für sie die «Gestaltungsfaktoren zur Dialogizität». Dass dabei der Aspekt der Heldin respektive des Helden die Gliederung und Fokussierung des Inhaltes unterstützte, war für sie so überraschend wie die Strukturhilfen von Raum und Zeit.

Wochen nach den beiden Predigten fand ein Workshop mit vier Fachleuten der Theologie als Ad-hoc-Gruppe statt. Er hatte zum Ziel, im Gespräch über die beiden Predigten Hinweise zum Hörverstehen zu erhalten, auch im Vergleich zum Laien-Feedback. Die Fragen waren die gleichen wie in der Kirchgemeinde, jedoch audiovisuell-technisch vermittelt. Die Ausgangslage unterschied sich deshalb wesentlich: der Ort (Kirche ≠ Büro), die Vermittlung (Veranstaltung ≠ Bildschirm), der Fokus (Kirchenraum ≠ Kamera-Cadrage), die Dauer des Gesprächs (10 Minuten ≠ 45 Minuten), die Situation der Predigt (live ≠ Aufzeichnung), die Professionalität (Laien ≠ Theologen) sowie das Setting (Einzelgespräch ≠ Gruppengespräch). Obwohl mehrere Parameter anders waren, schien mir das Setting tragfähig als vergleichende Triangulation. Die Absicht der Beobachtung bestand darin, inwieweit die Intentionen der Pfarrerin mit jenen der Hörenden übereinstimmen.

Zur Auswertung der Daten galt schliesslich die Grundüberzeugung der qualitativen Sozialforschung, wonach sich theoretische Modelle erst aus der Auswertung der entsprechenden Daten entwickeln lassen. Die Resultate aus den Beobachtungen der Interviews waren offen und somit auch das Ende des Prozesses. Zeitweilig erhoffte ich mir, aus den Resultaten Typologien oder Kategorien des Hörens bestimmen zu können; daraus wären Kriterien für eine gute Rede hervorgegangen. Doch es kam anders. Die Hörgeschichten waren zu verschieden. Bei den einen ging es um Wissen, bei anderen standen Emotionen im Zentrum, bei wieder anderen die Beziehung von Hörenden und Predigenden. Wiederholt waren die Gespräche autobiografisch, was sie auf inhaltlicher Ebene kaum miteinander vergleichen liess. Typologien konnten schon gar keine herausgeschält werden. Begriffliche Codierung oder Verallgemeinerung waren unmöglich, weil die Äusserungen selbst sprachlich nicht vergleichbar waren. Also musste eine andere Basis für Textparaphrasen und Generalisierungen gefunden werden. Eine solche erhoffte ich mir im semiotischen Prozess und in der strukturgebenden Selbstähnlichkeit.

# 5. Hörende partizipieren an der Rede

Um verständlich zu machen, worauf sich die Hörenden in den Interviews beziehen und wovon in den Evaluationsgesprächen die Rede ist, wird hier eine Paraphrase der zweiten Predigtversion (Predigt A') vorgestellt. Beide Versionen der Predigt sind in ihrem Wortlaut im Anhang aufgeführt.

Solche Menschen gibt es: Was immer sie anpacken, gelingt ihnen. Sie scheinen immer Erste zu sein. Das gibt es auch: Sie mühen sich ab. Jeder Schritt ist hart erkämpft. Immer gehören sie zu den Letzten. Das Leben scheint nach einem Muster zu verlaufen. Und es scheint, es gäbe Erste und Letzte. Und sie bleiben es. Ist es das Muster der Gesellschaft? Leben zeigt sich anders. In jedem Leben kann es Risse geben. Erfolg kann einen hohen Preis fordern. Auch Umwege führen zum Ziel. Ein Leben kann sich wenden.

*«Denn mit dem Reich der Himmel ist es wie mit einem Hausherrn, der frühmorgens ausging, um Arbeiter für seinen Weinberg einzustellen. Nachdem er aber mit den Arbeitern um einen Denar den Tag übereingekommen war, sandte er sie in seinen Weinberg. Und als er um die dritte Stunde ausging, sah er andere auf dem Markt müssig stehen; und zu diesen sprach er: Geht auch ihr hin in den Weinberg, und was recht ist, werde ich euch geben. Sie aber gingen hin. Wiederum aber ging er aus um die sechste und neunte Stunde und tat ebenso. Als er aber um die elfte Stunde ausging, fand er andere stehen und spricht zu ihnen: Was steht ihr hier den ganzen Tag müssig? Sie sagten zu ihm: Weil niemand uns eingestellt hat. Er sprach zu ihnen: Geht auch ihr hin in den Weinberg. Als es aber Abend geworden war, sprach der Herr des Weinbergs zu seinem Verwalter: Rufe die Arbeiter und zahle den Lohn, angefangen von den letzten bis zu den ersten. Und als die um die elfte Stunde Eingestellten kamen, empfingen sie je einen Denar. Als aber die ersten kamen, meinten sie, dass sie mehr empfangen würden; und auch sie empfingen je einen Denar. Als sie den aber empfingen, murrten sie gegen den Hausherrn und sprachen: Diese letzten haben eine Stunde gearbeitet, und du hast sie uns gleich gemacht, die wir die Last des Tages und die Hitze getragen haben. Er aber antwortete und sprach zu einem von ihnen: Freund, ich tue dir nicht unrecht. Bist du nicht um einen Denar mit mir übereingekommen? Nimm*

*das Deine und geh hin! Ich will aber diesem letzten geben wie auch dir. Ist es mir nicht erlaubt, mit dem Meinen zu tun, was ich will? Blickt dein Auge neidisch, weil ich gütig bin? So werden die Letzten Erste und die Ersten Letzte sein›. (Mt 20, 1–16)»*

Wir rechnen Menschen zu den Ersten oder Letzten, z. B. in der Arbeitswelt. Das zeigt sich an der Verteilung der Arbeit und an ihrer Entlohnung. Die Stellung in der Gesellschaft hat mit Lohn und Position zu tun und infolgedessen damit, wie man wohnen und Kinder ausbilden kann. Die Arbeit und ihr Wert bestimmen, wer Erster und Letzter ist – und es bleibt. Das war auch Jesus bekannt. Er erzählt von Tagelöhnern, die auf Arbeit warten. Einige werden frühmorgens angestellt. Einige am Mittag, andere gegen Abend. Der Gutsherr gibt allen einen Denar, einen Taglohn. Da stehen sie nun, mit einem Denar in der Hand, am Ende ihrer Arbeit.

Ist das gerecht oder nicht? Wie denken Sie über diese Lohnzahlung? Was meinen Sie zum Ärger der Langarbeiter? Alles könnte seine Ordnung haben, wenn es nach gewohnter Ordnung ginge. Dem Freund von Jesus, Petrus, ergeht es ähnlich; denn er fragt nach dem besonderen Lohn. Dieser bestünde darin, die Familie verlassen zu haben, ist die Antwort. Das müsse besonderen Lohn wert sein, sagt Jesus. Die Frage ist nur: Was tut man eigentlich, um etwas gut zu machen? Man sieht Arbeiter im Weinberg den Boden hacken. Sind nun die Früharbeiter den anderen überlegen und haben einen Vorsprung auf die Späteren? Was denkt ein Arbeiter, der gegen Abend kommt? Hofft er auf gleichen Lohn? Vergleicht er am Abend den Lohn mit dem der anderen? Was würde *ich* mit dem Neid der anderen tun?

Der Weinberg ist ein Bild der Gemeinde: Menschen haben unterschiedliche Voraussetzungen und sind auch Erste und Letzte. Es gibt solche, die keine einzige Stunde arbeiten können. Sie hatten keine Chance dazu. Oder sind krank. Da leben auch gesunde Menschen. Sie sind gefragt. Sie arbeiten, auch mit Überstunden an den Abenden. Vielleicht aber vergebens. Vorweisen können sie abends dennoch nichts; denn ein Unwetter hat ihre Arbeit zunichte gemacht. Erhalten sie dennoch Lohn? Dürfen alle den einen Denar erwarten? Nicht die Leistung zählt. Auch die Dauer nicht. Es zählt nur: Alle bekommen, was sie brauchen. So besehen könnte die Lohnzahlung schon am Morgen erfolgen. Im Voraus.

Der Gutsherr steht für ‹Gott›. Vor ihm sind Menschen nicht etwas wert, weil sie leisten. Es gibt Stunden, da sind meine Hände leer. Ich habe nichts vorzuweisen. Gott fragt nicht: Was hast du geleistet? Sondern: Was brauchst du zum Leben? Dann blitzt Himmelreich auf, schon jetzt, auch in den Geschichten meines Lebens. Auch in meinem Leben zählen Bewertungen und Muster der Welt nicht. Gott, der mehr als Gutsherr ist, sieht, was Menschen brauchen. Er wendet sich jedem zu und verleiht ihm Wert. Dieser ist weder zu verhandeln noch zu verlieren, sondern einfach gegeben. Als Gemeinschaft kann man das erleben.

Das habe ich erfahren: In meiner Kindheit. Ich ging mit meinen Grosseltern aufs Feld des Nachbarn, zusammen mit dem halben Dorf. Da lagen riesige Haufen von Zuckerrüben. Alle begannen, diese zu putzen. Ich wollte auch. Aber ein Messer für eine Vierjährige war zu gefährlich. Mein Grossvater ging ins Haus und brachte mir einen hölzernen Brieföffner. Und ich schabte zufrieden auf einer Rübe herum. Dann gab es reichlich Zvieri. Für alle, auch für mich. Und für Grossvater. Und für die Jungen. Und für den behinderten Sohn des Nachbarn. Alle assen und tranken, so viel Hunger und Durst sie hatten. Für alle ist reichlich gedeckt. Es gibt keine ersten oder letzten Plätze, Rangfolgen oder Bewertungen. Im Himmelreich sind solche Muster aufgehoben. Das soll auch in unserer Kirchgemeinde zu erleben sein. Platz für alle in der Gemeinschaft.

## 5.1. Indikatoren des Verstehens

Die Predigt wurde jeweils mit zwei Kameras aufgenommen; die eine war hinten im Kirchenraum positioniert und zeichnete während der Predigt die Pfarrerin auf. Die andere wurde vorne verdeckt fix installiert, wodurch es möglich war, einen Teil der Gemeinde filmisch festzuhalten. Ziel war zu beobachten, ob Regungen als Hör-Reaktionen zu erkennen wären, die allenfalls mit dem Sprechverhalten der Pfarrerin korrelierten. In einem ersten Durchlauf wirkte die Aufzeichnung ernüchternd. Zwar war abzusehen, dass etliche Hörende die Augen beim Hören schliessen oder den Kopf in die Hände stützen. Gleichwohl liess sich kaum eine Reaktion auf den Inhalt der Predigt ausmachen – hier mal ein Scharren mit den Füssen, dort Arme, die verschränkt wurden. Ausnahmen bildeten die dialektalen Einschübe in der ansonsten in Standarddeutsch gehaltenen Predigt; da wurde vereinzelt mit Schmunzeln reagiert; auch auf die anschauliche Schilderung der Pfarrerin, wie sie als kleines Mädchen ihrem Grossvater geholfen habe, Zuckerrüben zu reinigen. Mit einem stumpfen Brieföffner – damit sie sich nicht verletzen würde – habe sie gearbeitet und die gleiche Ernsthaftigkeit wie alle anderen Helfenden an den Tag gelegt. Die Szene mit dem Brieföffner unterstützte die Pfarrerin, indem sie einen solchen hervorholte und der Gemeinde zeigte. Da kam es in den Reihen der Gemeinde zu zustimmenden Interaktionen zwischen Sitznachbarn. Ansonsten beschränkte sich der Ertrag aus den Video-Aufzeichnungen auf hinlänglich bekannte stereotype Bewegungen, indem Hörende ihre Augen bewegen, Blickkontakte kurz nach vorn oder zur Seite aufnehmen, sich die Hände reiben, ihre Arme verschränken oder die Beine übereinander schlagen.

Anders verhielt es sich mit den Audio-Files. Software-unterstützt transkribierte ich die Interviews. Stimmverschiebungen (Veränderungen der Oktav-Lagen) und Sprechpausen wurden ebenso berücksichtigt wie stockendes Sprechverhalten und syntaktische Doppelungen. Hingegen verzichtete ich auf eine vergleichende semantische Auswertung. Im Anschluss an die Transkription paraphrasierte ich die Zitate zu stringenten Aussagen und fasste sie zu Generalisierungen zusammen. Daraus liess sich die grundsätzliche Struktur von sieben ‹Phasen› im Hörverstehensprozess herausschälen. Als *Phasen* werden sie bezeichnet, auch wenn ihnen eine Linearität fehlt. Sie heissen: Intentionalität, Introduktion, Interesse, Interaktion, Introspektion, Transition sowie Iteration.

### 5.1.1. Gehörtes kauen

Zwei Phänomene bildeten bei den Video-Aufnahmen beachtenswerte Ausnahmen, die eher einen episodischen, ergänzenden Charakter haben als von wissenschaftlicher Tiefenschärfe sind; dafür fehlten die einschlägigen Methoden. Beide Phänomene konnten erst durch mehrmaliges Visionieren sowie durch beschleunigtes Scrollen der Videofiles beobachtet werden: Die Hörenden hatten bei einigen Passagen der Predigt zu kauen begonnen. Kauen wäre indessen eine etwas zu grobe Beschreibung dieser körperlichen Bewegung; man müsste sie eher mit einem Mümmeln vergleichen. Das Bild des Kauens erinnert an biblische Sprachmetaphern, wonach Gottes Wort «Brot des Lebens» sei, das man in sich «aufnehme» oder «verschlinge»[86]. Von besonderer Bedeutung ist die Tatsache, dass das Kauen keine individuelle Aktion war, sondern zeitgleich bei mehreren Hörenden eintrat. Zudem liess sich durch die Sitzkonstellation ein Nachahmen ausschliessen. Das kollektive Verhalten überraschte und führte zu Folgefragen: Es interessierte, bei welchen Passagen der Predigt die Leute kauten und ob irgendein Zusammenhang beobachtet werden könne. Die Auswertung der Videos zeigte zwar, dass die Hörenden kauen, wenn zuvor in der Predigt vom Essen die Rede war; das galt vor allem für die Szene mit autobiografischem Hintergrund. Da schilderte die Pfarrerin, wie nach der Arbeit alle eine Zwischenverpflegung zu sich genommen

86 Joh 6,35; Ez 3,1–10; Jer 15,16.

hätten und diese Szene dafür stehe, dass alle bekommen, was sie benötigten. Es liesse sich ableiten, dass die Hörenden konkrete Bilder und geschilderte Geschichten nicht nur leicht memorieren können, sondern beim Hören körperlich darauf reagieren. Aber es war in den Videos auch zu beobachten, dass die Leute dann kauten, wenn nicht explizit von Essen die Rede war, sondern gewissermassen ein «geistiger Knochen» vorlag. Bilder wie die der leeren Hände, die Frage nach gerechtem Lohn usw. gaben «zu beissen», zu kauen und zu verdauen. Diese Beobachtung der «geistigen Nahrung» musste nun überprüft werden und machte eine Gegenprobe nötig. Es galt zu klären, ob das beobachtete Verhalten einer generellen Aktion entspricht oder spezifisch durch Impulse ausgelöst wird. Durch Triangulation sollte verglichen werden, ob auch andere Situationen, denen man Kommunikation nachsagt, zu ähnlichen Ergebnissen führen. Die Aufzeichnung sollte Menschen zeigen, die sich, ohne miteinander zu sprechen, an einem gemeinsamen Ort befinden. Es musste möglich sein, dass sie etwas hören, ohne dass damit eine Ähnlichkeit zu Predigt oder Rede geschaffen würde. Eine niederschwellige Situation, die zugleich ein gleichzeitiges Handeln möglich machte, wurde nötig. Für die Gegenprobe wurden wartende Passanten an einer Bus-Haltestelle gewählt; mittels Videoaufzeichnung sollte untersucht werden, ob sich für Wartende eine kommunikative Situation bildet oder ein kommunikatives Muster zu beobachten ist. Würden wartende Menschen ohne äusseren Impuls sich zueinander ähnlich verhalten, vielleicht sogar gleichzeitig kauen? Was gäbe den Impuls dazu? Die Videos brachten keine Resultate zutage, auch nicht im Zeitraffer-Modus. Wer auf den Bus wartete, tat dies ohne kommunikative Tätigkeit. Das gleichzeitige Warten liess keinerlei kommunikative Muster erkennen. Von einer synchronen Handlung, die sich auf andere Wartende übertrug, war nichts zu sehen. Das Video zeigte Menschen, die gleichzeitig das Gleiche tun, und dennoch nicht einfach miteinander kommunizierten. Dazu braucht es offensichtlich eine Handlung oder eine Einladung zur Kommunikation.[87] Die Reaktion der Hörenden, das Gehörte zu *kauen*, kann als eine körperliche Reaktion auf das von der Predigt Verstandene gewertet werden. Insbesondere ist es die zeitgleiche Reaktion, die nicht von einer Einzelperson oder von zufällig sich Eingefundenen, sondern von der Gruppe ausgeübt wird. So scheint die Reaktion dialogisch zu sein – wie die Antwort auf ein verstandenes Wort. Sie wirkt wie eine synchrone Kommunikation. Ob die Hörenden auf die ge-

---

87 In der Video-Sequenz versucht eine Frau gestikulierend, jemanden so lange auf sich aufmerksam zu machen, bis ein Kontakt hergestellt ist. Von den anderen Wartenden ist keine Aktion oder Reaktion auszumachen.

schilderte Ess-Szene reagieren oder ob sich das Bild der geistigen Nahrung, die man isst, szenisch zeigt, müsste indessen geklärt werden.

### 5.1.2. Ein Ruck geht durch die Hörenden

Das zweite Phänomen beobachtete ich auf den Video-Aufnahmen auch erstmals dank Zeitraffer-Modus. Umgangssprachlich ist davon die Rede, dass ein Ruck durch die Gesellschaft, oder eben durch die Gemeinde gehe. Damit ist ein Signal der Veränderung oder des Aufmerkens nach einem Ereignis gemeint. Ein solcher Ruck ist auf dem Video als physikalisches Phänomen zu beobachten; er wird hier mit *Impetus* bezeichnet und meint einen Vorgang, bei dem die Hörenden ihre Sitzposition verändern, anschliessend aufrecht sitzen oder den Kopf mit Blick nach vorn in eine etwas andere Position bringen. Der Impetus zieht wie eine Woge durch die Gemeinde. Auch hier stellte sich zunächst die Frage nach einem imitierenden Verhalten; ein solches ist jedoch auszuschliessen, da die Anordnung der Bankreihen keine Möglichkeit zur Imitation anbietet und die Woge mal quer, mal von hinten ausgeht.

In der zweiten Video-Aufnahme konnte ich nicht nur einen einzelnen Impetus beobachten, sondern gleich mehrere und ich habe deshalb die Sequenzen auf den Zeitpunkt dieser Reaktionen hin untersucht; in folgender Tabelle wird ein *Impetus* verbal sichtbar gemacht; auffallend ist, wie er jeweils zwischen zwei Aussageteilen erfolgt, die thematisch zwar zusammengehören, unterschiedlich als Alternativen, als Fortsetzung oder als Opposition.

| | Schlüsselstellen, Impetus | Perspektivenwechsel | Inhalt und Wirkung |
|---|---|---|---|
| 1 | 1. «Da stehen sie nun alle, mit einem Denar in der Hand. Unabhängig von der Dauer ihres Tagwerkes. Alle bekommen sie denselben Lohn: einen Denar. *(Impetus)*<br><br>2. Ist das nun gerecht? Oder unfair?» | *1. Szenische Perspektive, Blick auf die Arbeiter*<br><br>*2. Erfragende Perspektive der Hörenden* | Szene, Umkehrung der üblichen Ordnung. Merkwürdig Lösung<br><br>*Wirkung: Aufmerken durch szenisches Bild* |

| | Schlüsselstellen, Impetus | Perspektivenwechsel | Inhalt und Wirkung |
|---|---|---|---|
| 2 | 1. «Alles könnte seine Ordnung haben, wenn es in bekannter Ordnung zuginge! *(Impetus)*<br><br>2. Ich stelle mir vor, dass in Petrus etwas Ähnliches vorgegangen ist.» | *1. Intendierte Perspektive der Arbeiter*<br><br>*2. Intendierte Perspektive des Petrus, als Ich-Perspektive, Pfarrerin* | Ad absurdum führen von bekannten Werten:<br><br>*Wirkung: Kontrast zu Gewohntem* |
| 3 | 1. «‹Wir haben alles verlassen und sind deine Jünger geworden. Verzicht und Einsatz müssen besonderen Lohn wert sein!› *(Impetus)*<br><br>2. Und auf diese Frage antwortet ihm Jesus mit dem Gleichnis ….» | *1. Intendierte Perspektive des Petrus (Jünger), als Zitat*<br><br>*2. Perspektive der Erzählung: Gleichnis* | Auf besondere Leistung folgt besonderer Lohn.<br><br>*Wirkung: Kontrast zu Tun und Ergehen* |
| 4 | 1. «Ich bin grosszügig beschenkt worden. Würde ich mit dem Neid der anderen umgehen können? *(Impetus)*<br><br>2. Ich weiss nicht, aber der Weinberg kann Abbild der Gemeinde sein.» | *1. Intendierte Ich-Perspektive als Arbeiter der letzten Stunde*<br><br>*2. Ich-Perspektive, Pfarrerin* | Intendierte Reaktion auf die Reaktion von anderen?<br><br>*Wirkung: Gedanke ist offen, Handlungsoption* |
| 5 | 1. Da sind Menschen, die können keine Stunde arbeiten. Vielleicht weil […] sie krank sind und nicht arbeiten können. (Impetus)<br><br>2. Dann wiederum leben in unserer Gemeinde gesunde Menschen.» | *1. Kommentierende Perspektive, Pfarrerin*<br><br>*2. Ich-Perspektive, Pfarrerin zur Wir-Gemeinde* | Menschen, ausser Stand zu Arbeit oder Leistung.<br><br>*Wirkung: kontrastierende Sicht ermöglicht neue Wertung* |

| | Schlüsselstellen, Impetus | Perspektivenwechsel | Inhalt und Wirkung |
|---|---|---|---|
| 6 | 1. «Die Lohnzahlung könnte durchaus schon am Morgen erfolgen, noch bevor ein Arbeiter überhaupt seine Hacke angesetzt hat. Vorauszahlung für jeden. *(Impetus)*<br><br>2. So, sagt Jesus, ist Gott. Wenn der Gutsherr im Gleichnis eben für Gott steht, dann …» | *1. Ich-Perspektive, Pfarrerin*<br><br>*2. Intendierte Perspektive Jesu, Perspektive von Gott* | Weder Leistungs- noch Taglohn, sondern Lohn a priori.<br><br>*Wirkung: Umkehrung der Umkehrung ermöglicht neue Perspektive* |
| 7 | 1. «Der Gutsherr verteilt nach eigenem Ermessen jedem seinen Denar. *(Impetus)*<br><br>2. Es gibt Stunden, da sind meine Hände leer. Da habe ich nichts vorzuweisen.» | *1. Kommentierende Perspektive, Gutsherr*<br><br>*2. Ich-Perspektive, Pfarrerin* | Eigenes Ermessen mit (un-)fairem Resultat.<br><br>*Wirkung: Aufmerken durch erfolgte Zahlung* |
| 8 | 1. «Dieser Wert kann deshalb nicht von Leistungen oder von äusseren Umständen abhängen. *(Impetus)*<br><br>2. Wert verdienen wir uns nicht..» | *1. Intendierte Perspektive Jesu (Forts.)*<br><br>*2. Ich-Perspektive, Pfarrerin zur Wir-Gemeinde* | Wert nach welchem Wert bemessen?<br><br>*Wirkung: Lösung offen* |

Der Impetus dauert etwa eine Sekunde und beginnt unmittelbar nach Ende des ersten Aussageteils; er greift dadurch in den zweiten hinein. So wirkt er wie ein Ruck, als ob er zu einem Perspektivenwechsel animiert. Die Analyse lässt zwei mögliche Ursachen vermuten: An den fraglichen Predigtstellen erfolgt ein Perspektivenwechsel, z. B. von einer szenischen Schilderung zu einer intendierten Sicht. Der Wechsel könnte zu Reaktionsmustern führen, sich in der Predigt zurechtzurücken. Alternativ dazu könnte ein Impetus auch aufgrund eines Kernsatzes oder einer zwischenzeitlichen Pointe erfolgen. Möglicherweise liegen zwei Formen von Impetus mit gleicher Reaktion vor. Erstens: Der Perspektivenwechsel in der Predigt löst einen ebensolchen bei den Hörenden aus. Zweitens: Kernsätze oder Zwischenpointen lassen die Hörenden aufmerken und sie körperlich darauf reagieren. Überraschend ist, wie synchron sie jeden Impetus vollziehen. Dass ein zeitgleiches gemeinsames Verhalten vorliegt, das weder willentlich geschieht, noch inszeniert ist, scheint mir bemerkenswert.

## 5.2. Reformulieren des Verstandenen

Bei aller Bemühung um eine authentische Aussage der Hörenden kann nie auf ihre Gedankengänge zurückgegriffen werden; keiner Forschungsarbeit steht das Gedachte, sondern nur das Gesagte zur Verfügung. Es bleibt daher die Kontingenz zwischen dem – gewollt oder ungewollt – Geäusserten und dem eigentlich Gedachten. So ist eine Kontextualität des Geäusserten auch nur so weit erkennbar, als die Hörenden es offenlegen.[88] Dabei scheint es unwichtig, ob sie der Predigt zustimmen oder sie ablehnen. Weit wichtiger ist, ob ihre Fragen in der Predigt vorkommen.

### 5.2.1. Authentisch auf Augenhöhe

In den Interviews war immer wieder von der Pfarrerin die Rede; wer predige, müsse glaubwürdig sein respektive authentisch wirken. Dabei kommt das Authentische der Predigenden oft so zum Ausdruck, dass die Predigt nicht einfach dahergeredet werde, sondern als Gespräch wirke. Für Hörende wirkt die Rede als kunstvoller Akt mit der Attitüde von wissender Überheblichkeit, wogegen das *Gespräch eine Metapher für Authentizität* zu sein scheint. Die Wirkung, die Pfarrerin habe mit den einzelnen Hörenden gesprochen, entspricht einem solchen Kriterium.[89] Es bedeutet ihnen viel, theologisch oder persön-

88 Siehe 8.3.1./1: «… hat mich angeregt, auch zu reflektieren: Wie gehe ich mit meiner eigenen Situation um. […] Habe ich jetzt ein Vorschusskonto im Blick auf das Alter?» 8.3.2./1: «Ja, wie lange geht denn das noch, bis die Gerechtigkeit dann auch bei uns …» 8.3.2./3: «Nein, in meinem Leben habe ich noch nie das Gefühl gehabt, ich hätte ungerecht Lohn bekommen, weder zu niedrig noch zu hoch.»

89 8.3.3./9: «Ich spüre aus ihren Erfahrungen mit ihr, dass sie es so meint, dass sie es so lebt, wie sie es sagt. Und darum wirkt es auf mich sehr sehr authentisch.»

lich mit eigenem Vorwissen an der Predigt anknüpfen zu können. Vorwissen – zuweilen behauptetes Vorwissen – kann den Zugang zu neuen Perspektiven erschweren; das wird in Kauf genommen.[90]

## 5.2.2 Transformation ins Eigene

Die Hörenden schildern Vorgänge aus ihrem eigenen Wertesystem und schaffen eine Transformation in eigene Verstehens- und Interpretationsräume; dabei beschreiben sie häufig nicht die Transformation selbst, sondern die Konsequenzen, die ihnen daraus erwachsen.

> Ich bin in der letzten Lebensphase, und ich möchte diese sehr bewusst leben und mich darauf einstellen, nicht immer, ehm …, ich bin ja noch jung und ich kann ja … und so weiter. Ich, ja, ich kann noch manches tun, aber ich bin auch am Abbauen. Und ich mache das bewusst.[91]

Inhaltlich scheint es, als sei der Hörende weitab von der Predigt. Die Analyse der Passage lässt erkennen, wie sich der Hörverstehensprozess entwickelt: Ausgangspunkt waren in der Predigt die Männer, die mit leeren Händen beschrieben werden und dastehen, weil sie keine Arbeit haben. Der Hörende antizipiert, dass es einem widerfahren kann, mit leeren Händen dazustehen und ins hohe Alter hinein über geringer werdende Handlungsoptionen zu verfügen. In diesen Kontext hinein sieht er nach und nach die letzte Lebensphase kommen, die ihn nicht überraschen soll. Dass der Mensch *an sich* einen Wert hat, ohne dafür etwas leisten zu müssen, hilft, um in eigenen Gedanken die Intention der Predigt in sein Leben zu übertragen.[92] Eine Predigt ist ein offenes Kunstwerk. Der Grund dafür liegt nicht darin, dass sie beliebige Assoziationen auslösen soll oder jede Interpretation zulässt, sondern dass sie das Potenzial enthält, Hörende die Predigt selbst weiterentwickeln zu lassen – basierend auf Intentionen der Predigt. Schwierig ist für die Hörenden eher, den Verstehensprozess zu beschreiben. Oft wollen sie Passagen korrekt wiedergeben und bekunden Mühe, ihre eigene intendierte Bedeutungsebene

---

90 8.3.6/1: «Wir kommen aus einer Diskussion, was hier nun Fortsetzung gewesen ist.»
91 8.3.1./1.
92 8.3.1./5: «Ich hatte eine schwere Krebs-Operation. Ich bin an den Punkt gelangt, wo ich nicht weiter wusste. Ich habe mich hingelegt. Und das war für mich sehr eindrücklich, als ich gemerkt habe: Doch, ich ich kann die Hände öffnen und mich leer hinlegen.»

davon zu differenzieren. Doch an der Differenzierung, hin zu ihren eigenen Konsequenzen, die sich ihnen aus dem Verstandenen erschliessen, ist der eigentliche Verstehensprozess erkennbar. Die Konsequenzen zeigen auf, wie schlüssig die intendierte Absicht war und ob sie zu Transformationen führte.[93]

### 5.2.3. Erkenntnisse durch Verstehen

Oft führen die Hörenden ihre theologischen Reflexionen weiter und schaffen eigene Gleichnisse, indem sie Erfahrungen aus ihrem Leben mit dem Gehörten verknüpfen und diesem so Bedeutung beimessen.[94] Dabei wird der Gedankengang zuweilen erst beim Schildern verfertigt und dessen Bedeutung nach und nach erkannt.[95]

> Jene, die um fünf Uhr angefangen haben im Weinberg zu arbeiten, die haben ja schon den ganzen Tag über auf diesem Marktplatz gewartet, auch in der sengenden Sonne, und (Pause) ehm (Pause) die haben vielleicht (Pause) mehr oder mindestens so viel geleistet wie jene, die bereits im Weinberg gearbeitet haben, weil: Sie haben ja die ganze Zeit über diesen Druck in sich gehabt: Ich sollte Brot nach Hause bringen können heute Abend (Stimme hoch, lange Pause) und (lange Pause – steigt aus der Szene aus) ja (Lachen) aber das ist natürlich, das ist aus diesem Gefühl heraus, das formuliere ich jetzt einfach nochmals aus.[96]

Komplexe Gedankengänge scheinen beim Reden nicht zwingend klar zu sein;[97] manche Äusserungen lassen erst in der Analyse erkennen, wie mehrschichtig sie sind:

---

93 8.3.5/8: «Jaa, wenn meine reduzierten Kräfte – das immer noch ein Thema ist oder – und ich niemals mehr voll arbeiten kann, dass wenn ich etwas mache und mit Begeisterung mache, wie sicher dieses Mädchen da geputzt hat […], und so.»

94 8.3.5./3: «Das war sicher […] mit ein Punkt, dass ich das in Südamerika nicht mehr ertragen konnte und dann mit gar nichts – wirklich zwei Koffern – zurückgekommen bin, eigentlich in der Schweiz auf der tiefsten Stufe – also sozial kann man sagen – gelandet.»

95 von Kleist S. 3.4.

96 8.3.2/2.

97 8.3.1./1: «Ich bin sehr berührt gewesen, in der Art, wie sie dies angepackt hat, dass sie nicht auf neue Lohntheorien und weiss nicht was eingegangen ist, und nicht polemisiert hat gegen die, die Boni beziehen. Das kann man alles einmal vielleicht. Aber es hat mich sehr gut gedünkt und hat mich vor allem selber angeregt, auch zu reflektieren: Wie gehe ich eigentlich mit meiner eigenen Situation um.»

> Wir kommen aus – wir sind (stockend) wir kommen aus der (stockend) wir sind kleine Leute. Und da haben wir eben Erfahrungen gemacht zum Teil in der Schule, […] dass man vom Lehrer – da sind eben die Letzten nicht die Ersten gewesen. Die sind dann die Letzten gewesen, ganz realistisch. […] Für mich muss eben die Predigt mit dem Leben zu tun haben; wenn sie nur mit dem Geistigen allein – das würde mir nicht genügen.[98]

Im stockenden Ausformulieren sind zwei parallele Aussagen verborgen. Die erste bezeichnet die Herkunft im Sinne von: «Wir kommen aus einfachen Verhältnissen.» Eine ökonomische Einordnung stand in Auseinandersetzung mit der zweiten, psychologisch wirkenden Ebene, die letztlich zur Äusserung führte: «Wir sind kleine Leute». Die beiden Ebenen stehen nicht in einem Kontrast zueinander, sondern zeigen den Denkverlauf des Hörenden. Er empfindet sich nicht nur den kleinen Leuten zugehörig, weil er ökonomisch eingeschränkt ist, sondern weil die Leute dadurch als klein angesehen werden. Sich dies einzugestehen, setzt voraus, dass diese Erkenntnis zugelassen wird. Der Kontext zur Äusserung könnte also sein: *Wir kommen aus einfachen Verhältnissen – wir sind kleine Leute – wir werden als kleine Leute angesehen – wir werden als kleine, minderwertige Leute behandelt – und das wirkt für uns verletzend.* In diesen Kontext hinein erhält das Gleichnis eine besondere Bedeutung, weil das Bild der Tagelöhner für den Hörenden als Metapher für kleine Leute steht. Auch sie haben quasi leere Hände. Dass der Hörende darüber hinaus Reiche als «Halunken» bezeichnet und Eigentum mit Verantwortungslosigkeit gleichsetzt, passt in den Zusammenhang seiner eigenen Denkkategorien: Weil sich in seinem Leben das Kleinfühlen nicht verändert und sich eine Hoffnung auf Veränderung nicht erfüllt, er aber trotz allem an Hoffnung glaubt, muss die Predigt für ihn auflaufen.[99] Dies entspricht wohl nicht einer Grenze dieser Predigt, sondern einer, die der Hörende auf die Predigt projiziert, weil dadurch seine eigenen theologischen und existenziellen Kategorien hinterfragt werden.

### 5.2.4. Realität und Idealität

Ein wiederkehrendes grundsätzliches Anliegen an die Predigt bezieht sich auf deren *Realitätsbezug*. Für einige Hörende hat die Predigt die Funktion,

98 8.3.4./3.
99 8.3.4./3.

in Opposition zur Welt und Welterfahrung zu stehen. Dahinter verbirgt sich möglicherweise das Anliegen nach eindeutiger Stellungnahme, nach realen Handlungsoptionen, nach sozialkritischem Kontrastprogramm oder nach seelsorglich konkret aufgezeigten Lösungen. Häufig wird jedoch der Predigt «verziehen», nicht die Welt und deren Mechanismen abzubilden, sondern von einer Idealität auszugehen und sich daher mit metaphorischer Sprache zu den Veränderungsoptionen zu äussern. Hörende zählen darauf, dass die Predigt über die gängigen Horizonte hinweg auf Neues zu verweisen vermag. So bleibt in allen Interviews die von der Pfarrerin geschilderte Geschichte aus ihrer Kindheit in Erinnerung. Die gleichnishafte Episode über das kindliche Unvermögen, Zuckerrüben zu reinigen und trotzdem mit einer reichlichen Zwischenverpflegung im Kreis der Mitarbeitenden beschenkt zu werden, löst Empathie aus. Die Pfarrerin hat eigene Erlebnisse erzählt, ihnen metaphorische Bedeutung verliehen und sie zu einem Kernstücke ihrer Predigt entwickelt. Zuweilen bleibt in den Interviews jedoch unklar, ob der Wert des Gleichnisses in der theologischen Reflexion liegt, in der Empathie oder in der konkreten Geschichte, die durch ihre Zeitnähe nachvollziehbar scheint.

### 5.2.5. Ein einziger Attraktor

Im zweiten Kernstück der Predigt, in der Szene, als alle Arbeiter – unabhängig von ihrer Arbeitszeit – den gleichen Lohn erhalten, entzündet sich die Streitfrage nach Gerechtigkeit. Es wird das strukturelle Grundproblem der Predigt deutlich: Eine Spannung zwischen den Bildern und den zueinander disparat wirkenden Fragen – nach dem Wert des Menschen schlechthin und nach dem gerechten Lohn. Entsprechend wird um zwei Antworten gerungen, inwiefern a) der Wert des Menschen nicht in der Leistung, sondern im Geliebt-Sein bestehe und b) ob die Menschen erhalten, was sie benötigen. Dadurch ist eine Predigt mit zwei Attraktoren entstanden, was dramaturgisch und strukturell zur Herausforderung wird; denn die Hörenden können sich für gewöhnlich auf einen einzigen konzentrieren.

### 5.2.6. Eine einzige Heldin

Hörende setzen sich mit Personen auseinander, die in der Predigt auftreten; zuweilen ist eine identifizierende Übertragung zu beobachten. Identifikation kann dabei als Opposition oder als Zustimmung wahrgenommen werden und je nach Inhalt dem Helden in der Predigt oder besonderen Protagonisten gelten. Die Hörenden setzen sich dabei mit einer Wesensart, einer Eigenschaft oder einer Verhaltensweise zustimmend oder ablehnend, ganz oder partiell auseinander und vergleichen sie mit dem Eigenen. Die Identifikation tritt bei Figuren wie bei «Abstrakta» auf.[100] Eine Identifikation ist auch möglich mit einem Phänomen, mit einem Zustand oder einer Horizontverschiebung. So können Hörende fragen, wie es sich etwa mit der Gerechtigkeit verhält, ob sie sich angesichts von Leid verändere oder eine fixe Grösse darstelle.[101]

Schwieriger wird Hörverstehen, wenn mehrere Identifikationsfiguren als Helden angeboten werden. Dadurch geraten die Hörenden in permanente Spannung und oszillieren im Predigtverlauf zwischen den Helden. Das Risiko entsteht, dass sich die Helden durch unscharfe Trennung miteinander vermischen, wodurch auch die Intention der Predigt verschwimmt. Oder die Hörenden verfolgen parallele Szenarien, so lange ihnen die Energie dazu ausreicht. Aufgelöst wäre die Spannung durch eine klare Zuweisung der Rollen von Protagonist und Antagonist oder einer Strukturierung der Predigt, wodurch die Hörenden dramaturgisch bei der Hand genommen werden. Dies müsste sprachlich und sprecherisch sorgfältig erfolgen, um dem Inhalt der oft filigranen Differenzierung gerecht zu werden. Die Konzentration auf eine einzige Heldin hat den Vorteil, dass sich die Problematik leichter in einen eigenen Lebensbezug übertragen lässt. Je deutlicher eine Figur konturiert wird, um so eher ist eine Auseinandersetzung mit der Predigt möglich. Die Verknüpfung von Held und Predigt erfordert auch eine Verknüpfung des Helden mit den Themen der Predigt.

### 5.2.7. Verziehene Performativität

Zur performativen Leistung äussern sich die Hörenden lediglich am Rande; ihnen ist die Verständlichkeit des gesprochenen Wortes[102] wichtig. Ansonsten

100 8.3.8./1: «Ja, die Situation der Arbeitenden […]: ‹Ihr dürft auch noch in den Weinberg gehen.› Also, ihr dürft arbeiten – das ist ja wie wenn die, die arbeiten, den ganzen Tag froh sein müssten. Und die anderen, die zuletzt kamen, mussten sich den ganzen Tag über fragen: ob sie heute wohl noch überhaupt etwas zu tun hätten oder leer ausgingen.»

101 8.3.2./1: «Und ehm eben: Millionenboni und solche, die vom Arbeitslosengeld leben müssen, und die haben alle zusammen einfach ihren 24-Stunden-Tag; alle müssen gegessen haben, alle an einem Ort wohnen können und […] ja: wie lange geht denn das noch, bis die Gerechtigkeit dann wirklich auch bei uns.»

102 8.3.1./1: «Es war eine Predigt, bei der ich von Anfang bis Schluss gut habe zuhören können. Sie ist nicht auseinander gefallen, vor allem ist es sehr verständlich gewesen.»

gibt es keine Aussagen zu körperlicher Haltung, zur Bewegung im Raum, zu Gestik und Mimik. So scheint Proxemik und Performativität den Hörenden wenig bedeutsam zu sein. Es liesse sich spekulieren, ob es der stimmigen Beziehung zwischen Hörenden und Predigenden zu danken ist, performative Aspekte ausser Acht zu lassen. Oder es liesse sich die Ansicht vertreten, dass Performativität ausschliesslich im Dienste des Inhalts stünde und somit das Zusammenwirken von Form und Inhalt ideal gewesen sei. Das aber würde suggerieren, Form und Inhalt wären voneinander unabhängig. Am ehesten wird Performatives dann angesprochen, wenn von Atmosphäre[103], von *Gespräch* und von *persönlich wirkender Ansprache* die Rede ist. Die Beobachtungen der Fachgruppe zu Mimik und Gestik mit entsprechenden Wünschen nach Veränderung könnte ihren Grund in der medialen Vermittlung haben. Das Ereignis im Raum verzeiht performative Defizite, wogegen sie bei der audio-visuell-technischen Vermittlung verstärkt und daher eher thematisiert werden.

### 5.2.8. Kompetenz der Hörenden

Eine besondere Beobachtung gilt der theologischen Leistung der Hörenden: Wo die Predigt im Duktus unklar bleibt, oder wo – aus Sicht der Hörenden – die Argumentationskette zu früh abbricht, verfertigen sie ihre eigenen theologischen Überlegungen, schaffen eigene Bilder, Vermutungen oder entwickeln ihre eigenen Weiterführungen.[104] Dabei spielt es keine Rolle, ob in der Predigt alles gesagt wird oder es an Stringenz oder Logik fehlt. So liest sich die Herleitung einer Hörerin wie ihr eigenes theologisches Programm:

> Vor Gott sind alle gleich (1), unabhängig von Arbeit und Leistung (2). Darum können alle mitarbeiten (3), unabhängig von ihren Talenten (4). Es gibt für jeden eine Aufgabe (5), und umgekehrt kann jeder sich einbringen (6).[105]

---

103 8.3.2./5: «Ich bin theologisch eigentlich sehr interessiert. Aber das ist nur EIN Teil des Gottesdienstes. Die ganze Atmosphäre ist mir auch wichtig.»

104 8.3.4./2: «Die Diskrepanz ist natürlich diese – aber das ist etwas Persönliches, das hat weniger mit der Predigt als mit dem Text zu tun – wenn der Besitzer sagt: ‹Kann ich mit meinem Eigentum nicht machen was ich will.› Dieser Spruch wäre schon alleine für eine Predigt, ‹kann ich mit meinem Eigentum nicht tun, was *ich* will?› Also, ich habe nichts gegen das Eigentum, aber man müsste dann auch verantwortungsvoll umgehen.»

105 8.3.8./6.

Leitet man aus dieser Denkfolge eine allgemeine Systematik ab, wird die Stringenz des Gedankens erkennbar, auf der sich ein Grundkonzept der Predigt anwenden lässt: Auf der *Grundlage* (1) eines *Wertesystems* (2) sind *Handlungsoptionen* (3) einer bestimmten *Qualität* (4) möglich. Als *Konsequenz* (5) daraus bieten sich zwei Perspektiven an, die *individuelle*, dass jeder Mensch handeln kann, und die *systemische*, dass jedes Handeln Teil eines Ganzen ist und daher wieder dahin zurückfliesst (6). Diese Systematik bildet einen Schlüssel zum Verständnis von *Koproduktion der Predigt* durch die Hörenden und zeigt auf, wie eine weiterführende Produktion der Predigt (Iteration) geprägt ist von persönlichen Färbungen und zugleich auf der Intention ihres Hörverstehensprozesses aufbaut. Zur *nachhaltigen Wirkung der Predigt* schildern Hörende, das Gehörte würde manchmal auch Tage oder Wochen später nachwirken oder in Gesprächen auftauchen. Je nach Lebenslage kann die Predigt – oder Aspekte davon – auch Wochen danach Bedeutung erhalten.

## 5.3. Stringenz von Struktur und Gehalt

Im Workshop mit Theologinnen und Theologen interessierte mich, inwieweit die Feedbacks von Fachleuten mit den Interviews von Laien übereinstimmten. Die Predigten wurden per Video im Splitt-Screen-Verfahren gezeigt, so dass die Beobachtenden sowohl die Pfarrerin als auch die Hörenden sahen. Wir visionierten die beiden Predigten am Bildschirm eines Laptops, der auch den Ton lieferte. Die Tischrunde diskutierte jeweils unmittelbar auf die Predigt nach der Methode des episodischen Interviews. Dabei beobachtete ich, wie die Gruppe sich im Feedback mehrheitlich auf die Predigt konzentrierte. Sie diskutierte die Form, das theologische Konzept und gesellschaftspolitische Konsequenzen. Persönliche Meinungen kamen nur wenig zur Sprache, dafür aber performative und strukturelle Aspekte. Darin unterschieden sich die fachlichen und gemeindlichen Interview-Gruppen.

Ansonsten stimmten die Fachleute und die Gottesdienst-Teilnehmenden miteinander überein: Der Wert des Menschen misst sich nicht an dessen Leistung. Alle sollen erhalten, was sie zum Leben nötig haben. Unterschiede zwischen den beiden Versionen der Predigt haben die vier Fachleute vor allem in der Struktur und Dramaturgie festgestellt. Die erste Version war ihnen zu dicht an Bildern, zu disparat in den dramaturgischen Elementen und mit zu vielen unterschiedlichen Szenen versehen. Dadurch fehlte ihnen eine Struktur. Bei der zweiten hoben sie die Linearität als Hörgewinn hervor, was ihnen sowohl Zuhören wie auch Mitdenken erleichtert habe. Die bereits in der Predigt angelegte Spannung, ob besondere Leistung einen besonderen Lohn nach sich zieht oder ob alle das Lebensnotwendige erhalten, stiess bei den Gemeinde-Interviews auf weniger Widerspruch als bei der Gruppe der Fachleute. Diese diskutierte engagiert gesellschaftspolitisch, teils weit über die Intention der Predigt hinaus. Die zwei Stränge der Predigt, die sie beobachteten, wurden als widersprüchlich bezeichnet. Entweder wäre das gemeinschaftliche Essen als Zeichen der Gleichwertigkeit der Menschen zu thematisieren gewesen oder die Gleichwertigkeit der unterschiedlichen Arbeitsdauer. Die Fachgruppe hätte es zudem begrüsst, wenn Aussagen argumentativ deutlicher hergeleitet worden wären, um nicht wie freie Assoziationen oder Behauptungen zu wirken. Da die zweite Predigt eine viel durchsichtigere Struktur aufgewiesen habe, sei diese unerwünschte Wirkung weitgehend ausgeblieben. Unklar aber blieb der Gruppe besonders der eine Perspektivenwechsel, den die Pfarrerin vorgenommen habe. Nach Ansicht der Gruppe brachte sie zum Ausdruck, als ob sie wüsste, was Jesus oder dessen Jünger Petrus gedacht hätten. Die Gruppe fand, eine solche Perspektive sei nur dann zulässig, wenn sie intentional oder theatralisch gestaltet würde. Offensichtlich war an der fraglichen Passage die explizite Einladung zur Imagination, «ich stelle mir vor …», zu schwach und zu wenig inszenierend – also in die Szene führend.

Zur performativen Leistung äusserten sich die Fachleute dezidiert – wogegen für die Gemeinde-Mitglieder der performative Aspekt kaum Thema war. Vermutlich verschiebt die audio-visuell technische Vermittlung die Priorisierung von gesprochenem Wort zur performativen Leistung. Die Fachgruppe beschrieb die körperliche Haltung der Pfarrerin als zeitweise steif. Durchbrochen worden sei dies lediglich beim Schildern der Szene aus der Kindheit der Pfarrerin. Bei dieser Episode wurde die Pfarrerin als lebendig, mit direktem Blickkontakt und in dialogischer Haltung erlebt.

Die Fachgruppe empfand einen enormen Qualitätssprung zwischen den beiden Predigten. Die Linearität, die gewonnene inhaltliche Stringenz, der klare dramaturgische Aufbau sowie die Entwicklung der Predigt hin zu einer Pointe haben sie beeindruckt. Insbesondere wurden Gedanken als originell bezeichnet, so beispielsweise das mögliche Auszahlen des Lohnes bereits in den frühen Morgenstunden als ein gelungenes Bild göttlicher Gnade. Ähnlich gelungen erschien die Frage nach den Gefühlen bei den Arbeitern der letzten Stunde, als es darum ging, ob die einen den Neid der anderen auf sich ziehen würden. Die Episode aus dem eigenen Leben wurde als *geführte Meditation* bezeichnet und als gelungene Möglichkeit, sich als Hörende in die Szene hineinzuversetzen. Die zweite Predigt sei leichter verständlich gewesen und habe keine hinderliche Kopfarbeit verlangt.

Nun lässt sich noch überprüfen, wie sich die Aussagen aus den Interviews zu jenen der Hörenden der Fachgruppe verhalten. Im Quervergleich lassen sich keine gewichtigen Dissonanzen erkennen. Auffallend ist bei allen Interviews, wie wichtig den Hörenden die Linearität der Predigt ist. Wo immer zwei oder gar mehrere Erzählstränge entwickelt werden, erzeugt dies Hörstress und erschwert das Hörverstehen. Weiter fällt die Bedeutung der Bilder auf. Dabei scheint es nicht um eine möglichst grosse Vielzahl oder Vielfalt zu gehen; vielmehr reagieren die Hörenden auf hinführende und erklärende Bilder, auch auf solche, bei denen für Gefühle und körperliche Reaktionen Zeit ist. Die Hitze, die den Arbeitern zu schaffen machte, der Abend, auf den alles hinausläuft, die schmutzigen Hände der Arbeiter, der riesige Berg von Zuckerrüben sind Bilder, die häufig erwähnt wurden und bei denen die Hörenden beider Gruppen gern verweilten. Vor allem fanden jene Bilder Gefallen, die über sich selbst auf etwas Anderes, das Bild selbst Übersteigendes zu verweisen vermochten.

Die Hörenden wünschen nicht einfach Bilder und Geschichten. Sie erwarten, dass das gewählte Material mit der theologischen Intention übereinstimmt, diese illustriert und Zeit lässt, in den Bildern und Szenen zu verweilen und voranzugehen. So wurden die Predigt und die Argumentationsketten als schlüssig empfunden.

Ungeachtet der theologischen Fachkenntnisse oder der intellektuellen Leistung haben sich alle Befragten mit der Predigt auseinandergesetzt. Alle haben ihre eigenen Themen angesprochen und mit der Predigt verknüpft und somit begonnen, ihre eigene Predigt zu verfertigen. Bei den Interviews in der Gemeinde waren die persönlichen Themen leichter zu erkennen, weil die Befragten ihre eigenen Gedanken im Einzelgespräch und in aller Ruhe entfalten konnten. Von zentraler Bedeutung waren:

- Loslassen und sich hingeben
- Anerkennung erhalten und weitergeben
- Was brauchst du – was brauche ich?
- Können wir das tun, wozu wir die Fähigkeit haben?
- Wir sind kleine Leute
- Hoffen auf Umkehr
- Unten durch beim Nullpunkt
- Was bringt mir das Ganze – was gebe ich dem Ganzen zurück?
- Einstehen für die Schwachen

Wenn durch die Predigt die Fragen und Themen der Hörenden ausgelöst werden, unabhängig davon, ob sie intendiert waren, so ist der offene Ausgang der

Predigt vorauszusehen. Wenn nun eine Rede und eine Predigt im Besonderen vergemeinschaftende Aufgaben erfüllen soll, drängt sich die Notwendigkeit einer gemeinsamen Intentionalität auf. Deshalb war zu prüfen, inwiefern eine Intention der Hörenden mit jener der Redenden synchronisiert werden kann. Dazu diente das Coaching-Verfahren.

## 5.4. Fokussieren und Verorten

Die Untersuchung ermöglichte, den gesamten Entstehungsprozess einer Predigt aus der Perspektive der Pfarrerin zu beobachten: Wie entwickelte sich die Intention der Predigt? Was ereignete sich kommunikativ beim Reden? Was intendierte und erwartete die Predigende als Wirkung der Predigt? Im Anschluss an dieses Evaluationsgespräch eröffneten wir das Coaching-Verfahren. In einem Workshop arbeiteten wir zunächst am Situationsmodell der Rhetorischen Kommunikation. Dann ging es um die Predigt als Prozess. Begriffe und Bilder, Szenen und Sprache diskutierten wir als Struktur- und Dialogmittel am Beispiel unterschiedlicher Begriffsstufen und bestimmten ihre Verhältnisse zueinander. In einem dritten Teil sammelten wir Gestaltungsfaktoren. Sie betrafen im Wesentlichen die Dramaturgie. Dabei ging es um sechs als Fragen formulierte Faktoren:

1. Wer ist die Heldin respektive der Held der Predigt; ist das eine Person, ein Phänomen, eine Denkgrösse, eine Metapher, eine Qualität?
2. Welche Bedeutung wird dem Ort der Predigt zugemessen? Wo spielt die Predigt, welche Atmosphäre, Lebensräume lassen sich erkennen?
3. Wie wird die Handlung in der Predigt ausgestaltet? Welche Dimension erhält sie, bestehen Konflikte, Spannungen, Perspektiven, Prozesse?
4. Welche Intention liegt der Predigt zugrunde und wie kommt sie zur Sprache? Was entwickelt oder verändert sich während der Predigt?
5. Wie wird Dramaturgie entwickelt? Wie verhalten sich Intention und Form, Linearität und Zirkularität, welche Strukturen sind gewählt?
6. Welche Sprache trifft für die Anspruchsgruppen und die Anwesenden zu? Wird ein semiotischer Prozess durch Sprach- und Begriffsstufen fürs Hören, für Text und Kontext, für eine Transformation antizipiert?

### 5.4.1. Evaluationsgespräch zur Predigt A

Im Anschluss an die beiden Predigten fand je ein Evaluationsgespräch statt. Beide Gespräche waren gleich strukturiert (Entstehungsprozess, Rede-Situation im Gottesdienst, intendierte Wirkung und Konsequenzen für die Weiterarbeit) und wurden als Audio-Files aufgezeichnet. Ich transkribierte[106], paraphrasierte und generalisierte sie im Anschluss daran. Die Predigt entstand nicht ausschliesslich durch Reflexion, sondern durch Gespräche. Dabei erschlossen sich Aspekte aus Erfahrungen, aus eigenen wie aus denjenigen von Gesprächspartnern. Die Pfarrerin arbeitete wie gewöhnlich nicht nach einer strikt aufbauenden Methode, sondern bewegte sich in Gedanken zirkulär voran, wobei ihr die Ideen als Inspirationen auftauchten; dabei blieb der Schluss der Predigt offen. Anspruchsvoll waren für sie daher die Übergänge, weil sie diese wegen eines fehlenden Konzeptes nicht einfach logisch ableiten konnte. Geschrieben wurde dann die Predigt in einer konzentrierten Phase. Beim Texten war es ihr wichtig, jeweils zu reden, um ihre Gedanken in mündliche Sprache zu fassen.

Inhaltlich wollte sie von Anfang an zwei Themen parallel entwickeln, *Alle sind zum Mahl eingeladen* und *Arbeit und Leistung – der Wert des Menschen*. Zudem war für sie wichtig, ihre Kindheitserinnerung in die Predigt zu integrieren. Man sei immer auch Teil ihres Inhalts. Das drücke sich in den biografischen Passagen aus. Wie nahe einem die Predigt selbst kommen solle, müsse man abwägen und beim Verfertigen des Textes beobachten. Mit einer konkreten Episode zeige man viel von sich.

Besondere Aufmerksamkeit schenkte die Pfarrerin der Frage, welcher Stoff für eine Predigt wichtig war. Vor allem sah sie ein Risiko darin, die Übersicht zu verlieren, wenn sie zu viel Material aufnähme. Zudem bestünde ein grosser Druck wegen der Erwartungen aus der Gemeinde. Daher achte sie darauf, sich auf jene Leute zu konzentrieren, denen die Predigt gelten solle.

Beim Predigen selber brauche die Pfarrerin Zeit, um darin einzutauchen. Manchmal habe sie den Eindruck, sie stünde neben sich. Das geschehe zum Beispiel dann, wenn ihr zu einer Geschichte das passende Bild fehle. Das verwirre sie und könne auslösen, dass sie aus der Predigt falle. Sie möchte im Text eingebunden sein, um präsent zu bleiben. Hier bestehe eine Diskrepanz zwischen den eigenen Ansprüchen und der Sprechsituation.

Ihre Rolle sah sie als Seelsorgerin und zugleich als verkündigende Pfarrerin. Während der Predigt gebe es wichtige Phasen, in denen sie versuche,

106 Zu Predigt A: 8.1.1., zu Predigt A': 8.1.2.

die Hörenden wahrzunehmen. Dabei gehe es weniger um sichtbare Reaktionen als vielmehr um die Aufmerksamkeit. Man merke an der Atmosphäre im Raum, wie präsent die Menschen seien. Durch Feedback nehme sie zudem wahr, wie die Menschen ihr je Eigenes gehört und verstanden hätten und dass sie manchmal über Veränderung nachdächten. Die Intention der Predigt sah die Pfarrerin darin, dass der Wert des Menschen sich nicht an dessen Leistung messen lasse. Das Thema sei mit der Frage nach dem Wert der Arbeit verknüpft. Jemand habe ihr gesagt, man müsse sich das Leben nicht verdienen; dem stimme sie zu.

### 5.4.2 Evaluationsgespräch zur Predigt A'

Das zweite Evaluationsgespräch fand etwa einen Monat später statt. In der Zwischenzeit hatte der Workshop stattgefunden, war die zweite Version der Predigt entwickelt und hatte der zweite Gottesdienst im Nachbar-Quartier stattgefunden. Die Pfarrerin hatte den Entstehungsprozess zum Gottesdienst erneut mit der Vorbereitung der Predigt begonnen. Der grosse Unterschied bestand im Dialog des Coachings. Die gemeinsame Analyse, was für Hörende möglicherweise wichtig sei, worauf die Predigt ziele und die dramaturgische Klärung, wer die Heldin in der Predigt sei, habe ihr Sicherheit gegeben. Wichtiges im Inhalt sei plastischer geworden.

Die Intention der Predigt brachte die Pfarrerin auf den Punkt: *Der Wert der Einzelnen definiert sich unabhängig von jeglicher Leistung; man kann ihn weder verlieren noch verhandeln. Jeder und jede hat einen Platz in der Gemeinschaft.* Die Dramaturgie habe sich im Sinne einer sich entwickelnden Geschichte verdichtet, was selbst beim späteren Halten der Predigt zu spüren gewesen sei; das habe ihr Halt und Sicherheit gegeben. Anspruchsvoll sei es gewesen, das Wesentliche zu erkennen und sich darauf zu konzentrieren. Wiederholt habe sie geklärt, wovon eigentlich die Rede sei, wozu das zu Sagende diene und worauf die Predigt hinsteuere.

Im Entstehungsprozess der Predigt habe ihr der Dialog geholfen. Da habe jemand hingeschaut und gefragt, was womit gemeint sei. Die Rückfragen hätten vieles auf den Punkt gebracht. Die Klärung einiger offenen Fragen sei deshalb anspruchsvoll gewesen, weil sie zuvor jeweils einem nicht geklärten Punkt habe ausweichen wollen. Aufgemerkt habe sie bei der Frage, wen sie als Anspruchsgruppe wählte. Je nach Einschätzung einer Gruppe und deren intendierten Anliegen verändere sich der Fokus der Predigt erheblich. Je deutlicher sie sich die Gruppe vorgestellt habe, um so klarer sei ihr die Perspektive und das Formulieren des Textes geworden.

Als Qualitätszeichen der Predigt A' galten für die Hörenden die stringente Struktur, die klare Dramaturgie, die inhaltliche Linearität, die Konzentration auf Wesentliches, die Zuspitzung hin auf eine Pointe sowie das Benennen relevanter Fragen. Zur Intention äusserten sich Hörende deutlich:

> Mann (ca. 80-jährig): «Nicht unsere Arbeit, unsere Leistung, unser Können unser Talent, wofür wir ja selber auch nicht so viel können, geben uns den Wert, sondern Gott selber gibt uns den Wert. Und dieser ist unabhängig von allen Eigenschaften, die ich eben aufgezählt habe. Gott schaut nicht auf die Arbeitsstunden, auf die Mühe, die man sich gegeben hat; er schaut darauf, was wir brauchen, so wie es ja auch im Gebet heisst: *gib uns heute*, was wir brauchen, *unser tägliches Brot*, und alles andere ist nebensächlich, also nebensächlich sind Geschenke, wenn es einem gut geht, wenn es einem gut gelingt. Und da können wir dankbar sein dafür, aber jene, denen es eben nicht so gut gehe – die ‹Zu spät Gekommenen› oder die ‹Zuletzt Gekommenen›, die mit dem Leben Mühe haben: auch jene bekommen es.»[107]

> Frau (ca. 65-jährig): «Also, dass alle vor Gott gleich sind, unabhängig auch davon, wie wertvoll die Arbeit ist, die wir leisten. Dass alle mitarbeiten können, unabhängig von ihren Gaben und Talenten. Es gibt für jeden irgendeine Aufgabe, einen Auftrag, eine Möglichkeit auch, sich einzubringen.»[108]

Sowohl die Selbstreflexion der Pfarrerin als auch die Feedbacks der Hörenden zeigten eine hohe Übereinstimmung bezüglich der Struktur, des roten Fadens, der Verdichtung und bezeichneten die Predigt als geführte Meditation oder als Guss wie aus einem einzigen Gedanken. Ebenso sprachen die Hörenden von Bildern, die sie sahen, von Szenen, die sie sich vorstellen konnten und von Gerüchen, die sie wahrnahmen. Da war die Rede von «Wärme», von «Heimat», davon, «bei der Hand genommen zu werden», oder davon, «sich persönlich angesprochen zu fühlen».

---

107 8.3.9./1.
108 8.3.8./6.

## 5.5. Erinnern – äussern – transformieren

Alle Äusserungen der Hörenden sind immer subjektiv geprägt: Ihr kirchliches Umfeld, die kontextuellen Einflüsse an diesem Tag, die geistige Verfassung sowie die Gesprächssituation beim Interview hinterliessen immer eine Kontingenz zwischen dem, was Hörende gedacht und geglaubt haben, und dem, was sie im Gespräch explizit äusserten. Mit einer Kontingenz ist vor allem da zu rechnen, wo es nicht um die äusseren Strukturen oder um die Dramaturgie der Predigt geht, sondern um die eigene Überzeugung. Mitunter wurden persönliche Aussagen zu Gott und der Welt gemacht, von denen bei aller äusserlichen Offenheit das letztlich Verborgene nicht *geäussert* wurde. Der durch das Gespräch gewährte Blick ins Innere, die Auseinandersetzung mit dem Gehörten, eine Introspektion, kann für jede Untersuchung immer nur eine *Interpretation der Introspektion* sein, weil sie lediglich auf dem basieren kann, was die Menschen geäussert haben. So ergibt sich aus den eigentlich *gedachten* und den *geäusserten* Perspektiven der Hörenden sowie aus den daraus *rekonstruierten* Perspektiven eine Schnittmenge zur Rezeption, die lediglich einen eingeschränkten Bereich als Horizontverschmelzung erkennen lässt. Eine einheitliche oder eine vereinheitlichte Perspektive auf die Predigt kann es nie geben. Man kennt nur das Geäusserte, nie das Gedachte. Daraus folgernd kann es ebenso wenig eine Definition der objektiven Indikatoren geben, mit denen eine intendierte Wirkung erzielt werden kann. Hörende verweisen oft auf ihr Wissen, auf ihre Erfahrungen, Haltungen und Meinungen zu Aspekten. Teilweise werden Deutungen mit Vehemenz vorgebracht, verteidigt oder zögernd als Frage eingeflochten. Sie lassen sich durchaus auch auf für sie neue Gedanken ein und gehen mit einer veränderten Sicht auf die Dinge aus der Predigt hinaus. Aber es sind immer weiter entwickelte Gedankengänge, angereichert mit eigenen Merkpunkten.

Auffallend häufig haben Hörende ganze Geschichten in die Gespräche eingebracht. Die Spannung – zwischen unterschiedlichem Inhalt der Predigt und der eigenen Geschichte einerseits und einem ähnlich implizierten Bedeutungshorizont andererseits – lässt die Vermutung zu, dass ein Prozess vorliegt, der das (vermeintlich) Gegensätzliche miteinander zu verbinden versucht und nicht auf der Inhaltsebene, sondern auf der Deutungs- und Bedeutungsebene voranschreitet.

Aufgrund dieser Beobachtungen wurde nach einer verallgemeinernden Struktur gesucht, die Aufschluss geben könnte, wie der Hörverstehensprozess funktioniert und sich entwickelt. Auslösendes Moment für die Annahme eines solchen Prozesses ist die Beobachtung, dass die Hörenden immer wieder auf bereits Bekanntes, auf ihre Grundwerte, auf ihr Vor- oder Scheinwissen, jedenfalls auf eigene Referenzwerte zurückgreifen und ihre Perspektiven festmachen. Gleichzeitig muss es etwas geben, das sie daran hindert, am Bestehenden grundsätzlich festzuhalten, ohne sich auf anderes einzulassen. Dieses Etwas muss von hohem attraktivem Wert sein und von einer Qualität, die das Bisherige nicht für ungültig erklärt. Daher wurde nach einem Referenzsystem gesucht, in dem der Hörverstehensprozess voranschreiten kann. Dieser Prozess ist eigentlich ein *Referenz*prozess, zumal er innerhalb des Referenzsystems für Bewegung sorgt und Vertrautes mit Neuem verknüpfen kann.

# 6. Referenzprozess und Referenzsystem

## 6.1. Der Weg zum Verstehen: der Referenzprozess

Wer eine Predigt hört, setzt sich in Verbindung mit dem Eigenen: dem individuellen biografischen Hintergrund, dem eigenen Wissen, den Erfahrungen, den Werten und dem sozialen Kontext. Das ist unerlässlich für den Verstehensprozess. Das Neue muss ins Vorhandene integrierbar sein: Gehörtes wird zu Verstandenem. Bei einer Rede ist Verstandenes zugleich Gehörtverstandenes. Die doppelte Bewegung – aus dem persönlichen Lebenszusammenhang in die Predigt und aus der Predigt wieder in den eigenen, sich möglicherweise noch verändernden Kontext – stellt einen doppelten Rückkoppelungsvorgang dar und bildet die Grundstruktur für den Hörverstehensprozess. Bezeichnen wir ihn hier *Referenzprozess*[109]. Das *Re* – Zurück – und das *Pro* – Vorwärts – widerspiegeln die doppelte Bewegung des gesamten Prozesses, den sowohl Hörende als auch Redende während der Predigt mehrfach durchlaufen.

### 6.1.1. Gleichzeitige Ungleichzeitigkeit

Strukturell weist der Referenzprozess keine Linearität auf; es besteht keine Folge-Logik zwischen einzelnen Phasen im Prozess. Er verläuft «chaotisch», besser «selbstreferenziell», «autopoietisch». Die Hörenden erleben ihn eher intuitiv. Manchmal werden sie durch das Gehörte in ihren Gedanken an Orte katapultiert, worüber sie sich im Nachhinein wundern. Manchmal steuern sie

---

109 Der Begriff leitet sich von den beiden lateinischen Wörtern ‹referre› für zurücktragen und ‹processus› für den Fortschritt, einen Fortgang ab.

gezielt auf eine Episode zu, weil sie diese mit dem Gehörten verknüpfen. Sie können etwas verstehen und gleichzeitig befürchten, es nicht zu verstehen. Je nach persönlichem Wissen, nach Erfahrungen und Werthaltungen verläuft der Referenzprozess unterschiedlich. Begriffe, Bilder, Episoden, Gefühle, Stimme usw., mit denen sie ihre Hörgeschichte individuell ausgestalten, ziehen sie an oder stossen sie ab. Was sie verstanden haben, haben sie immer als Einzelne verstanden, obwohl sie zugleich Teil einer angesprochenen Gruppe sind. So hat der individuelle Referenzprozess auch gemeinschaftlichen Charakter; sichtbar wird dies an den beobachteten Phänomenen, dem gemeinsamen Kauen, dem gemeinsam vollzogenen Ruck (Impetus) und am Schmunzeln in der Predigt.

Die Ungleichzeitigkeit der individuellen ‹Phasen› und die Gleichzeitigkeit der ‹Gemeinschaft› im Referenzprozess erfordern eine wiederkehrende Synchronisierung der Anwesenden mit stimulierenden Elementen, einer Art gemeinschaftsbildender Attraktoren. Das macht die Hörenden zu miteinander Partizipierenden. Die Hörenden ihrerseits müssen eine grundsätzliche Bereitschaft aufbringen, einen individuellen wie auch kollektiven Prozess zuzulassen, so etwas zur gemeinsamen Sache zu machen und sich demzufolge auch mit Wissenshorizonten, Welterfahrungen, Wertvorstellungen sowie mit Glaubenshaltungen anderer auseinanderzusetzen.

### 6.1.2. Synchronisierung zum Verstehen

Eine Synchronisierung im Referenzprozess ist beispielsweise da angezeigt, wo ein Begriff wegen verschiedener Sprachstufen unterschiedlich verstanden wird. So meint zum Beispiel der Begriff ‹Kirche› einen Ort der persönlichen Glaubenserfahrung. ‹Kirche› ist zugleich auch der Ort, wo sich Menschen zum gemeinsamen Feiern versammeln. ‹Kirche› ist des weitern eine Grösse, die gesellschaftliche Themen kommentiert und religiöse Werte vertritt; und schliesslich ist ‹Kirche› eine Körperschaft mit steuerlichen Privilegien – oder sie ist eine «freie Kirche», die von staatlichen Aufgaben befreit sich einzig über eine Mitgliedschaft definiert. ‹Kirche› ist aber auch der Ort, der für das persönliche Seelenheil, für das Seelenbrot der Frommen, für die Seelsorge der Bedürftigen oder für erkauftes Seelenheil einer Ideologie steht. Was immer mit ‹Kirche› verstanden wird, es wäre auch zu klären, *wer* Kirche sei: Leitung, Mitarbeitende, Freiwillige, Mitglieder? Je nach Auffassung erhält ein Begriff disparate Bedeutungen und verleitet die Hörenden, die ihnen naheliegende Variante zu wählen. Hörende, denen beim Hören gleich mehrere Varianten zuspringen, geraten in solchen Momenten in Hörstress, weil sie die Begriffe parallel weiterdenken müssen. Es ist daher nötig, ihnen die Klärung zu ermöglichen, welche ‹Qualität› der Begriffe gemeint ist, auch für das weitere Verstehen. Hörende benötigen entsprechende Anhaltspunkte, wonach sie Ausdrücke in ihrem Bedeutungshorizont erkennen und verstehen können. Während der Predigt kann so ein Sprachsystem der Übereinstimmung entstehen, das sich nach und nach den Beteiligten erschliesst und der Verständigung dient. Es wirkt als vorläufiges Soziolekt[110], als situativer Dialekt für die Hörenden.

### 6.1.3. Deutungshoheit auf dem Weg zum Eigenen

Die Rede als in ihrer Wirkung offen zu verstehen, erfordert, den Hörenden das Verständnis der Bedeutung zu überantworten. Predigt dürfte dann weder vereinnahmend noch rechthaberisch oder gar demagogisch wirken, sondern lediglich Denkangebote, Glaubensimpulse und Handlungsoptionen anbieten. Selbst die Deutungshoheit der Predigt und die aus der Predigt erwachsenden Entscheidungen gehören den Hörenden. Dies kann das Risiko erhöhen, dass die Wirkung der Predigt eigene Wege geht; denn was Hörende gehört haben, müssen sie nicht zwingend auch verstanden haben. Was sie verstanden haben, passt nicht zwangsläufig in ihr eigenes System. Was sie rückschliessen können, muss für sie nicht unbedingt bedeutend sein. Dem ihnen Bedeutenden müssen sie nicht unbedingt zustimmen. Worin sie zustimmen, müssen sie nicht zwingend in ihren Kontext übertragen und ebenso wenig danach handeln. Die Überantwortung der Deutungshoheit der Predigt an die Hörenden erfordert, dass ihnen in der Predigt wiederholt Möglichkeiten gegeben sind, zuzustimmen oder abzulehnen, zu entscheiden oder die Entscheidung aufzuschieben. Das dient ihnen, die eigene Predigt mit der für sie relevanten Bedeutung zu entwickeln und sie selbstständig erfassen und individuell deuten zu können.

### 6.1.4. Referenzwerte – Koordinatensystem zum Verstehen

Hörende haben in ihrer Erfahrungs-, Glaubens- und Denkwelt eigene Referenzwerte geschaffen. Sie entscheiden tagtäglich, was sie tun oder lassen wollen, womit sie einverstanden sind oder wogegen sie sich wehren. Ihre

110 Vgl. Engemann 2008, S. 200 zu ‹Idiolekt›.

Referenzwerte leiten sie aus ihrer Biografie, aus ihrem aktuellen Umfeld von Familie, Freundschaften, Arbeit, Freizeit, persönlichem Glauben und Medien ab, kurz: aus Kognition, Tradition und Identität. Die Predigt bezieht sich kaum auf alle, sondern nur auf einzelne ihrer Referenzwerte; womöglich werden diese sogar infrage gestellt. An Referenzwerten entscheiden Hörende, ob und wie sie im weiteren Verlauf zuhören – skeptisch, abwartend, begeistert, irritiert usw. – und wie sie ihre eigene Predigt weiterführen. Fehlen ihnen Referenzwerte, so können sie nur schwer an die Predigt anknüpfen. Gilt umgekehrt ein Referenzwert im Vornherein als unverrückbar, so kann der Hörverstehensprozess zu einem Verteidigungsszenario geraten. Man könnte die Referenzwerte mit biografisch verankerten Themen vergleichen oder – in Bezug auf die Predigenden – mit wiederkehrenden Gedankenabläufen. Hörende ordnen das Gehörtverstandene in einem Referenzkoordinatensystem ein, einem Netzwerk von Bildern, Erfahrungen, Ereignissen, Gerüchen und Gefühlen. Wenn von bestimmten Begriffen die Rede ist, verknüpfen sie diese mit ihnen vertrauten Situationen, Figuren, Menschen, Erfahrungen. In ihren Gedanken greifen sie sozusagen auf bewährte Werte, unabhängig davon, ob sie positiv oder negativ konnotiert werden. In kurzer Zeit können sie mithilfe ihres Referenz-Koordinatensystems eine Synchronisierung mit den Sprechenden herstellen. Problematisch ist dabei, in immer die gleichen gedanklichen Fahrspuren zu geraten.

Die Hörenden verfügen über eigene Wort-Clouds, Wahrnehmungen, Denkweisen, Emotionen, Werthaltungen, die sie in gesellschaftlichen Milieus, in der Bildung, durch die Medien sowie in der persönlichen Sozialisation gebildet haben. Unscharfe Gedanken und abstrakte Begriffe erhöhen das Risiko, dass die Hörenden diese nicht verstehen – oder sie verfertigen diese nach einem eigenen Referenzkoordinatensystem selber, ungeachtet der ursprünglichen Intention. Deutlich ausgestaltete Bildsprache, logisch verlaufende Szenen, eine klare Verortung im Raum, körpersprachliche Bilder erleichtern den Hörenden das Hörverstehen. Insbesondere bleiben ihnen körperliche Sprachbilder leicht haften. Wenn in einer Predigt Menschen *aus der Haut fahren*, oder wenn jemand *in die Haut des anderen schlüpfen* kann und den Menschen nebenan *mit anderen Augen sieht*, so sind solche Beschreibungen für die Hörenden «eindrücklich».

Ansonsten benötigen Hörende Argumente, die sie in Auseinandersetzung mit ihren Referenzwerten zumindest für bedenkenswert einstufen. Steht ein Referenzwert in Opposition zur Predigt, ist jedoch verhandelbar, so wägen sie aufgrund eingebrachter Argumente ab, inwiefern sie sich «entgegen ihrer Überzeugung» darauf einlassen wollen.

In der hier vorliegenden Predigt wurde als Ableitung des theologischen Begriffes ‹Gnade› die persönliche Geschichte über die zu bearbeitenden Zuckerrüben angeboten. Die Geschichte respektive deren Bedeutung wurde den Hörenden zugleich als Referenzwert anerboten, was für sie weit einfacher zu verstehen war als ein abstrakt wirkender Begriff. Die der Geschichte vorangehende theologische Erörterung, dass Gott den Menschen einfach gebe, was sie benötigten, war auf der Basis der Geschichte weit einfacher zu verstehen. Indem die Hörenden diese Geschichte mit ihrer je eigenen Geschichte in Bezug brachten, erarbeiteten sie sich mittels des selbstreferenziellen Prozesses der beidseitigen Geschichten-Bildung eine ganze Reihe von Möglichkeiten zur eigenen Ableitung. Dadurch interagierten sie mit der Predigt und bildeten während des Hörens ähnliche Geschichten-Qualitäten zum eigenen Verstehen.

### 6.1.5. Sinn konstituierender Progress

Im Referenzprozess stehen einander nicht nur die Opposition von Zustimmung oder Widerspruch gegenüber; das liefe auf ein statisches Verständnis von Hörverstehen hinaus. Nicht einfach ein «Ja» oder «Nein», sondern das Entwickeln des Eigenen ist das Wesentliche im Hörverstehensprozess. Dass sich Hörende auf einen Prozess einlassen und damit bisherige Positionen hinterfragen, diese verlassen, sich mit einer neuen Position auseinandersetzen und sie mehrfach überprüfen, ist eine Höchstleistung, die hier als «*Sinn konstituierender Progress*» bezeichnet wird. Beim Entwickeln einer Predigt greifen die Predigenden auf ihre eigene Kontextualität zurück, selektionieren das Material und entwickeln damit Gehalt und Bedeutung der Predigt. Beim Sprechen schieben sich performative Elemente ein, die von den inneren Bildern der Redenden ausgelöst beim Reden nach aussen gebracht werden. Als Gesten, Mimik, Verhalten im Raum, Sprechmelodie, Artikulation usw. wird das «Wie» hör- und sichtbar; als äussere Signale sind sie die ersten, die bei den Hörenden wirken. Während also Redende bei der Entstehung ihrer Predigt vorwiegend das Was, das Wie jedoch nur beiläufig bedenken, ist für die Hörenden der Vorgang gerade ein umgekehrter: Sie nehmen zuerst das Performative wahr. Sie hören Stimme, Artikulation, Sprechrhythmus und sehen Redende, deren Mimik, Gestik und Proxemik. Erst danach – es ist von Sekundenbruchteilen die Rede – werden Sprache und Bedeutung für sie erfassbar. Die zeitliche Überschneidung des *Was der Redenden* und des *Wie der Hörenden* bildet die Symmetrieachse des *Sinn konstituierenden Progresses.* Was die Redenden als Vorgang aus ihrem Kontext als ‹Text› entwickeln und performativ den Hörenden zutragen, entspricht dem Vorgang, bei dem die Hörenden das

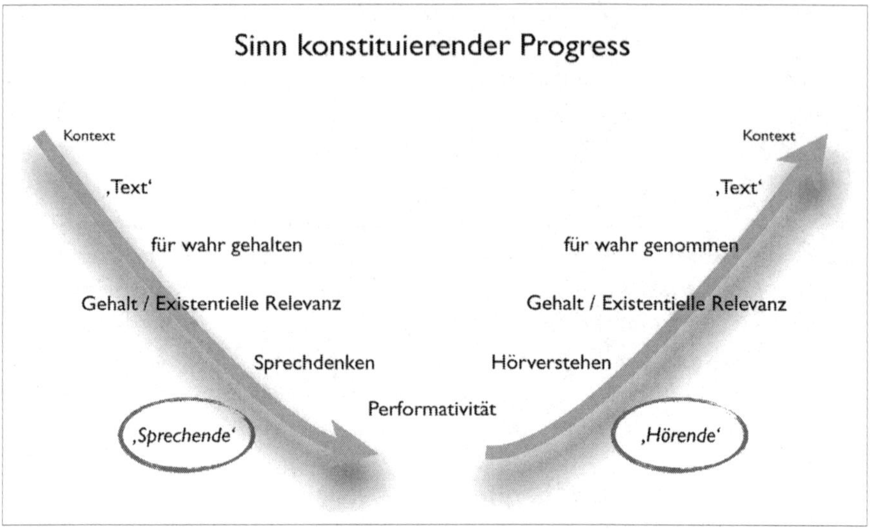


*Abb. 6: Sinn konstituierender Progress. © Martin Peier.*

Vorgebrachte hörverstehen, dieses zu ihrem ‹Text› transformieren und in ihren Kontext zurücktragen. Erschliesst sich den Hörenden der Vorgang der Redenden, so vermögen auch sie ihren Vorgang zu durchschreiten. Gelingt auf der Ebene von Sprache, Deutung und Bedeutung eine Verständigung, lässt sich die Predigt in geteilter Intentionalität fortführen. Die Hörenden können so das Gehörtverstandene einfacher in ihren je eigenen Kontext übertragen, ihre eigenen Bilder und Geschichten auslösen und die Predigt fortschreiben.

Einer Phase im *Sinn konstituierenden Progress* gilt besondere Beachtung. Es ist davon auszugehen, dass Predigende das, was sie zur Sprache bringen, für *wahr halten*. Bei den Hörenden ist davon auszugehen, dass sie Gehörtverstandenes für *wahr nehmen*; man nimmt nicht an, von Redenden in die Irre geführt zu werden. Hörende und Redende gehen von gegenseitig zugesprochener Authentizität und Wertschätzung der je anderen Seite aus. Das «Für-wahr-Halten» und das «Für-wahr-Nehmen» haben dialogische Qualität und funktionieren im gegenseitigen Vertrauen. Fehlte es, liefe der Dialog und damit die Predigt ins Leere.[111] Zwar könnte sich auch dann eine Form von *Sinn konstituierendem Progress* entwickeln, jedoch ohne Bezug zur Intention

111 Vgl. Waldenfels, S. 218.

der Predigt. In extremis würde der Hörverstehensprozess zu einem «*Un-Sinn konstituierenden Regress*», weil Ärger, Ablehnung und Unverständnis das Hörverhalten regredieren lassen; das Risiko, dass die verstandene Predigt Spott und Hohn ausgesetzt wäre, stiege rapide. Im *Sinn konstituierenden Progress* mit gespiegelter Symmetrie, die sich von Kontext – über Performativität – zu Kontext zieht, zeigt sich das Potenzial der Dialogizität, indem die Beteiligten fortwährend ihre Verstehensmöglichkeiten aktualisieren und für sich Sinn konstituieren.

### 6.1.6. Referenznegationen

Eine Besonderheit im Referenzprozess bilden die Referenznegationen. Damit sind Begriffe, Ereignisse, Textzusammenhänge, Bilder, Metaphern gemeint, die bei Hörenden zum Vornherein auf Widerstand und Ablehnung stossen. Der Hintergrund solchen Verhaltens ist vielschichtig. Momente der strikten Verweigerung können sich auf eigene Erfahrungen und Erlebnisse beziehen, die in einem anderen Kontext zu suchen wären. Das Potenzial der Predigt liegt gerade darin, dass sie unter Umständen Referenznegationen aufzuheben vermag. Wenn beispielsweise in der Predigt von einem *Vater* als einem *gütigen Menschen* die Rede ist, Hörende jedoch den Begriff mit der Erfahrung eines Despoten verbinden, so werden sie ablehnend darauf reagieren. *Güte* und *Vater* stimmen mit ihrer Erfahrung nicht überein und wirken eher befremdend für sie. Doch auch da gilt nicht einfach «Ja» oder «Nein»; neben der totalen Ablehnung besteht auch die Möglichkeit des von der Pein erlösenden Aufatmens. Das heisst, Referenznegationen verhindern den Referenzprozess nicht, können ihn jedoch in eine andere, auch unvorhergesehene Richtung lenken. Für Predigende sind sie kaum vorauszusehen, weil sie – andern verborgen – persönliche, individuelle Erfahrungen der Hörenden sind.

### 6.1.7. Referenzspeicher

Wie ein Gegenpol zur Referenznegation verhält sich der Referenzspeicher, auf den die Hörenden unmittelbar zurückgreifen können. Herausragende Ereignisse in ihrem Leben, einschneidende Erfahrungen, Erkenntnisse oder Interventionen füllen ebenso einen solchen Speicher wie auditive, visuelle, olfaktorische, affektive, haptische und emotionale Erfahrungen. Wer etwa erfahren hat, wie tiefblau kühl sich der Herbst auf einem Berggipfel von dreitausend Metern Höhe anfühlt, wer den nassen, im gleissenden Sonnenlicht dampfenden Bündner Schiefer mit der eigenen Nase gerochen hat, wer schon einmal über eine senkrecht wirkende Wand ins tiefe Tal hinunter geschaut und von dort her das von Wind und Böen herangetragene Geläut der Kuhglocken gehört hat, kann diese Zeilen anders nachempfinden und mit eigenen Bildern versehen als Lesende, die weit lieber den Berg mit dem Meer, den Herbst mit dem Sommer und das Tal mit einem unendlich weit wirkenden Horizont vertauschen würden. Auch der Referenzspeicher ist als individuelles Gefäss zu verstehen, der dem Hörverstehensprozess über die verschiedenen Sinne Plastizität verleiht. Der Zugang zu ihm erfolgt unmittelbar, ohne Reflexionszeit. Wenn in den Äusserungen der Hörenden Elemente aus dem Referenzspeicher aufscheinen und mit der Predigt verknüpft werden, so können sie für andere als rein assoziativ und im ersten Augenblick ohne inneren Zusammenhang wirken, da sie meist ohne explizite Herleitung erfolgen und sich deshalb nicht selbsterklärend erschliessen. Eine über den Referenzspeicher der Predigenden entwickelte Predigt wird so lange wie eine Sammlung von Versatzstücken wirken, bis sich die Herleitungen den Hörenden erschliessen, es sei denn, sie hätten sich weit vorher aus der Predigt verabschiedet.

## 6.2. Die Welt des Verstehens: das Referenzsystem

Eine eigentliche Landschaft für den Referenzprozess bildet das sogenannte Referenz*system*. Nun ist zu klären, wie der Hörverstehensprozess allgemein beschrieben werden kann und woraus sich eine Wirkung der Predigt ableiten liesse. Als Grundlage für eine Beschreibung könnten nur die Äusserungen der Hörenden dienen. Wie kongruent das Geäusserte mit dem von den Hörenden Gedachten und Empfundenen ist, bleibt offen.

An einem Workshop zur *Wirkung der Predigt* suchten wir nach geeigneten Strukturen, nach denen die Hörenden die Wirkung einer Predigt beschreiben könnten. Bald wurde deutlich, dass die Wirkung keine statische Grösse, sondern ein Vorgang in einem Veränderungsprozess ist. Jede Äusserung löst neue Erkenntnisse und neue Bilder aus. Dadurch veränderte sich auch die Frage nach der *Wirkung der Predigt*. Die Beobachtung der fortwährenden Veränderung legte den Schluss nahe, ein System vorliegen zu haben, in dem sich dieser Prozess abspielt. Denn wir konnten uns über die *Wirkung der Predigt* austauschen wie über einen gemeinsam aus verschiedenen Perspektiven betrachteten Gegenstand. Ohne System müssten die Diskussion und der Betrachtungsgegenstand in zusammenhanglose Einzelteile zerfallen. Auch vermuteten wir Phasen, in denen die Auseinandersetzung mit der *Wirkung der Predigt* unterschiedlich intensiv oder unterschiedlich differenziert geschieht. Anfänglich nahmen wir an, dass solche Phasen in einer Linearität zueinander stünden. Das verwarfen wir aber bald, weil immer wieder neue Einwände und Aspekte auftauchten. Über solche Gesprächsschlaufen hinaus entstand das Problem, dass der Begriff *Phase* eine Linearität suggeriert. Der Vergleich mit den von Verena Kast beschriebenen Trauerphasen[112] gab dem Begriff *Phase* wiederum eine gewisse Berechtigung; denn auch Trauerphasen werden zwar linear beschrieben, verlaufen aber nicht-linear.

Das Referenzsystem bietet zum Gehörten den Denkraum; in ihm ordnen die Hörenden das Gehörtverstandene ein, denken es neu, wägen es ab, stimmen ihm zu oder lehnen es ab und übertragen das, was sich ihnen als sinnvoll erschliesst, ins Eigene. Das Referenzsystem erlaubt, individuell durchlaufen zu werden, und bietet allen die gleichen Phasen an, wann immer sie diese beanspruchen. Es kann daher eine Antwort auf die Frage geben, wie Menschen eine Predigt hören, was sich dabei abspielen kann, wo die Wirkung einer Predigt ihren Anfang nimmt und was bei den Hörenden haften bleibt. Analog zum Referenzprozess ist das Referenzsystem nicht-linear dynamisch, chaotisch selbstorganisierend und reziprok relational angelegt.

*Nicht-linear dynamisch* bedeutet: Die Phasen lassen sich nicht in eine logische Reihenfolge bringen. Zwar sind sie zwecks einfacher Verständigung logisch strukturiert und linear dargestellt, doch folgen sie nicht einer bestimmten Reihenfolge. Einzelne Phasen erhalten während des Hörverstehens zeitlich und prozessual unterschiedliche Gewichtung und können mehrfach auftreten. Dynamisch sind sie, indem sie als Attraktor andere Phasen beeinflussen und die Hörenden durch Gedankengänge anziehen können. Die Veränderung einer Phase kann im Referenzsystem wiederum Änderungen im gesamten System auslösen. Die Dynamik hängt von den Erkenntnissen selbst, von deren Gewichtung und der Nachhaltigkeit ab. Eine kausale Abhängigkeit zwischen Phasen ist nicht auszumachen; nur weil eine Phase durchlaufen ist, folgt keine vorauszusehende nächste Phase.

*Chaotisch selbstorganisierend* bedeutet: Wie es dem Hörverstehensprozess der Einzelnen entspricht, durchlaufen Hörende einzeln die Phasen; es besteht grundsätzlich eine Ungleichzeitigkeit. Diese Selbstorganisation ist verknüpft mit dem unterschiedlichen Vorwissen der Hörenden, mit der kognitiven und emotionalen Verbundenheit mit dem Verstandenen und mit ihren je eigenen Referenznegationen und Referenzspeichern. Was in den einzelnen Phasen

112 Kast, S. 85.

geschieht, ist grundsätzlich abhängig vom Volumen des Referenzspeichers. Wo keine referenziellen Daten vorhanden sind oder wenig Rückkoppelung auf Bisheriges erfolgen kann, reduziert sich das Potenzial des Hörverstehens. Sofern der Wille zum Verstehen vorhanden ist, rufen die Hörenden in chaotischer Folge so lange Daten ab, bis ein eigener Referenzwert aufgebaut ist – es sei denn, es liegen überhaupt keine Daten vor. Das zwänge die Hörenden, aufzugeben. Das Anspruchsvolle der Selbstorganisierung besteht darin, dass die Summe der individuell Hörenden in ihrer Ungleichzeitigkeit im Hörverstehen wesentlich (die organisationale Zusammenkunft) und wesenhaft (die konstituierende Bedeutung) mit der Gemeinde (als Gruppe) verknüpft ist, die eine Predigt hört. Wenn also die Summe der Hörenden ungleichzeitig hörversteht und keine Synchronisierung zustande kommt, wird das Bilden einer Gemeinschaft nachhaltig beeinträchtigt.

*Reziprok relational* bedeutet: Die Phasen sind wechselwirkend aufeinander bezogen, wirken aufeinander ein, verändern sich durch den Hörverstehensprozess und ändern zugleich diesen selbst. Relational bedeutet, dass das Hörverstehen geprägt wird durch die Art der sich entwickelnden Beziehung zwischen den Hörenden und der Predigt sowie zwischen den Hörenden und den Redenden.

Sieben Phasen sind zu unterscheiden: Intentionalität, Introduktion, Inter-Esse, Interaktion, Introspektion, Transition und Iteration. Wie das Referenzsystem sind ihre Eigenschaften insgesamt: a) nicht-linear dynamisch, b) chaotisch selbstorganisierend, c) reziprok relational und mit Attraktoren versehen. Die Vorgänge sind durchlässig und ermöglichen offene Ergebnisse. Grundsätzlich sind alle Phasen wertneutral zu verstehen. Es gibt keinen Grund zur Annahme, der Referenzprozess funktioniere nur als Idealität oder setze eine gelingende Kommunikation sowie eine erfolgreiche Predigt voraus. Die Hörenden durchlaufen den Referenzprozess in jedem Fall – unabhängig davon, ob sie der Predigt zustimmen oder sie ablehnen; für den Prozess spielt dies keine Rolle. Da jede Kommunikation als offen gilt, ist immer auch mit dem Gegenteil dessen zu rechnen, was man erwartet. Das bedeutet, dass unabhängig von vergemeinschaftenden Attraktoren und übereinstimmendem Hörverstehen das Referenzsystem immer und mit allen Phasen zur Verfügung steht; der Referenzprozess kommt immer zustande, selbst wenn jegliche Kommunikation zwischen den Beteiligten scheitern sollte.

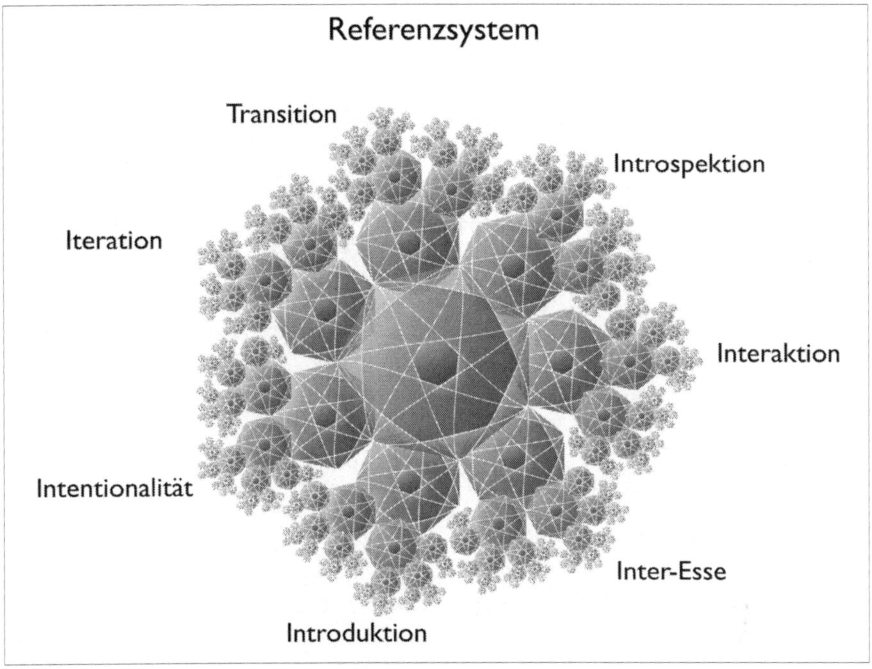


*Abb. 4: Referenzsystem. © Martin Peier.*

## 6.2.1. Intentionalität

Hörende haben ihre eigenen Zugänge zu dem, wovon in der Predigt die Rede ist; sie sind geprägt von biografischen, psychologischen, theologischen und gesellschaftlichen Erfahrungen, von Kognition, Tradition und Identität und haben daher eine unterschiedliche Bereitschaft, sich auf das in der Predigt Angesprochene zeitgleich mit andern Menschen einzulassen. Voraussetzung für einen Prozess als Gruppe ist eine mindestens partielle Übereinstimmung darin, worum es in der Predigt gehen soll. Die Predigenden initiieren zwar den Verständigungsprozess, doch benötigen die Hörenden einen Ausgangspunkt. Eine notwendige Übereinstimmung kann nur schon darin bestehen, dass über alle Unterschiede hinweg ein ‹Text› von Sprechenden und Hörenden erkannt und anerkannt wird. Es bedarf zumindest einer Nahtstelle, um im Ansatz eine gemeinsame Basis zu erkennen, sei dies in einem Thema, einem Bild, einer Atmosphäre oder einer Fragestellung. Solche Nahtstellen als

Phase der Intentionalität benötigen die Hörenden keinesfalls nur beim Einstieg der Predigt, sondern bei jedem thematischen, atmosphärischen, emotionalen und inhaltlichen Übergang. Hörende überprüfen mehrfach, ob sie sich auf Neues einlassen oder beim Bisherigen bleiben wollen. Jeder Perspektivenwechsel, jeder Szenenwechsel kann einen Ruck bedingen, um sich wieder auf das Neue einzulassen. Intentionalität ist nicht blosses Zustimmen, sondern das Einverständnis, eine neue Perspektive in Erwägung zu ziehen. Dies ermöglicht eine Horizontverschiebung, manchmal nicht durch prozessuale Erkenntnis, sondern durch einen Impetus, einen Ruck hervorgerufen, indem die neue Perspektive «zurechtgerückt» wird. So ist Intentionalität die *Begrüssung* in neuen Denkräumen, wie sie Redende anbieten. Nehmen Hörende wahr, wie ihnen bei neu auftretenden Fragen Wertschätzung entgegenkommt, bewirkt Intentionalität die Eröffnung eines Dialogs.

### 6.2.2. Introduktion

Hörende unternehmen in der Phase der Introduktion erste Suchbewegungen, indem sie den angebotenen Denkraum durchforsten und sich da hinführen oder auch entführen lassen, wo das Thema später möglicherweise entfaltet wird. Diese Phase begleitet und führt zum Thema. Dabei bleibt noch offen, welche Wege beschritten werden. Hörende reagieren stark auf symbolische und figurative Szenen, auf ein geschildertes Setting, auf Figuren mit einem Potenzial zum Helden, auf eine Spannung und wie sie sich konfliktuös oder oppositionell entwickeln mag, sowie auf eine Verortung in Raum und Zeit. Die Introduktion ist die behutsam sich entfaltende Einführung. Sie wehrt ab, wenn Parolen ergriffen oder Werbetrommeln gerührt würden. Die Hörenden wägen ab, ob sie sich auf die Predigt einlassen oder in kritischer Distanz bleiben. Denn die Konsequenz ist für sie noch nicht absehbar. Sie benötigen Argumente, ihre bisherige «sichere» Position aufzugeben und sich auf Neues einzulassen. Die Introduktion ist verknüpft mit einer von den Predigenden anerbotenen *Dialogizität*. Wenn Hörende wahrnehmen, dass ihnen Freiraum zugebilligt wird, partizipieren sie auch in der Freiheit, selber weiterzudenken und es auch entsprechend zu nutzen. Weil sie die Predigt auch anders weiterdenken kann, als ursprünglich gedacht, erhält Introduktion die Qualität eines zugesprochenen Zutrauens, Predigt im Dialog entwickeln zu können.

### 6.2.3. Inter-Esse

Um sich mit dem angebotenen Thema auseinanderzusetzen, brauchen Hörende einen oder mehrere Beweggründe, ihren bisherigen Standpunkt infrage zu stellen, einen dispositionalen Raum zu betreten und sich für das Thema zu *interessieren*. Die Gründe können darin bestehen, dass im Bisherigen nichts verteidigend oder anklagend wirkt, und dass das neu Angebotene sich nicht als abgeschlossen, als zu Ende gedacht oder als in Stein gemeisselte Wahrheit erweisen soll. Der dispositionale Raum lässt sich vorstellen als Sammlung optionaler Denkangebote. Hörende befinden sich in einer Art von *Zwischen-Sein,* im *Inter-Esse,* in einem Denkraum zwischen früheren (eigenen und somit ihnen bekannten) und kommenden (fremden und somit ihnen unbekannten oder vermeintlich bekannten) Positionen. Inter-Esse belässt Hörende in einem Zwischenraum, wo vorerst gehört, aber nicht zwingend umfassend verstanden wird. Sie befinden sich in der Schwebe, zwischen bereits geöffneten *de-finierten* und sich möglicherweise noch öffnenden, *in-finierten* (pluralen) Denkräumen. Ihr Interesse an der Predigt ist daher kein statisches, sondern ein sich veränderndes. Sie müssen die Spannung zwischen dem *Nicht-Mehr* und dem *Noch-Nicht* aushalten und sich so auf einen offenen Dialog einlassen. Diese Phase scheint die heikelste zu sein, da sich die Hörenden ebenso verletzlich machen wie die Redenden. Es ist leicht möglich, sich dem Dialog wieder zu verwehren, den Schwebezustand zu verlassen und sich dem voranschreitenden Verstehen zu entziehen, aus welchem Grund auch immer. Die Volatilität von Inter-Esse besteht darin, trotz gleicher Begriffe unterschiedlichen Sprachen, Deutungen oder Bedeutungen ausgesetzt zu sein. Umgekehrt kann sich trotz unterschiedlicher Sprachen ein gemeinsamer Verstehenshorizont abzeichnen, indem Wirklichkeiten zur Sprache kommen, die den Hörenden vertraut sind. Die Predigt hat in dieser Phase noch nicht in einem Höhepunkt kulminiert und dennoch die Hörenden herausgefordert, Bilder, Erfahrungen, Thesen und Fragestellungen auf deren «Wahrheit» abzutasten. Das bis anhin Gehörte kann dazu führen, bereits Antworten zu erahnen. Diese Erfahrung von Nicht-Mehr und Noch-Nicht durchlaufen die Hörenden möglicherweise mehrmals; eine bisher gültige Überzeugung zugunsten einer neu anzunehmenden zu verlassen, löst je nach Situation eine Verunsicherung aus. Dies ist etwa zu vergleichen mit biografischen Wechselprozessen; am Beispiel eines Stellenwechsels, der Unbeständigkeit einer Beziehung oder der Instabilität an Gesundheit lässt sich Inter-Esse gut vorstellen. Bei solchen Lebenslagen stehen die Menschen notgedrungen vor der Frage, wie sich das Bisherige zum Kommenden verhält und umgekehrt. Zugleich wird die Frage nach dem Sein zwischen zwei Realitäten jedes Mal gestellt, wenn sie abwägen, wie sie sich auf ein neu auftretendeses Spannungsfeld einlassen wollen. Inter-Esse in der Predigt geht einher mit einer *Plausibilisierung* des Gehörten. Wenn Hörende wahrnehmen, dass einerseits sie es sind, die dem bisher Gehörten Plausibilität zusprechen können und andererseits sie sich den Predigenden respektive dem Hörverstehensprozess anvertrauen, erhält Inter-Esse eine Kraft, die Spannung von Nicht-Mehr und Noch-Nicht auszuhalten.

### 6.2.4. Interaktion

Der eigentliche Sprechakt – für die Hörenden aus ihrer Hörperspektive ein Hörversteh-Akt – ist als wechselseitiger Prozess zu verstehen, bei dem zwischen Sprechenden und Hörenden über das *Sprechgedachte* respektive über das *Hörverstandene ver-handelt* wird. Selbstverständlich findet keine öffentliche Diskussion statt, doch treten Inhalt und Gehalt in einen Dialog (interactio) und werden zugleich – durch einen möglichen Perspektivenwechsel – weiter entwickelt. Während der Predigt entsteht ein Handlungsraum, worin sich das Hörverstandene bewegen kann. Dies geschieht, indem eine Geschichte sich ausbreitet, sich Argumente aneinanderreihen oder Bilder zu einer Abfolge verknüpft werden. *Parallel* entwickelt sich ein *Prozess der Relationalität* zwischen Hörenden und Predigenden, der sich an der gemeinsam geschaffenen Predigt ausdrückt. Dies lässt sich besonders gut beobachten bei kasualen, transitiven Ereignissen, wo die Beziehung (Relation) zwischen Redenden und Hörenden durch die existenziellen Grenzerfahrungen geprägt wird und die Hörenden an Lebensübergänge (Transitionen) herangeführt werden. Sowohl die Predigt (Verkündigung, Trost, Aufbruch) als auch die Pfarrerin (Seelsorge, Begleitung) können den Dialog nachhaltig voranbringen und Lösungsperspektiven oder Handlungsoptionen anbieten. Relationalität wird so zur Interaktion zwischen den Anwesenden mit ihren Lebensgeschichten. Es vermischen sich zuweilen die Ebenen der Predigt und der Beziehung, so dass die Redenden beim Reden ihr Gegenüber fokussieren. Analog dazu fragen sich die Hörenden, wie glaubwürdig und plausibel das ist, was sie zu Hören bekommen und wie das Gehörtverstandene mit der predigenden Person verknüpft ist.

Die Leistung der Hörenden kann man so differenzieren, dass der Hör*akt* auf der Ebene der *Begriffe* und des *Inhalts* liegt und nach deren Bedeutung fragt. Das Hör*handeln* hingegen ist die Auseinandersetzung im Ganzen, das Verhandeln um *Gehalt* und um die Möglichkeiten von *Sinn* und *Bedeutung*. Es entwickelt sich vom Verhandeln (abwägen, Perspektiven verändern) hin zum Aushandeln (den Prozess zu Einverständnis oder Nicht-Einverständnis bewegen). Dabei entscheiden die Hörenden, wie sie mit dem für sie wichtigen Gehalt und der von ihnen erkannten Bedeutung des Verstandenen weiter verfahren wollen. Der Prozess ist zugleich der Beginn der Abgrenzung. Für die Hörenden kann die Interaktion eine weitere Dimension öffnen: Was sie in der Predigt verhandeln, tun sie auch mit dem, was sie in ihrem Leben an eigenen Brüchen und Spannungen verhandeln. Während des Hörens pendeln sie zwischen ihren Realitäten, auch zwischen Gesagtem und Verschwiegenem, auch zwischen Austarieren von Erhofftem und Verlorenem. Sie können da hingelangen, wo es zu genau diesen Brüchen im Leben etwas zu sagen gäbe und zu dem, was es existenziell für sie hier und jetzt bedeutete.

Dies ist die Phase, in der die Hörenden mit den Protagonisten bereit sind mitzugehen, mitzuleiden, in deren Bezugssysteme einzutauchen, nach Antworten zu suchen, auf das Licht am Ende des Tunnels oder auf den Sonnenaufgang nach durchwachter Nacht zu hoffen; denn es gibt dies auch weit über die Predigt hinaus. Interaktion ist das Hinuntersteigen und Emporklettern, das während der Predigt ausgelöst wird, aber gedanklich gemeinsam, zumindest zeitgleich ermöglicht wird. Dass dies explizit in der Predigt geschieht, erlaubt es deutlich zu machen, dass das vermeintlich Letzte in der Predigt nicht zugleich das letzte Wort ist und dass es weit über die Predigt hinaus die Frage nach dem Leben und dessen Grund gibt. So entsteht für die Hörenden das Angebot einer persönlich gestaltbaren *Verhandlungsoption* zwischen dem Eigenen und dem Eigentlichen.

### 6.2.5. Introspektion

Hörende entscheiden über das Gehörtverstandene, ob und wie sich ihnen Sinn erschliessen soll. Sie lassen das Gehörte wirken und überprüfen, wie sich das Gehörtverstandene zu ihrem Eigenen verhält. Introspektion entspricht einer Primärwirkung, oft noch bevor die Hörenden für sich vertieft bedenken, ob sie mit dem Gehörtverstandenen auch wirklich einverstanden sind, bevor sie sich überlegen, was dies für sie bedeuten könnte und ob sie daraus Handlungsoptionen ableiten. Die Introspektion ist mit jener Reaktion vergleichbar, die nach dem Hören eines biblischen Gleichnisses oder auch eines Witzes geschieht. Was zunächst einleuchtet, erfreut oder überrascht, kann nach und nach Kritik hervorrufen, noch bevor man die Pointe in ihrer Tragweite richtig erfasst hat. Introspektion kommt einer Selbsterforschung oder einer Gewissenserforschung gleich, die nur zu leisten vermag, wer nicht die Augen vor sich selbst verschliesst. Denn zuweilen geht es nicht nur um die vertraute eigene Geschichte, sondern auch um die verschwiegene oder die unsagbare, weil verdrängte. Welche Folgen die Hörenden aus diesen Erkenntnissen ziehen, bleibt meist deren Geheimnis. Ihre Gedanken machen sie an den eigenen Referenzwerten fest. Sie lassen sich auf das Andersartige ein, das neu für sie ist, und auf das Eigenartige, das genauso zu ihnen gehört. Woran der eigene Teil zu erkennen ist, woran der Teil der anderen, bleibt meist im stillen Denkraum verborgen. Introspektion bietet das Potenzial, ins Eigene einzutauchen und es mit dem Eigentlichen zu verbinden.

Auch diese Phase kann wiederholt eintreten, mehrfach eine Überprüfung des Gehörtverstandenen nach sich ziehen oder ein vorzeitiges Ende setzen. Introspektion enthält das Potenzial, als *Selbstreflexion* das Verstandene zu überprüfen. Die Hörenden benötigen Argumente, um den Überstieg ins Neue zu schaffen; und sie brauchen Ehrlichkeit sich selber gegenüber, das Gehörtverstandene selbstkritisch zu überprüfen.

### 6.2.6. Transition

Die Phase *Transition* ist der Prozess des Übergangs in das Eigene und kann als die ertragreichste gelten. Hier legen die Hörenden den geistigen Nutzen einer Predigt fest. Was sie an Gehalt, an Deutung und an Bedeutung der Predigt verstanden haben, übertragen sie in ihre Situation und verknüpfen das Hörverstandene mit ihren Erfahrungs- und Lebenswelten. Transition entspricht dem hermeneutischen Prozess, den die Predigenden zuvor in ihrer theologischen und existenziellen Arbeit eingebracht haben. Die Leistung der Hörenden orientiert sich daran, was sie wie verstanden haben und nicht daran, was sich etwa an theologischer Korrektheit messen lässt. Die Qualität ihrer hermeneutischen Leistung und die Qualität einer Wirkung der Predigt messen sich daran, inwieweit die Hörenden den Überstieg in eigene Denk- und Lebensräume vollziehen. Dies ist jedoch nur in ihren Äusserungen erahnbar.

Hörende erkennen in der Phase der Transition Nutzen und Gewinn einer Predigt und können sie weiterentwickeln; da zeigt sich das Potenzial, worin für die Hörenden Sinn entsteht. Deshalb ist nicht von Translation (Übersetzung) oder Transformation (Umformung) die Rede, sondern von *Transition* (Übergang), wie sie die Gerontologie benennt und damit einschneidende Erfahrungen bezeichnet. Transition greift auf den theologischen Begriff der Umkehr zurück und somit auf die Erfahrung, eigene Bruchstellen im Leben – auch Sollbruchstellen – zu erkennen. Das Verhältnis von Introspektion und Transition kann so bezeichnet werden: die Predigt in Beziehung setzen zum eigenen Leben (Introspektion) und darüber hinaus (Transition). Transition ist die Überantwortung der Predigt an die Hörenden, Sinn aus ihr zu ziehen und in einen für sie relevanten Kontext zu übertragen. Bei anderen Redetypen dürfte es die Phase sein, einen anzustrebenden Kontrakt für das Zukünftige zu bilden. Die Konsequenzen, die sich aus der Rede ergeben, zeigen sich in der Verwendbarkeit des Verstandenen.

### 6.2.7. Iteration

Auch die siebte Phase des Hörverstehensprozesses ist dialogisch und offen. Wieder und wieder denken die Hörenden das Verstandene neu, rollen es auf, hinterfragen, beschliessen, denken es weiter. Wieder und wieder: das meint *Iteration*: Ein offener Prozess führt die Hörenden durch ihr Hörverstehen der Predigt auf einen wie auch immer sich fortsetzenden, sich verändernden und doch wiederholenden Weg; Iteration meint eine Art von Nachhaltigkeit der Predigt. Es entwickeln sich Dialoge zwischen Redenden und Hörenden und darüber hinaus zwischen Hörenden und Hörenden sowie – später – zwischen den zu Redenden gewordenen Hörenden, die wiederum mit andern über *ihre* Predigt und deren Bedeutung reden. Entsteht Iteration, so entsteht Wirkungsgeschichte. Dabei ist es nicht unüblich, dass die Predigt, die überlieferte Geschichte sich immer wieder in neuer Kontextualität zeigt und sich dadurch erneut verändert. Auch da kann Veränderung bedeuten, dass die ursprüngliche Intention der Predigt die Hörenden nicht erreicht, dass sie im Widerstand endet oder eine Fortsetzung (zunächst) ausbleibt. Iteration erfahren die Hörenden meist auf der Ebene der Bedeutung einer Predigt. Es sind oft eigene Geschichten, mit denen sie die Predigt fortsetzen. Sie kommen durch Iteration weiter voran, entwickeln ihre eigenen Fragen und gelangen möglicherweise in das Eigene, oder sogar ins Eigentliche, also in die ursprünglich intendierte Bedeutung. Auch für diese Phase gilt: Predigt ereignet sich im, mit und unter dem Gesagten. Dennoch bleibt letztlich das, was die Hörenden aus der Predigt mitnehmen, andern gegenüber unverfügbar – trotz allem, was sie sich später darüber gesagt haben. Der *Referenzprozess* ermöglicht den Hörenden, sowohl zum Ihrigen (zu ihrer eigenen Referenz) als auch zum Eigentlichen (zur theologischen Referenz durch Erfahrungswelten) zu gelangen. Das *Referenzsystem* bietet den in-finiten, also unbegrenzten Raum dazu, worin der Prozess erfolgt und sich durch die Iteration vervielfältigt.

# 7. Schlusswort

In dieser Untersuchung wurden Fragen aufgegriffen, wie Hörende eine Rede aufnehmen, ihrem Inhalt folgen, wie sie verstehen und wie die Rede wirken kann. Die Frage nach der Wirkung ist zugleich eine Frage nach ihrer Bedeutung, nach der Relevanz aus der Sicht der Hörenden. Mittels Feedback-Gesprächen liessen sich Phänomene erkennen, dass hinter dem Prozess von Hören und Verstehen ein System besteht, das einerseits den Hörenden als Referenz dient und andererseits ihnen zugleich ermöglicht, ihre bisherigen Referenzwerte zu überprüfen und allenfalls zu verändern.

Es wurde im Hörverstehensprozess ein semiotischer Progress, ein sich qualitativ verändernder Prozess, erkannt, bei dem die Hörenden sich im Besonderen mit Sinn und Bedeutung auseinandersetzen. Eine Differenzierung von *Sinn* und *Bedeutung* war notwendig, weil aus den Feedbacks der Hörenden hervorging, dass nicht alles, dem sie eine Bedeutung beimassen, ihnen zwingend auch Sinn ergab. (Beispielsweise war es für einen Hörer wichtig zu zeigen, für wie bedeutsam er eine bestimmte Episode hielt, obgleich es ihm schwerfiel, einen Sinn darin zu erkennen, zumindest einen, der mit der gesellschaftlichen Realität verknüpft war.) Umgekehrt muss etwas, das aus Sicht der Hörenden einen Sinn hat, nicht zwingend von Bedeutung sein. (Ein Hörender sagte, er sei während der Predigt in eine eigene Geschichte abgeschweift; das habe er der Predigt zu verdanken, deren Inhalt für ihn jedoch wenig bedeutsam gewesen sei. Er habe eigene Gedanken gehabt und sei beim Stichwort, es gehe um sein Leben, wieder in die Predigt eingestiegen. Mit «seiner Geschichte» sei er bis zu diesem Zeitpunkt zu Ende gewesen.) Es scheint beim Hörverstehen Aspekte zu geben, die zwar ein umfassendes, kontextuelles Verstehen begünstigen, selbst aber für den Hörenden von keiner grossen Bedeutung sind. Ihre Bedeutung erschöpft sich in der Aufgabe, Bedeutsames zu erschliessen, ohne es selbst zu sein. Sowohl Sinn als auch Bedeutung sind daher keine absoluten Grössen, sondern werden von den Hörenden als das erkannt, was sie für sie eben gerade sind und wozu sie ihnen gerade dienlich sind. Das Beimessen von Sinn und Bedeutung aus der Sicht der Hörenden prägt den semiotischen Progress, wobei die Entwicklung im Hörverstehensprozess auch in eine ungeahnte, möglicherweise falsche Richtung gehen kann, wie es von den Redenden nie intendiert war.

Es ist davon auszugehen, dass bereits im Entstehungsprozess der Predigt eine Sequenz der Predigt auf ihre semiotische Logik hin entwickelt wird und ein Prozess durchgängiger werden kann. Voraussetzung ist, dass sich die ableitenden Schritte von der einen zur nächsten Stufe den Hörenden erschliessen. Ein semiotischer Prozess, der von Predigenden initiiert wird, kann für die Hörenden nicht nur zugänglicher sein im Hörverstehen, sondern sie durchlaufen ihrerseits auch einen semiotischen Prozess, der ihrer eigenen Geschichte entspricht.

Eine solche Analogie überträgt sich von der Predigt auf deren Wirkung. Das Beispiel der die Rüben bearbeitenden Gemeinschaft, zu der auch die Pfarrerin als Mädchen und ein behinderter Junge gehörten, wurde von einem Hörenden mit einer biografischen Episode paraphrasiert und iterativ ausgestaltet. Er berichtete von sich und seinem behinderten Bruder mit der abschliessenden Pointe, dass er für den Bruder das getan habe, was jener benötigt habe.[113] Der semiotische Prozess schreitet voran und zeigt sich auf der Bedeutungsebene als Transition in die Lebenswelt des Hörenden. Der liess für sich Sinn entstehen und machte das Eigene zu einer neuen Transition der Predigt. Zudem hat der Hörende die Episode nicht für sich behalten, sondern sie im Interview als Beispiel dafür genannt, welche Bedeutung er der Predigtsequenz zumessen wollte. Die eigene gleichnishafte Geschichte steht analog im Raum, so dass beiden Episoden, jene des Mädchens in der Predigt wie jene des Bruders aus dem Interview, die Qualität eines Gleichnisses erhalten: «Mit der Frage, was ein Mensch brauche, verhält es sich so: …» Die Fortsetzung der Predigt wird nach dem Referenzsystem zum iterativen Prozess. Dazu gehört selbst diese Untersuchung, weil auch darin wiederum von jener Geschichte die Rede ist. Für den Hörenden war es die Iteration, sich – unter Tränen – an die Geschichte zu erinnern und sie weiterzugeben. Durch die-

113 8.3.9/4: «Ich habe einen Bruder gehabt, der epileptische Anfälle gehabt hatte. Und ich habe früh lernen müssen – eben persönlich lernen – dass man alle mitnehmen sollte (Pause), dass die ja nichts dafür können, dass sie dieses Handicap haben. (Pause) Davon abgesehen kann man in den verschiedenen Situationen, die man erlebt mit ihnen […], wenn man diese Leute bei sich hat, auch Neues lernen. Zum Beispiel als wir einen Streich verübt hatten und weggesprungen waren und dann mein Bruder plötzlich mitten auf der Strasse stehengeblieben war und die anderen dann gekommen waren und ihn (Pause) bestrafen wollten. Da musste ich dann wieder hingehen und mit ihnen reden.»

sen *Progress* verändert sich die Qualität der Wirkung einer Predigt essenziell. Predigt-Sequenzen wirken für Hörende als Attraktoren, weil sie anschaulich machen, worauf Hörende zurückgreifen und wo sie zugleich die Möglichkeit haben, sich in die Predigt einzubringen und sie weiterzuentwickeln. Da wird die Predigt offen, auch für Hörende in ihrer Relationalität zu ihrer Lebenswelt und zu ihrer Glaubenshaltung. Wo in der Predigt *über* ein Thema geredet wird, kann man davon ausgehen, dass auch die Hörenden die Predigt *über* das Thema wahrnehmen und anschliessend ebenso *über* das Thema reden. Wer die Predigt *im* Thema hört, kann *in* das Thema der Predigt hineingehen und dadurch selber *im* Glauben zuhören respektive *im* Thema reflektieren und abwägen, inwiefern es trifft.

Was geschieht im Hörvorgang? Worin besteht die Wirkung einer Predigt? Das waren die vorherrschenden Fragen, die zur vorliegenden Untersuchung geführt haben. Was bleibt am Ende dieser Untersuchung? Hörende erfahren etwas über ihre Welt und verbinden sie mit derjenigen, die ihnen in der Predigt aufscheint. Sie finden sich in der Predigt wieder, vertraut, geliebt, verärgert, verändert, verfremdet und nehmen sich aus der Predigt wieder mit in ihren Alltag. Sie konfrontieren sich in der Predigt mit ihren Lebensthemen und entwickeln ihre eigenen Antworten. Sie treten in den Dialog mit der Predigt, mit den Predigenden, mit dem, was sie für sich als bedeutsam und sinnvoll erachten. Und umgekehrt liegt das gleiche Potenzial vor: Hörende erfahren nichts über ihre eigene Welt, finden keinen Zusammenhang zwischen dem Ihrigen und dem, was in der Predigt zur Sprache kommt. Sie finden sich in der Predigt nicht wieder, weder vertraut noch geliebt, verärgert, verändert oder verfremdet, und sie nehmen sich aus der Predigt wieder mit in ihren Alltag. Hörende erkennen in der Predigt ihre Lebensthemen nicht und gehen mit den gleichen Fragen wieder weg in ihren Alltag.

Die Wirkung der Predigt ist vielfältig, unberechenbar und unvorhersehbar. Die Hörenden sind es, die der Predigt zu deren Wert verhelfen und einen Sinn darin erkennen – ihren eigenen. Das scheinen die wesentlichen Punkte zu sein. Die Hörenden sind mehr als das Subjekt der Predigt; sie sind Prädikat, und dies in mehrfacher Hinsicht. Zum ersten sind sie die Handelnden, im syntaktischen Sinn des Verbs *praedicare* (vorsagen / bewerten). Sie sind die Koproduzierenden, die im Anschluss an den Gottesdienst entscheiden, die Predigt weiterzutragen oder ruhen lassen. Sie verleihen der Predigt ein Prädikat. Tragen sie die Predigt weiter, werden sie selbst zu Prädikanten, die das, was sie gehört und verstanden haben, iterativ in einen neuen Kontext stellen und zur Verbreitung der Predigt beitragen, ihrer eigenen Predigt. Die Hörenden sind die Multiplikatoren, die bereits während der Predigt ihre Welt in den Raum bringen, bevor sie als Veränderte das Gehörtverstandene wieder hinaustragen; das ist Koproduktion. Letztlich gehört daher die Predigt ihnen, den Hörenden.

Den Kirchen der reformatorischen Tradition sagt man nach, *Kirchen des Wortes* zu sein. Darin liegt das Risiko, vergeistigt neben der Realität zu stehen und mit der Predigt akademisch über die Köpfe der Menschen hinweg zu reden. *Kirche des Wortes* zu sein, ist jedoch ebenso Auftrag, Privileg und Verantwortung, den Menschen Denken, Glauben, Fühlen und Reden für die Entwicklung der Gesellschaft und deren Vergemeinschaftung nutzbar zu machen. Dazu gehört, Sprache in ihrer Vielfalt und Tiefenwirkung zu erkennen und deren Wirkung für Hörende erfahrbar zu machen. Das Wort ist nicht einfach technisches Werkzeug, mit dessen Hilfe man sich von Transzendenz oder Gefühl distanzieren könnte. Das Wort ist weit mehr: Es ist imstande, das auszudrücken, was im Menschen ohnehin vorhanden ist. Es ist imstande, das auszurichten, wovon Menschen zuweilen nicht einmal zu denken gewagt haben. Es versucht durch Sprache, Fühlen, Glauben Denken und Mitdenken dem eine Form zu geben, was durch Transzendenz zwischen Menschen immer wieder vermittelt wird. Das Wort bietet sich als Wirkung an, die den Menschen Dimensionen eröffnet, durch die man erahnen kann, dass sich Himmel und Erde an den Existenzrändern des Lebens begegnen. «Im Anfang war das Wort […] und das Wort ist Fleisch geworden»[114] ist das Potenzial jeden Wortes, erdacht, gedacht, geäussert und realisiert zu werden. Hörende handeln daher immer in einer Fortsetzung zum Gehörten, indem sie dann im Eigenen immer auch wieder das Eigentliche für ihre Existenz und für die gesellschaftliche Kontextualität erkennen können.

Der Fokus dieser Untersuchung galt den Hörenden. Ihnen gehört deshalb auch das letzte Wort, was Predigt sein soll: *Auf der Grundlage* («alle sind vor Gott gleich») *eines Wertesystems* («unabhängig, wie wertvoll die Arbeit ist») *sind Handlungsoptionen* («dass alle mitarbeiten können») *einer bestimmten Qualität* («unabhängig von ihren Gaben und Talenten») *möglich. Als Konsequenz daraus* («Es gibt für jeden …») *bieten sich zwei Perspektiven an, eine individuelle* («… für jeden irgend eine Aufgabe, einen Auftrag …») *und eine systemische* («… eine Möglichkeit sich einzubringen»). *Jedes Handeln ist daher Teil eines Ganzen und fliesst wieder in das Ganze zurück.*[115]

---

114 Joh 1,1.14.

115 Zitate aus dem Interview 8.3.8/6.

# 8. Anhang

## 8.1 Evaluationsgespräche

### 8.1.1. Evaluationsgespräch nach Predigt A

| Evaluationsgespräch im Wortlaut | Paraphrase | Generalisierung |
|---|---|---|
| **1. Vorbereitungsprozess, Entstehung der Predigt** | | |
| *I: Wie bist du in der Reihenfolge der Arbeitsschritte vorgegangen?* | | |
| B: Ich bin von der Predigt ausgegangen und habe dann alles darum herum gebaut, Gebet usw. Bei der Predigt habe ich mir nach der ersten Besprechung schon ein paar Gedanken gemacht. Es ist wohl selten, über längere Zeiten so Bausteine zusammenzufügen.<br>Ich meine, die Geschichte, die Kindheitserinnerung sei am Anfang gewesen, die Geschichte mit den Runggle. Ich habe eigentlich zuerst zum himmlischen Mahl, das zu dem alle zum Festessen eingeladen sind, machen. Und ich bin nachher, aber ich weiss nicht mehr wie, (stockend) es ist mir so zugeflogen. Nein, Arbeiter im Weinberg – so zum Leisten. Ich glaube, die meisten Themen nehme ich einfach aus meiner Arbeit in den Krankenheimen. Wir haben zwischen den Jahren einen eindrücklichen Raclette-Abend gehabt, mit all unseren Suchtleuten. Dort zusammen am Tisch sitzen, das war ein eindrücklicher Abend. Und dort ist die Idee entstanden. Das gemeinsame Essen. Geschrieben habe ich die Predigt in der Woche vor dem Gottesdienst, über drei Tage verteilt. Wie der gesamte GD. | Ich bin von der Predigt ausgegangen und habe da nach Gesprächen Teile zusammengefügt. Die Erinnerung an meine Kindheit war am Anfang. Eigentlich wollte ich das himmlische Mahl, zu dem alle eingeladen sind, einsetzen, habe dann aber die Arbeiter im Weinberg und die Frage nach Leistung gewählt. Meine Themen nehme ich aus der Arbeit. Mit Süchtigen, Leuten ohne Leistung, am Tisch gemeinsam essen.<br><br>Geschrieben habe ich in der Woche vor dem GD während dreier Tage. | Predigt entsteht aus Gesprächen, aus Erfahrungen, den eigenen und solchen von anderen.<br><br>Zum Mahl sind alle eingeladen; Arbeit und Leistung sind die beiden Themen.<br><br>Mit Leuten ohne Leistung am gleichen Tisch sitzen und essen.<br><br>Predigt entsteht in konzentriertem Schreiben. |

| Evaluationsgespräch im Wortlaut | Paraphrase | Generalisierung |
|---|---|---|
| *I: Hat sich der Inhalt beim Denken verändert, beim Schreiben? Wenn ja, wie?* | | |
| B: Ich schreibe nicht so, wie wir dies gelernt haben, dass man zuerst ein Konzept macht. Ich weiss meistens auch nicht, worauf die Predigt hinausläuft. Muss ich zugeben. Ich fange einfach mal an – in Kreisen. Das Erlebnis, und packe da drum. Aber dann kommt beim Spazieren wieder ein Gedanke. Auch die Urgrossmutter-Geschichte ist mir dann irgendwann – aber die habe ich an den Anfang des Gottesdienstes genommen. Es sind so Mosaiksteine. Und so schreibe ich auch die Predigt. Eine Schwierigkeit ist dann ja immer – das haben wir schon angesprochen – die Übergänge und vor allem das Ende. Wo und wie man aufhören will, weil es immer so wächst. Ich habe nicht wirklich eine Dramaturgie. […] wenigstens nicht eine gesteuerte. Das gibt es manchmal, aber ich baue die Predigt nicht bewusst auf. | Ich beginne nicht mit einem Konzept. Worauf die Predigt hinausläuft, weiss ich anfänglich nicht.<br>Ich arbeite mich kreisartig voran. Beim Spazieren kommen die Gedanken. Auch die Geschichte mit der Urgrossmutter. Es sind Mosaiksteine. So schreibe ich die Predigt. Schwierig sind dadurch die Übergänge und der Schluss. Ich baue die Predigt nicht bewusst auf. | Die Predigt entsteht ohne Aufbau-Konzept, sondern kreisartig voran. Der Schluss ist offen.<br><br>Ideen zur Predigt kommen als Inspirationen. Die Übergänge und der Schluss sind dadurch schwieriger zu setzen. |
| *I: Welche Schritte gab es von schriftlich zu mündlich? Wie machst du das?* | | |
| B: Ich rede dies zu mir; ich sage mir die Sätze beim Schreiben. Ich muss für mich hören, wie es tönt. Und stimmt es dann, rede ich auch so. Ist es der mündliche Wortschatz? Ich habe das Ganze geschrieben. | Ich rede beim Schreiben. Ich muss wissen, wie es tönt. So aber kann ich das Ganze schreiben. | Reden beim Schreiben macht die Predigt mündlich. |
| *I: Was ist mit dir in der Entwicklung als Ich geschehen?* | | |
| B: Ich habe gemerkt, dass die Predigt auch mein Thema ist. […] Und das ist meistens so, auch dieses Mal. Ich predige auch mir selber. Ich stelle mich auch unter das Thema. Und das habe ich auch dieses Mal gemerkt. Bei den Kernpunkten geschieht auch mit mir etwas […] also das ist bestimmt so bei der Kindheitserinnerung, bei für mich das Bild stark wirkt. Wenn ich so zurückdenke, diese Dorfgemeinschaft. | Die Predigt ist auch mein Thema. Ich predige auch mir selber und stelle mich unter das Thema.<br><br>Meine Erinnerung an die Kindheit war für mich stark, die Gemeinschaft. | Man ist immer Teil der Predigt und des Themas. Das gilt besonders bei biografischen Erinnerungen in der Predigt. |

| Evaluationsgespräch im Wortlaut | Paraphrase | Generalisierung |
|---|---|---|
| Und das zweite ist so der Moment [...] ich habe mir überlegt, ob ich das auch hinein nehmen soll, und dann hatte ich das Gefühl, doch es stimmt [...] manchmal stehe auch ich mit leeren Händen da. [...] Das sind so, auch als ich es gehalten habe, da habe ich schon gemerkt: ups jetzt kommt es mir nah. [...] Also ich bin auch betroffen. Und die Geschichte; das ist eigentlich noch happig «ein schwerer Brocken». (Pause) So das Urteil «er kann arbeiten», werken. [...] Ja, und das hat gestern jemand bemängelt, ehm: Er hat das Gefühl gehabt, dass die Betroffenheit er noch mehr gespürt habe. Oder meine Frage, dass ich noch mehr davon gezeigt hätte. Es gibt auch Predigten, bei denen ich mich mehr zeige. Aber jetzt da ist es für mich drin gelegen. | Ich wägte lange ab, bis ich entschied zu sagen: «Auch ich stehe manchmal mit leeren Händen da.» Und ich habe sie leer gezeigt und dabei gemerkt, wie nahe es mir kommt. Ich bin also auch betroffen.<br>Dass man nach dem, was man arbeiten kann, beurteilt wird, wiegt schwer. Ich muss entscheiden, wie viel ich von mir zeige. | Wie nahe einem die Predigt kommen soll, muss man gut entscheiden. Wie nah ist einem die Geschichte noch?<br><br>Und wie viel man von sich in der Predigt zeigt, braucht eine bewusste Entscheidung. |
| *I: Bei welchen Arbeitsschritten gab es Blockaden, und wie konntest du sie lösen?* | | |
| B: Ich habe [...] Irgendwann habe ich das Gefühl gehabt, die Wahl des Predigttextes sei schwierig. Ich hätte doch besser (stockend) plötzlich hatte ich das Gefühl, es laufe vielleicht auf ethische Fragestellungen hinaus. Ich möchte das nicht, aber einen seelsorglichen Fokus. (Pause) Doch als seelsorglicher Text habe ich mich gefragt: Gibt er genug her, und dann bin ich plötzlich bei Gnade und Rechtfertigung, plötzlich ist mir das etwas über den Kopf gewachsen. Und ich hatte das Gefühl: Jetzt entgleitet es mir, jetzt sind es zu viele Themen. Und dieses Gefühl ist geblieben, habe ich da jetzt nicht zu viel reingepackt. Ich möchte es ja möglichst gut machen – ein Gottesdienst. [...] Das ist ein wenig eine Blockade gewesen, plötzlich. Und dann habe ich alles mal zur Seite gelegt und habe es nachher alles probiert auszublenden. Jetzt lasse ich dies einfach beiseite. Das wäre oder jenes wäre wichtig. Aber jetzt habe ich für mich einfach diesen einen Fokus und begnüge mich mit diesem einen. Ich habe mich mal so entschieden und das Gefühl gehabt, ich gehe damit. | Ich fand den Predigttext schwierig, weil ich nicht in ethischen Fragen münden wollte. Predigen möchte ich seelsorglich. Gibt der Text genug her? Plötzlich stand ich bei Gnade und Rechtfertigung; und es schien mir über den Kopf zu wachsen. Es werden zu viele Themen. Und dieses Gefühl ist etwas geblieben. Ich möchte es ja gut machen. Und dann habe ich das ausgeblendet und gedacht, dass ich diesen einen Fokus habe und dass dieser genüge.<br>Ob es gelungen ist? Ich habe es so entschieden. | Der Predigttext kann in falsche Richtungen führen. Ethisch ist nicht seelsorglich. Braucht es neues Material, wenn der Text zu wenig hergibt? Verliert man die Übersicht, wenn zu viel Stoff da ist? Reflexion und Reduktion führen zum einem Fokus und zum Entscheid, es genüge und sei gleichwohl gut. |

| Evaluationsgespräch im Wortlaut | Paraphrase | Generalisierung |
|---|---|---|
| *I: Welche Rolle haben die Hörenden bei den Vorbereitungen gespielt?* | | |
| B: Am Anfang habe ich unter Druck gestanden wegen der Ansprüche. Dann habe ich an die gedacht, die interviewt werden. Da habe ich gewusst: da hat es auch kritische Hörer darunter. Zuerst habe ich wie probiert, es denen Recht zu machen. Und euch. Und je länger je besser konnte ich mich davon verabschieden. Da sind eigentlich immer meine Leute im Krankenheim (Stimme weich), und für diese schreibe ich. Und ich bin dann eher dazu gekommen. […] Als ich mich frei machen von diesem Leistungsdruck. Und Pausen haben mir da geholfen, einmal zurückgestellt habe ich mich zu freuen angefangen. | Am Anfang spürte ich Druck, Ansprüche und Erwartungen. Und ich wollte es allen Recht machen. Auch euch.<br><br>Später sind mir die Leute im Heim in den Sinn gekommen. Für die wollte ich predigen. Pausen haben auch Gutes dazu beigetragen. | Druck wegen Erwartungen und Ansprüchen kann blockieren.<br><br>Konzentration auf die Leute, denen die Predigt gilt, hilft, sich vom Druck zu lösen. Pausen ebenfalls. |
| **2. Halten der Predigt:** | | |
| *I: Wie ist es dir beim Predigen ergangen?* | | |
| B: Ich habe erstaunlich lange gebraucht, bis ich drinnen war. Ich habe manchmal […] noch schwierig zu sagen […] Es gibt wie eine Konstellation, dass ich das Gefühl habe: Da bin ich, und da ist nebenan jemand, die haltet die Predigt. Und ideal ist das deckungsgleich. Und da tauche ich ganz ein. Und da überlege ich mir nicht mehr – irgendwie so. Und es ist etwa bei einem Drittel mir so ergangen, also, jetzt rein die Predigt, bis ich eintauchen konnte. Ich hatte dann etwas Mühe, eigentlich gerade das Kindheitsbild da (stockend) da habe ich es einen Moment lang nicht gesehen. Und ich habe da auch ein Durcheinander gehabt («es Ghüürsch abglaa») gleich zu Beginn. Und das hat mich eigentlich überrascht, weil: ich weiss nicht, woran es gelegen hat. Aber danach so nach etwa einem Drittel ist es gekommen. Da hatte ich das Gefühl, jetzt komme ich hinein. Denn sonst habe ich einfach dieses Anlaufen, aber nachher bin ich eigentlich ganz da. Ich weiss es nicht genau; ein paar Gründe könnte ich sehen, also es hat nicht mit der Kamera zu tun, nichts damit zu tun gehabt. Aber nachher bin ich dabei gewesen bei meinem Text und bei mir. | Ich brauchte lange, bis ich in der Predigt drin war. Da gibt es das Gefühlt, jemand stehe nebenan und halte die Predigt. Ideal wäre, wenn ich das bin. Da tauche ich ganz ein und überlege nicht mehr. Etwa nach einem Drittel der Predigt war ich drin.<br>Mühe hatte ich dann beim Bild in die Kindheit, weil ich es nicht gesehen habe. Ich hatte auch ein Durcheinander, warum, weiss ich nicht.<br>Dann aber kam ich hinein. Mit der Kamera hatte es nichts zu tun. Aber nachher bin ich im Text und bei mir gewesen. | Es braucht Zeit, um in die Predigt einzutauchen.<br><br>Manchmal steht man wie neben sich. Dann braucht es noch mehr Zeit.<br><br>Wenn ein Bild zu einer Geschichte fehlt, sieht man es nicht. Das verwirrt eine Zeit lang. Man fällt raus.<br><br>Im Text und bei sich zu sein, hilft zur gesteigerten Präsenz. |

| Evaluationsgespräch im Wortlaut | Paraphrase | Generalisierung |
|---|---|---|
| *I: Als wer hast du geredet? Welche Rolle hattest du?* | | |
| B: Ich rede immer zu uns allen, inklusive mir. Aber was ist das für eine Rolle? Für mich ist Predigt Seelsorge. (lange Pause) Ich habe dann auch einen pensionierten Kollegen gesehen, der ist erstmals in einen Gottesdienst gekommen, und er macht so auf Verkündigung. Wirklich noch alte Schule; und da habe ich mir gedacht «huch» ich verstehe es ganz anders, als Seelsorgerin. Und da schliesse ich mich mit ein, als bedürftig. | Ich rede zu uns allen, inklusive zu mir – als Seelsorgerin. Ich bin nicht einfach Verkünderin. Seelsorgerin schliesst ein, selbst auch bedürftig zu sein. | Ich rede in der Predigt als Seelsorgerin; da bin ich verkündigend und zugleich bedürftig. |
| *I: Gab es andere Momente, wo du zeitweise gewesen bist, bei der Gemeinde, beim Thema, beim Text, bei dir?* | | |
| B: Ich war damit beschäftigt, die Leute wahrzunehmen und zu spüren. Sogar beim Anfang der Predigt. Die Predigt war der erste Moment gewesen, als ich versucht habe zu spüren, wo die Leute sind. Die Gemeinde war sehr zusammengewürfelt. Und die Leute sind mir etwas zu nah gewesen. Ich habe sie nicht alle im Blick haben können, ohne den Kopf zu drehen. Und das finde ich schwierig. Ich habe so viel gespürt; und das hat es erschwert, zu mir zu kommen. […] Dann aber hat es keine Störung mehr gegeben. Ich habe mich Schritt um Schritt herangearbeitet – zu mir. | Die Predigt war der erste Moment, wo ich die Leute zu spüren versuchte.<br>Die Leute waren mir zu nah im Raum. Ich konnte nicht alle gleichzeitig sehen. Ich musste den Kopf drehen. Das hat es erschwert, zu mir zu kommen. Dann aber gelang es mir. | In der Predigt die Leute auch visuell wahrzunehmen, hilft, zu sich zu kommen. |
| *I: Inwiefern war die Gemeinde für dich präsent?* | | |
| B: Unterschiedlich, sehr unterschiedlich. […] Zuerst habe ich gedacht: Wo sind die Leute? Es hat Einzelne gegeben, die genickt haben oder haben mich angeschaut. Da habe ich gespürt, dass es ankommt. Und andere: Da haben sie vor sich hingeschaut. Das hat mich zuweilen irritiert. […] Aber dann fand ich, dass sie hörten, ohne dass ich dies durch ihre Mimik hätte sehen können. Aber es war ein Stück Arbeit, mich da nicht irritieren zu lassen. «Ich bin vorbereitet und es ist gut wie es ist. Und da fahre ich einfach weiter.» Denn ich weiss, dass es sonst vorbei wäre, wenn ich mich irritieren lasse. Aber eigentlich war da eine Aufmerksamkeit (lange Pause) | Zuerst habe ich mich gefragt, wo die Leute sind. Einzelne haben genickt oder mich angeschaut. Da merkte ich, dass die Worte ankommen. Andere haben vor sich hingeschaut, was mich zuerst irritierte. Ich sagte mir, dass es gut sei so. Mit meiner Präsenz wäre es sonst vorbei. Aber die Leute waren aufmerksam. | Den sichtbaren Reaktionen der Leute ist nicht anzumerken, ob sie zuhören. Die Aufmerksamkeit ist anders zu spüren. Das darf nicht irritieren, sonst schwindet die Präsenz. |

| Evaluationsgespräch im Wortlaut | Paraphrase | Generalisierung |
|---|---|---|
| **3. Intendierte Wirkungen der Predigt** | | |
| *I: Was war deine Absicht der Predigt? Und was denkst du: Was von deiner Absicht hat die Gemeinde verstanden? Woran kannst du das festmachen?* | | |
| B: Die Absicht war: der Wert des Menschen und seine Würde. Und das ist unabhängig davon, was jemand leistet. Das war die Hauptbotschaft. Und das war aus dem Zusammenhang der Heimarbeit; was bin ich noch wert, ich kann doch ohnehin nichts mehr, sei es wegen Behinderung oder Krankheit. Darum: dieses Thema treibt mich um, aber ist auch mein eigenes. Das ist auch das Seelsorgliche, das ich da drin sehe. Ich habe inzwischen schon etliche Rückmeldung erhalten. Bei jenen ist es angekommen. Eine Frau sagte, bei ihr habe es Klick gemacht. Das werde sie nie vergessen, sie müsse sich das Leben nicht verdienen. […] Als Ganzes sei es perfekt gewesen. […] | Die Absicht war: Der Wert des Menschen und seine Würde. Das ist unabhängig von seiner Leistung. Das Thema habe ich aus meiner Arbeit geschöpft; es hat auch mit mir zu tun. Ich verstehe das Thema seelsorglich. Jemand sagte mir, sie habe verstanden, sie müsse sich das Leben nicht verdienen. | Der Wert des Menschen misst sich nicht an Leistung. Das Thema ist mit jenem der Arbeit und dem eigenen verknüpft.<br><br>Jemand sagte, man müsse sich das Leben nicht verdienen. |
| *I: Was denkst du, wie hat die Gemeinde dich erlebt hat? Frau, Theologin, Lebenserfahrene?* | | |
| B: Jemand sagte: Sie spüre, ob die Pfarrerin hinter ihrer Sache steht. Sie hat dies sehr stimmig empfunden. Als jemand, der da auch mitbetroffen ist, die am gleichen Thema ist. Für Frauen vielleicht etwas Schwesterliches. | Jemand sagte, man spüre, dass ich hinter der Sache stehe. Vielleicht ist da etwas Schwesterliches. | Authentizität ist spürbar und kann Identität stiftend sich übertragen. |
| *I: Was denkst du: Worin haben die Hörenden für sich einen Nutzen erkannt?* | | |
| B: Im Ganzen. Die Predigt hat in den Leuten weiter gearbeitet. Es ist weitergegangen. Ich habe gern so Knochen, die man mir gibt. Die Leute haben das Bedürfnis gehabt, mir zu sagen, was ihnen geblieben ist. Sie machen ihr Eigenes draus. Wie jene Frau: «Ich muss mir das Leben nicht verdienen.» Und dann hat sie weiter gedacht und gesagt: «Manchmal sagt man doch über jemanden, das habe er nicht verdient.» Da hat sie weiter gedacht. Die Leute machen etwas Eigenes draus. | Die Predigt hat in den Leuten gewirkt. Ich mag, wenn man mir etwas zu Denken gibt. An den Feedbacks merke ich, wie die Leute aus der Predigt ihr Eigenes machen und es weiter entwickeln. | Die Predigt wirkt in den Leuten. An Feedbacks ist zu merken, wie die Leute ihr Eigenes hören und es selber wieder weiter entwickeln. |

| Evaluationsgespräch im Wortlaut | Paraphrase | Generalisierung |
|---|---|---|
| **4. Konsequenzen für die Weiterarbeit** | | |
| *I: Woran möchtest du zur Predigt weiter arbeiten?* | | |
| B: Mir sind noch nie so oft Schwachstellen aufgefallen. Ich bin neugierig. Ich stehe etwas an, da bräuchte ich Hilfe. Vielleicht hat es mit meiner Vorbereitung zu tun, diese Mosaiksteinchen, mehr Zug drein bringen auch memotechnisch, dass ihnen mehr bleibt als der eine Satz. Aber dann ist der Inhalt sehr reduziert. Aber wie gelingt es mir, ohne banal zu werden, ohne immer nur in Bildern stecken zu bleiben. Da gibt es Leute, die möchten theologisches oder exegetisches Futter. Wie kann ich das verbinden? Wie kann ich das verbinden: etwas bringen: Material und dieses verbinden in eine Predigt, die gleichwohl einprägsam ist in den Aussagen. Das ist meine Hoffnung, hier etwas zu lernen. Vielleicht hat es mit Dramaturgie zu tun. Denn das habe ich beim Schreiben gemerkt. – Das Bild ist mir wichtig, die Szene; alles andere kann man anders machen. | Mir fallen viele Schwachstellen auf. Ich bräuchte da Hilfe. Hat es mit der Vorbereitung zu tun, mit Mosaiksteinchen, mit der Memotechnik, damit den Leuten mehr bleibt als der eine Satz. Aber wie gelingt es, ohne banal zu werden und nur in Bildern zu reden? Wie kann ich Theologie und Exegese verbinden und gleichwohl einprägsam sein. Hat das mit Dramaturgie zu tun? | Die Leute sollen sich mehr als nur einen Satz merken können. Was heisst dies zur Vorbereitung? Mosaiksteinchen, Memotechnik, theologische und exegetische Ansprüche, einprägsame Bilder und Stoff? Dramaturgie? |
| *I: Was vermutest du, wo das Coaching ansetzen würde?* | | |
| B: Genau dort, wie manchmal die schlecht miteinander verbundenen Sequenzen. […] Vielleicht setzt man das Bild eher an das Ende (Runggle), wenn ich sage, dass es mir so wichtig ist, und das Ganze darauf hinsteuert. Ich denke bei der Dramaturgie würde das Coaching ansetzen. | Ich vermute das Coaching bei den Übergängen. Vielleicht gehört das Bild der Runggle ans Ende, wenn es mir so wichtig ist. Das wäre Dramaturgie. | Übergänge, Dramaturgie und Pointe sind wichtig für die Predigt. |
| *I: Noch eine Stufe komplizierter gefragt: Was vermutest du, erwarten die, die zugehört haben, wo das Coaching ansetzt?* | | |
| B: Also, von jemandem weiss ich es. Diese Person hat gesagt: Du kannst noch mehr von dir zeigen. Eigentlich sei es ihr ein wenig zu rund gewesen. Also, es sei wohlformuliert dahergekommen, aber zwischendurch habe sie sich gefragt: Ja, was heisst denn nun das? Was – weisst du noch mehr? […]. Und so – sie hat gesagt: es bedeutet nicht, dass du die Gemeinde hängen lassen musst. Aber du kannst noch mehr offen lassen. Das war so ihre Hoffnung. – Das finde ich eine spannende Rückmeldung. Ich nehme sie gern mit. | Ich weiss von jemandem, der mir sagte, ich könnte noch mehr von mir zeigen. Es sei zu rund, zu geschliffen gewesen. Ich könnte das Thema noch offener lassen, nicht gleich eine Lösung bringen. | Die Predigt soll nicht rund sein, nicht aufgehen, sondern offen sein, noch ohne Lösung. Und die Predigerin könne noch stärker ein Teil der Predigt sein. |

| Evaluationsgespräch im Wortlaut | Paraphrase | Generalisierung |
|---|---|---|
| *I: Es ist ja mehr eine Phantasie. Man kann noch komplizierter fragen. Was vermutest du, dass sich für die Hörenden verändern könnte, wenn du auf das Coaching reagierst, wie es sich die Hörenden wünschen.* | | |
| B: Ich kann mir vorstellen, dass sie in diesen Interviews; […] ich weiss ja nicht, was sie gesagt haben, aber vielleicht: Huch, das war so viel. Ehm, vielleicht: nach dem Coaching, werden sie mehr geführt. Dass sie da wie Merkpunkte mitbekommen, Etappen, griffige – also, dass es sich mehr bündelt, der Inhalt. Damit meine Absicht vielleicht noch klarer wird, was ich wirklich will. Vielleicht wird es für sie einprägsamer, oder bekommt noch mehr Strahlkraft, Leuchtkraft. Das, was ich eigentlich meine, dass das noch mehr herausgearbeitet wird. Dass es für sie besser, hörerfreundlicher wird. | Die Leute werden mehr durch die Predigt geführt. Sie bekommen Etappen, griffige und den Inhalt bündelnde Merkpunkte.<br>Meine Absicht wird dadurch einprägsamer, klarer und bekommt mehr Strahlkraft, damit das, was ich eigentlich meine, gut herausgearbeitet ist. | Die Hörenden werden durch die Predigt geführt. Um besser zu verstehen, wird Struktur gebaut.<br>Dadurch wird, was eigentlich gemeint ist, klar, einprägsam und erhält Strahlkraft. |

## 8.1.2. Evaluationsgespräch nach Predigt A'

| Evaluationsgespräch im Wortlaut | Paraphrase | Generalisierung |
|---|---|---|
| **1. Vorbereitungsprozess, Entstehung der Predigt** | | |
| *I: Ich stelle dir die gleichen Fragen wie nach der ersten Predigt: Rückblick auf den Entstehungsprozess, Halten der Predigt, Wirkung bei den Hörenden, Konsequenzen für dich aus diesem Prozess. Wie bist du im Entstehungsprozess vorgegangen?* | | |
| B: Der Anfang war wieder bei der Predigt, alles andere folgte danach. Die Predigt, da warst du von Anfang an mit dabei, und dass wir die Schritte zusammen gemacht haben, also im Austausch. Das war für mich unglaublich spannend. Nochmals hineinzugehen, zu schauen, was mir wichtig ist, was ich rüberbringen will; worauf soll es hinlaufen, wer ist die Heldin? Ja, es geschah im Austausch und dadurch – war da viel mehr an Boden – ich setzte mich vertiefter damit auseinander. | Ich begann wieder mit der Predigt – von Anfang an mit dir dabei. Die Schritte erfolgten im Dialog. Es war spannend zu schauen, was mir wichtig ist, worauf es hinlaufen soll, wer die Heldin sein soll. Da war viel mehr Boden. | Die Predigt ist im Dialog entstanden. Die Analyse, was wichtig ist, worauf die Predigt zielt, wer die Heldin ist, gibt mehr Boden. |
| *I: Wie hat sich der Inhalt entwickelt?* | | |
| B: Es ist meins geworden. Ich habe es noch intensiver gespürt, wo es mich eben brennt. Es wurde plastischer. | Es ist Meins geworden. Es wurde plastischer. | Wichtiges ist plastisch. |

| Evaluationsgespräch im Wortlaut | Paraphrase | Generalisierung |
|---|---|---|
| *I: Kannst du das Anliegen formulieren, wie das heisst?* | | |
| B: Es sind so zwei Nenner: Das eine ist zu merken: der Wert des Einzelnen; er ist nicht abhängig von Leistung; er ist weder verlierbar noch verhandelbar; und da ist wieder das Krankenheim, das wieder durchgeschlagen hat. Da war ich wieder, und auch bei mir. Das zweite – da sagte ich spontan: die Heldin – ist die Gemeinschaft, abgeleitet von der Rungglegeschichte, als ich merkte, wie das zusammengehört; der Wert eines jeden und sein Platz in der Gemeinschaft. Das wurde für mich noch deutlicher zur Quintessenz, worauf ich zugehen wollte. | Ich habe zwei Anliegen: Erstens hängt der Wert des Einzelnen nicht von Leistung ab. Diesen Wert kann man weder verlieren noch verhandeln. Ich war in Gedanken wieder im Krankenheim. Und zweitens: der Platz in der Gemeinschaft. | Der Wert des Einzelnen ist unabhängig von Leistung, man kann ihn weder verlieren noch verhandeln.<br><br>Quintessenz wird deutlich. |
| *I: Und das hat Folgen gehabt für die Dramaturgie; was kannst du da dazu sagen?* | | |
| B: Ich habe dieses Mal stark eine Dramaturgie gespürt, fast noch mehr dann beim Halten als beim Schreiben. Aber beim Halten habe ich gemerkt, wie dicht und dichter und dichter das geworden ist. Wirklich, das hat sich so […] zugespitzt. Auch wie wir diese Treppe angelegt haben …<br>*I: … das Arbeitspapier zum semiotischen Prozess …*<br>B: … ja genau. Da habe ich etwas gespürt davon; das könnte ich ausarbeiten, das spüre ich; da ist Zug drin. | Ich habe stark eine Dramaturgie gespürt, noch stärker dann beim Halten. Da habe ich gemerkt, wie die Predigt zunehmend dicht wird. Am semiotischen Prozess könnte ich noch arbeiten; da ist Zug drin. | Dramaturgie ist spürbar, vor allem beim Halten. Da verdichtet sich die Predigt<br>Modelle wie jenes vom semiotischen Prozess helfen in der Praxis. |
| *I: Die Schritte von schriftlich zu mündlich. In der Vorbereitung: Hat es da noch etwas gegeben, das dir in Erinnerung ist?* | | |
| B: Beim Vorbereiten wirklich im Vergleich zum letzten Mal, zwischendurch Gedanken, bei denen ich das Gefühl gehabt habe, das ist noch gut – eigentlich, das wäre es auch noch Wert, es zu sagen. Aber es ist vielmehr dann die Überlegung gewesen, wie weit – also das, was ich eigentlich sagen möchte – das, worauf ich hinaus möchte, unterstützt es dies irgendwo oder verdeutlicht es dies? Oder ist es einfach ein Schlänker (ein kurzer Exkurs), wo nice to have aber eigentlich ein (unnötig wäre). Also ich war viel mehr in dieser Perspektive gewesen auf die Dramaturgie hin. Ich glaube, das war anders in der Vorbereitung. | In der Vorbereitung habe ich gemerkt, wie es noch weitere gute Gedanken gäbe. Aber ich konzentrierte mich darauf, was ich eigentlich sagen wollte, worauf ich hinaus wollte. Dienen die Gedanken dem Ziel oder ist es einfach ein Exkurs? | Die Vielfalt der Gedanken erfordert eine Konzentration aufs Wesentliche. In die Predigt gehört, was dem, wovon eigentlich die Rede ist, dient und auf das Ziel der Predigt hinsteuert? |

| Evaluationsgespräch im Wortlaut | Paraphrase | Generalisierung |
|---|---|---|
| *I: Was ist im Entstehungsprozess mit dem ‹Ich in der Predigt› geschehen?* | | |
| B: Es ist immer mehr geworden, die Ermutigung […], mich mehr zu zeigen. Ich habe dieses Gefühl so gehabt, mehr in mir noch zu spüren, etwas davon zu zeigen, glaube ich. Also davon, was ich – auch wenn das vielleicht noch nicht abgeschlossen ist – aber etwas in den Raum stellen und sagen: Ich – das könnte so sein. Ich denke. Es ist so eine Wechselwirkung gewesen. Ich habe durch unsern Austausch […] es ist immer etwas tiefer geworden. Und etwas davon einfach heraufholen und zeigen. Und das hat mich gepackt. Da habe ich gesehen, da ist etwas ganz Wesentliches von mir, von meinem Glauben ist in diesem Thema drin. | Ich hatte den Mut, mich mehr zu zeigen. Ich spürte stärker dem nach, was ich von mir zeigen möchte, auch von meiner Haltung. Das war auch eine Wechselwirkung. Etwas von meinem Glauben ist da drin. Da ist Wesentliches von mir drin. Und der Austausch mit dir hat dies vertieft. | Sich selbst in der Predigt zu zeigen, braucht Mut.<br><br>Man muss sich dazu entscheiden.<br><br>Im Dialog lässt ist das intensiver und für die Predigt hilfreich. |
| *I: Gab es Hindernisse, Blockaden, Widerstände?* | | |
| B: […] Ich glaube, ganz am Anfang, als wir den semiotischen Prozess aufgezeigt haben und das Ausbreiten der Themen, Post-it Zettelchen. Das habe ich sehr gut empfunden und hat so viel aufgetan. Und dann bin ich nach Hause und habe gedacht. Huch, jetzt das Umsetzen. Das war ein Respekt; und dann bin ich mal eingestiegen und habe an einem Tag einfach sehr lange gearbeitet. Dann habe ich gemerkt: Jetzt, jetzt habe ich keine Ahnung mehr, was es ist. Ich konnte es nicht mehr objektiv beurteilen. Dann musste ich alles zwei, drei Tage liegen lassen …<br>Dann habe ich alles dir zugeschickt und habe gedacht, ich würde dir einen ungeordneten Haufen zuschieben. Ich war froh. Denn das musste mal ruhen. Das war nicht Widerstand oder Blockade, sondern eher das Gefühl: Jetzt brauche ich etwas Abstand, um es dann wirklich beurteilen zu können. Denn es ist so viel gekommen, dass es sich zuerst hat setzen müssen. | Als wir mit Post-it's alles ausbreiteten, was in der Predigt war, hat mir das viel gezeigt. Doch dann hatte ich Respekt davor, ob mir das zu verändern gelingt. Ich hatte keine Ahnung mehr, was objektiv alles da war. Ich liess alles ein paar Tage liegen lassen.<br>Dann habe ich alles dir zugeschoben. Es musste ruhen. Das war nicht Blockade, sondern das Gefühl, Abstand zu benötigen, um später gut abzuwägen, was dran ist. | Das Ausbreiten aller Gedanken der Predigt zeigt deren Fülle.<br><br>Die Reduktion aufs Wesentliche braucht Zeit, Ruhe und Dialog. |
| B: Aber, ehm, ich weiss natürlich nicht, wie es ohne dir gewesen wäre. Du hast ja dann den Ball wieder aufgenommen …<br>*I: … Ich bin ein Teil dieses Setting; das ist die Idee, dass die Predigt im Dialog entsteht …* | Es ist für mich fruchtbar, die Predigt im Dialog zu entwickeln. Aber das geht nicht mit allen. | Die Predigt im Dialog entwickeln ist fruchtbar. Das ist aber eine Vertrauensfrage. |

| Evaluationsgespräch im Wortlaut | Paraphrase | Generalisierung |
|---|---|---|
| B: Das ist natürlich sensationell gut, wenn man das kann. Das ist eigentlich für mich die fruchtbarste Art, so die Predigt zu machen. […] Das ginge aber nicht mit allen […] Ich habe auch gemerkt, wie gut das mir tut, jemand, der genau hinschaut und fragt: Was meinst du da? Und dann: Aha. Und da hat es am Anfang eine Phase gegeben, wo ich gemerkt habe, diese Fragen haben den Punkt getroffen. Das waren alles Dinge, die ich für mich zu wenig geklärt gehabt habe. Und das hast du sofort zurückgemeldet, was ich mir dann […] wie bewusst machen musste: Aha, das meine ich eigentlich, das möchte ich sagen. Die Gefahr ist also, wenn es für mich nicht ganz geklärt ist, dann weiche ich dem Punkt aus. | Es tut gut, wenn jemand genau hinschaut und fragt: Was meinst du da? Da habe ich gemerkt, wie diese Fragen es auf den Punkt gebracht haben. Ich hatte das zuvor für mich zu wenig geklärt; dein Feedback hat mir bewusst gemacht, was ich eigentlich meine. Wenn es für mich nicht ganz geklärt ist, weiche ich dem Punkt aus. | Es hilft, wenn jemand hinschaut und fragt, was gemeint sei.<br>Die Rückfragen bringen die Gedanken auf den Punkt und helfen zu klären. Wenn man nicht geklärt hat, droht man dem Punkt auszuweichen. |
| *I: Was für eine Rolle haben die Hörenden gespielt beim Vorbereiten? […] Als wen hast du dir diese gedacht? Zu wem, für wen hast du gedacht?* | | |
| B: Eigentlich ist es schon bei der ersten Predigt sehr seltsam gewesen: Für mich war bei der Wahl des Predigttextes ursprünglich klar gewesen: Das sind die Leute vom Krankenheim. Und dann aber habe ich gewusst, es ist die Markus-Gemeinde. Und dann – das habe ich beim ersten Gespräch auch schon gesagt – dann ist bei mir irgend so eine […] ein kleiner Groll gekommen; nein kein Groll, aber so: ach die Markus-Leute, so das ist so dieser Kern der Kirchgemeinde, die Immer-Aktiven und so ein Clan. Und dann hat es sich dort zu verschieben begonnen. Und nach dem ersten Gespräch habe ich ja auch gesagt; es sind eher diese geworden. Und so bin ich auch in die Vorbereitung für die zweite Predigt, auch für diese Leute etwas Seelsorgliches zu sagen. […] Und dann aber habe ich gemerkt, dadurch dass es nun die Johannes-Gemeinde ist, war ich völlig entspannt. Das sind ja andere Leute. Und dann ist wieder mein ursprüngliches Publikum gekommen. […] also die Leute vom Krankenheim. Die sind sehr stark präsent gewesen. Es ist mehr wieder zu dieser Gruppe gekommen als zum Wert. | Für mich war bei der Textwahl klar, dass die Leute des Krankenheims gemeint waren, wusste aber, es würde die Markus-Gemeinde da sein; das störte mich, weil diese Leute mir so als Kern der Gemeinde, als Immer-Aktive vorkamen. Das begann sich zu verschieben.<br>Und so wollte ich für die zweite Predigt etwas Seelsorgliches sagen. Als ich merkte, dass ich in der Johannes-Gemeinde predigte, habe ich mich entspannt. Da kamen mir die Krankenheim-Leute in den Sinn. Es ging mir um diese, weniger um Wert. | Beim Wählen des Textes sieht man eine Gruppe von Leuten vor sich, für die der Text sein soll.<br><br>Verändert sich die Gruppe, verändert sich auch der Zugang zum Thema. Je klarer die Zielgruppe vorgedacht ist, um so klarer wird ein Fokus der Predigt. |

| Evaluationsgespräch im Wortlaut | Paraphrase | Generalisierung |
|---|---|---|
| *I: Kannst du etwas über die Hörenden sagen, wie du sie beschreiben würdest, bezogen auf das Thema ‹Wert›?* | | |
| B: Das eine ist der Platz in der Gemeinschaft. Das sind einfach Leute, die nie einen Platz gehabt haben. Es sind Leute, die keinen Heimplatz gefunden haben, weil sie niemand will. Die waren ihr Leben lang nirgends zu Hause […], und darum ist mir das so wichtig, der Platz für jeden und dann eben auch der Wert, unabhängig der Umstände und unabhängig der Leistung. Das sind eben solche Menschen, die keine Stunde arbeiten können, nicht eine einzige. Warum auch immer. Aber, darum habe ich da auch gemerkt; da sind diese auch wieder gekommen. […] Aber, nicht nur sie; ich habe sie einfach mitgenommen, ganz fest. Aber ich war mir schon bewusst, dass es in der Johannes-Kirche sein wird. | Ich stelle mir Leute vor, die keinen Platz haben, weil sie niemand will und sind nirgends zu Hause sind. Darum muss es für jeden einen Platz und eben auch einen Wert geben, unabhängig von Leistung. Ich denke an Menschen, die keine einzige Stunde arbeiten können, warum auch immer. Gedanklich sind sie da, auch in der Kirche. | Man stellt sich eine bestimmte Gruppe vor, der die Predigt gilt und verbindet die Gruppe mit dem Predigtthema.<br><br>Daraus ergibt sich eine klare Perspektive zur Ausgestaltung der Predigt, auch für die Anwesenden. |
| **2. Halten der Predigt:** | | |
| *I: Wie ist es beim Halten der Predigt gewesen. Kannst du etwas sagen, was mit deinem ‹Ich› geschehen ist?* | | |
| B: (lange Pause) Es hat mich – es ist noch schwierig. Irgendwie hat mich die Atmosphäre von Anfang an berührt. Schon beim Singen habe ich gemerkt, ja, es ist Gottesdienst. Und beim Halten der Predigt: Ehm – Es hat mich ziemlich anstrengend gedünkt, dranzubleiben. Es war auch ein langer Bibeltext. Da habe ich auch in der Mitte gedacht: Huch, das ist anstrengend. So. Und dann hat es mich aber nach und nach – ich bin drin gewesen. Und ich habe gespürt, dass es nach und nach dichter wird. Und ich habe so […] ja, es war für mich auch ein Privileg, dass ich das sagen darf. Ich habe einmal mehr das Gefühlt gehabt, die Predigt ist ein Privileg, weil ich hinstehen kann und etwas sagen, was mir sehr wichtig ist. (lange Pause) Ja, was ist mit mir geschehen? Ich habe gemerkt – das ist mir sehr wichtig – das ist meins. Du hast mir geholfen, was mir wichtig ist, hervorzuheben und zum Leuchten zu bringen, noch besser rüberzubringen. Das Anliegen selbst blieb meins. | Die Atmosphäre hat mich schon zuvor sehr berührt. Beim Halten der Predigt fand ich es anstrengend dranzubleiben. Nach der Mitte war ich aber drin. Ich habe gespürt, wie es zunehmend dicht wurde. Ich dachte, zu predigen sei ein Privileg, weil man sagen kann, was einem wichtig ist.<br>Du hast mir geholfen, das, was mir wichtig war, hervorzuheben und zum Leuchten zu bringen. Aber das Anliegen blieb meines. | Die Predigt zu halten war eine anstrengende Arbeit. Allmählich ist man drin und es wurde dichter.<br><br>Predigen ist ein Privileg, weil man sagen kann, was einem wichtig ist.<br><br>Dialog hilft, Wichtiges zum hervorzuheben. Das Eigene aber bleibt. |

| Evaluationsgespräch im Wortlaut | Paraphrase | Generalisierung |
|---|---|---|
| *I: Wie sehr warst du beim Reden bei dir, oder bei der Gemeinde, oder beim Text?* | | |
| B: Es hat einen Moment gegeben, bei dem ich gedacht habe: Halte ich das durch; ich werde müde.<br>*I: Weisst du noch, wann das war?*<br>B: Nicht mehr genau. Vielleicht nach einem Drittel, knapp vor der Hälfte. Das waren so die Beispiele […] Aber sonst: Ich hatte das Gefühl, ich sei ganz bei mir gewesen – und bei der Gemeinde. Und ich habe es toll gefunden, die Leute – ich habe gespürt, sie sind da, sie hören zu, obwohl ich ihnen viel zugemutet habe. Aber ich habe gespürt, sie sind da, und das hat mir sehr geholfen. […] Ja ich war bei mir. | Es gab einen Moment, wo ich mich fragte, ob ich das durchhalten würde. Ich fühlte mich müde.<br>Da waren so die Beispiele.<br>Aber sonst war ich bei mir und bei der Gemeinde, ich habe die Leute gespürt, wie sie da sind und zuhören, obwohl ich ihnen viel zumutete. | Es gibt Momente, in denen man nach dem eigenen Befinden fragt, Meta-Ebene.<br><br>Man ist bei sich und auch bei den Hörenden, sieht wie sie zuhören, obwohl es viel ist. |
| *I: Du sagtest, du hättest gespürt, dass sie da sind. Woran kannst du dies festmachen?* | | |
| B: So die Atmosphäre von etwas Dichten, von Aufmerksamkeit, und ich merke es oft, wenn es kein Husten ist oder ein Hin und Her. Sie waren absolut konzentriert und manchmal auch ein Blickkontakt. Oder so ein Nicken, oder ein Reden oder ein Bestätigen. | Die Atmosphäre war für mich dicht; kein Husten, kein Hin und Her. Sie wirkten konzentriert, ein Nicken, eine Bestätigung. | Die Atmosphäre wirkt dicht, das wird an Signalen der Gemeinde festgemacht. |
| **3. Intendierte Wirkungen der Predigt** | | |
| *I: Kannst du nochmals sagen, was die Absicht war, und was denkst du, hat die Gemeinde diese erkannt?* | | |
| B: Es hat zwei Heldinnen, die Gemeinschaft und der Wert. Der ist dann am Schluss nochmals aufgetaucht. Es ist ja ein Zuspruch für die Leute. Auch in diesem Sinn Evangelium, etwas Befreiendes, ein Wert, der jedem zugesprochen ist. | Es gab zwei Heldinnen: die Gemeinschaft und der Wert. Ein Zuspruch, etwas Befreiendes, etwas, das jedem gilt. | Zwei Heldinnen, die Gemeinschaft und der Wert; sie sind allen zugesprochen. |
| *I: Wenn du ‹Wert› sagst, meinst du?* | | |
| B: Wert jedes Einzelnen. Das, was ich in der früheren Predigt mit der Taufe sagen wollte. Das haben wir zugesprochen. Wert vor Gott. | Der Wert ist jedem gilt, so wie die Taufe, und es ist ein Wert vor Gott. | Es ist ein Wert vor Gott. |

| Evaluationsgespräch im Wortlaut | Paraphrase | Generalisierung |
|---|---|---|
| *I: Hast du den Eindruck, dass die Leute dies verstanden haben? Hast du etwas gehört, etwas gemerkt?* | | |
| B: Drei Rückmeldungen habe ich zu genau diesem Punkt bekommen. Zwei wollten die Predigt erhalten. […] Ich habe noch selten so viele Rückmeldungen bekommen. Und das hat mit diesem Wert zu tun. Die eine hat gesagt: Das ist grad für mich gewesen und hat mir zu erzählen begonnen, wie sie unter Druck stehe in der Familie: Du solltest halt, du müsstest halt und und und. Und sie hat gemerkt, sie gehe nun gestärkt hinaus. Ehm […] Und ja, andere waren so nicht so differenziert, aber bei denen ich doch gedacht habe, es habe damit zu tun, es habe sie gestärkt. Auch so alte Leute, die früher sehr aktiv waren; und heute können sie eben nicht mehr. Und was bin ich denn da noch wert?<br>*I: … auch gekoppelt mit Arbeit, die ich nicht mehr leisten kann?*<br>B: Ja, das meine ich. (lange Pause) Und irgendwo, was mir auch wichtig gewesen ist, einfach nochmals die Gemeinschaft und wir als Kirche – könnten Heimat sein – und jemand, der mir anschliessend gesagt hat: Es ist Heimat gewesen heute Morgen. Das […] Und lustig ist auch seine Rückmeldung gewesen […] am Anfang des Gottesdienstes. Da ist er gekommen […] Und er sagte heiser, er könne nicht singen. Aber er könne ja gleichwohl kommen, auch wenn er nichts leisten könne. Und da hat er schon zuvor den Predigttext gelesen. Drei Weitere Männer sagten, ich hätte den schwierigen Text anschaulich bearbeitet. Der eine hat das sorgfältige Vorbereiten verdankt. Der Prozess war also für diese Leute spürbar. | Ich habe zu diesem Punkt Rückmeldungen erhalten, noch sie so viele.<br><br>Eine Frau sagte zu mir, die Predigt sei für sie gewesen; und sie erzählte davon, wie sie in der Familie unter Druck stehe und Erwartungen erfüllen müsse.<br>Andere sagten, die Predigt habe sie gestärkt. Auch alte Leute, die nicht mehr aktiv sein können und nach ihrem Wert fragen.<br><br>Dann auch Kirche als Gemeinschaft, als Heimat.<br><br>Jemand sagte heiser, er könne heute nicht singen. Aber er komme, auch wenn er nichts leisten könne. Andere sagten, ich hätte anschaulich geredet. Jemand hat die Sorgfalt verdankt. | Rückmeldungen sind wichtig.<br><br>Feedbacks zur Predigt können auch neue Geschichten sein, die so die Predigt weiter entwickeln. Das kann auch schon vor der Predigt geschehen.<br><br>Beide Punkte, Wert und Gemeinschaft wurden gehört und im Leben der Hörenden verortet. Formale Qualität wird von der Gemeinde auch wahrgenommen, Sorgfalt von Sprache, Exegese; und das wird verdankt. |
| *I: Worin könnten die Hörenden den Nutzen der Predigt gehört haben.* | | |
| B: Ja, vielleicht das OK, wie sie andere Menschen beurteilen. Das war auch mir wichtig. Vielleicht auch der Blick in den Begegnungen mit anderen. | Der Nutzen für die Hörenden liegt darin, wie sie andere beurteilen. | Der Nutzen führt weiter als die Predigt. |

| Evaluationsgespräch im Wortlaut | Paraphrase | Generalisierung |
|---|---|---|
| *I: Wie hat die Gemeinde dich wohl wahrgenommen?* | | |
| B: Da kann ich nur phantasieren. Aber mir scheint, dass die Aufmerksamkeit nicht da gewesen wäre, wenn es mir nicht ernst gewesen wäre. Sie haben wohl gemerkt, dass mir das wichtig war als Mensch; da haben sie etwas von mir gespürt. Sonst wäre die Aufmerksamkeit nicht so gewesen. Es berührt ja nicht, wenn ich nicht berührt bin. So erhalte ich manchmal auch Feedbacks auf Predigten. Mittlerweile merke ich, dass da, wo ich mit dabei bin, etwas geschieht. Ich hoffe es, und ich vermute es. | Die Aufmerksamkeit ist so hoch, weil spürbar ist, dass mir das wichtig ist, was ich sage. Es berührt nicht, wenn nicht auch ich berührt bin. Wo ich mit dabei bin, da geschieht etwas. | Wo spürbar wird, dass man hinter dem Gesagten steht, wird einem Authentizität zugesprochen; da berühren sich Berührte. |
| **4. Konsequenzen für die Weiterarbeit** | | |
| *I: Woran möchtest du zur Predigt weiter arbeiten?* | | |
| B: Ich merke, dass ich nicht mehr hinter diese Erfahrung zurück kann. Das war zu intensiv. Es hat mir ein Fenster geöffnet, wo ich bislang angestanden war. Das sind Arbeitsinstrumente.<br>*I: Was meinst du damit?*<br>B: Das Hilfreichste ist für mich der semiotische Prozess. Diese Treppe der Begriffe, die mir zeigt, worauf sie hinauslaufen soll. Entsprechend kann ich eine Predigt aufbauen. Mehrere Schichten, die sich dann auf eine Dramaturgie übertragen lassen. Ich glaube, dass dies die grösste Erkenntnis ist. Etwas anderes: Es ist enorm wertvoll, eine Predigt im Dialog zu entwickeln. Im Team entsteht Neues. Auch immer wieder die Fragen: Für wen als wer predige ich. Auch die Hilfestellung für die Darstellung, das Abtreppen der Predigt. | Ich möchte nicht hinter diese Erfahrung zurück. Sie zeigte mir hilfreiche Instrumente.<br>Im semiotischen Prozess zeigen die Schichten der Begriffe, worauf die Predigt zielt: Das setze ich für die Dramaturgie ein. Eine Predigt im Dialog entwickeln: da entsteht Neues. Die Frage: Für wen predige ich, als wer, die Predigt abgetreppt darzustellen. | Werkzeuge zur Predigt helfen weiter: Semiotischer Prozess,<br><br>Dramaturgie,<br>Dialog,<br>Rhetorische Kommunikation,<br><br>Darstellung der Predigt auf dem Skript. |
| *I: Was möchtest du beibehalten?* | | |
| B: Ich meine, dass mir nichts fremd war. Ich habe immer schon auf Sprache und Syntax geachtet. Beibehalten möchte ich nicht sagen, aber weiterentwickeln. Es ist für mich nun einfach […] einfach die Zeit umzusetzen. | Es war mir nichts fremd. Sprache und Syntax war mir immer wichtig; aber ich möchte es weiter entwickeln und umsetzen. | Nicht auf Neuem, sondern auf Bekanntem Aufbauen und weiter entwickeln. |

## 8.2. Predigttext Version A und A'

### 8.2.1. Predigt A

<table>
<tr><th>Original-Text nach schriftlicher Vorlage</th><th>Paraphrase</th></tr>
<tr><td>Erste können schnell Letzte werden. Das zeigt das Leben immer wieder. «Hochmut kommt vor dem Fall», sagt der Volksmund dann, bedauernd oder manchmal auch mit Schadenfreude. Dass aus Letzten Erste werden, ist schon seltener. Daran hängen oft die Träume und die Sehnsucht von Menschen. Die Märchen erzählen davon: dem guten, bettelarmen Mädchen regnet es Sterntaler, das Mädchen wird zur Goldmarie. Und wenn in der Traumhochzeit die Bürgerliche zur Prinzessin wird, dann schlagen die Herzen höher und die Einschaltquoten des Fernsehsenders steigen auch. Von Ersten und Letzen erzählt Jesus in einem Gleichnis; und davon, wie die Rangfolge durcheinander gerät. Er erzählt damit eine Geschichte vom Himmelreich:</td><td>Erste können oft Letzte werden.<br>Der umgekehrte Fall ist selten. Das sind eher Träume; oder Märchen reden davon: Mittellose Menschen werden reich beschenkt.</td></tr>
<tr><td colspan="2">«Denn mit dem Reich der Himmel ist es wie mit einem Hausherrn, der frühmorgens ausging, um Arbeiter in seinen Weinberg einzustellen. Nachdem er aber mit den Arbeitern um einen Denar den Tag übereingekommen war, sandte er sie in seinen Weinberg. Und als er um die dritte Stunde ausging, sah er andere auf dem Markt müssig stehen; und zu diesen sprach er: Geht auch ihr hin in den Weinberg, und was recht ist, werde ich euch geben. Sie aber gingen hin. Wiederum aber ging er aus um die sechste und neunte Stunde und tat ebenso. Als er aber um die elfte Stunde ausging, fand er andere stehen und spricht zu ihnen: Was steht ihr hier den ganzen Tag müssig? Sie sagten zu ihm: Weil niemand uns eingestellt hat. Er sprach zu ihnen: Geht auch ihr hin in den Weinberg. Als es aber Abend geworden war, sprach der Herr des Weinbergs zu seinem Verwalter: Rufe die Arbeiter und zahle den Lohn, angefangen von den letzten bis zu den ersten. Und als die um die elfte Stunde Eingestellten kamen, empfingen sie je einen Denar. Als aber die ersten kamen, meinten sie, dass sie mehr empfangen würden; und auch sie empfingen je einen Denar. Als sie den aber empfingen, murrten sie gegen den Hausherrn und sprachen: Diese letzten haben eine Stunde gearbeitet, und du hast sie uns gleich gemacht, die wir die Last des Tages und die Hitze getragen haben. Er aber antwortete und sprach zu einem von ihnen: Freund, ich tue dir nicht unrecht. Bist du nicht um einen Denar mit mir übereingekommen? Nimm das Deine und geh hin! Ich will aber diesem letzten geben wie auch dir. Ist es mir nicht erlaubt, mit dem Meinen zu tun, was ich will? Blickt dein Auge neidisch, weil ich gütig bin? So werden die Letzten Erste und die Ersten Letzte sein». (Mt 20, 1–16)</td></tr>
<tr><td>Wenn Jesus vom Himmelreich erzählt, dann ist es noch einmal anders. Diese Geschichte geht nicht auf in unseren Rangfolgen und Bewertungssystemen. Und vielleicht liegt sie auch quer zu unseren Vorstellungen, wie Ungerechtigkeiten auszugleichen sind. Dabei beginnt die Geschichte mitten in dieser Welt bei einem Thema, das viele Menschen umtreibt, beim Thema Arbeit: wie sie verteilt wird, was sie wert ist, und was die Arbeit bedeutet für das Selbstwertgefühl, für die Familie.</td><td>Jesus spricht vom Himmelreich, nicht von Rangfolgen und Bewertungssystemen. Es geht um Ungerechtigkeiten, die behoben werden. Arbeit wird verteilt, bewertet und zugleich zum Gefühlt, etwas wert zu sein.</td></tr>
</table>

| Original-Text nach schriftlicher Vorlage | Paraphrase |
| --- | --- |
| Diese Geschichte beginnt auf dem Arbeitsmarkt, auf dem sich oft entscheidet, ob Menschen zu den Ersten oder Letzten gerechnet werden. So hören wir von den Arbeitslosen, von denen, die von der Hand in den Mund leben. Erzählt wird von der Hitze und der Last, unter der die Arbeit oft geleistet wird. Alles läuft auf den Abend zu, zur Lohnauszahlung. Da stehen sie nun alle, mit einem Denar in der Hand. Ob jemand viel geleistet hat, oder bloss am Ende noch dazu gekommen ist – sie alle haben denselben Lohn. Ist das nun gerecht? – Oder ist es einfach ungerecht und ärgerlich? | Auf dem Arbeitsmarkt wird entschieden, wer zu den Ersten oder Letzten gehört. Zu den Letzten gehören Arbeitslose. Arbeit wird oft unter Hitze und Last geleistet und läuft auf den Abend zu, auf die Lohnauszahlung. Alle stehen mit einem Denar in der Hand da. Ungerecht und ärgerlich? |
| Das Gleichnis ist ja die Antwort Jesu auf die Frage des Petrus und der anderen Jünger: «Siehe, wir haben alles verlassen und sind dir nachgefolgt, was wird uns nun also zuteil werden?» Petrus spricht die Erwartung aus, dass sein grosser Einsatz doch besonderen Lohn wert wäre. Ist die einzige Gerechtigkeit also die, dass jeder nach dem bezahlt wird, was er geleistet hat? | Die Geschichte ist ein Gleichnis, dem die Frage von Petrus vorausgegangen ist: Was wird uns zuteil werden? Grosser Lohn für grossen Einsatz. Das wäre gerecht. |
| Mir ist eine Kindheitserinnerung gegenwärtig, eine ganz frühe, mehr als dreijährig kann ich nicht gewesen sein. Da ging ich mit meinen Grosseltern auf das Feld eines benachbarten Bauern. Das halbe Dorf war dort schon bei der Arbeit versammelt. Ich erinnere mich an einen riesigen Haufen – für mich sah es aus wie grosse, schmutzige Bälle. «Runggle» waren es, Zuckerrüben. Meine Grosseltern taten wie die anderen und begannen, mit Messern diese Zuckerrüben zu putzen. Bald schon quengelte ich, weil ich natürlich auch mithelfen wollte. Einem so kleinen Kind ein Messer zu geben, wäre zu gefährlich gewesen. Mein Grossvater fand eine Lösung und holte im Haus – dieses Gerät hier – seinen hölzernen Brieföffner. Offenbar war ich damit zufrieden und schabte damit den lieben langen Nachmittag auf meiner Zuckerrübe herum. | Ich erinnere mich an eine eigene Geschichte. Ich war etwa drei Jahre alt und war bei meinen Grosseltern.<br>Wir waren beim benachbarten Bauern auf dem Feld, zusammen mit dem halben Dorf. Alle putzten Runggle, Zuckerrüben. Ich quengelte, weil ich mittun wollte. Aber ein Messer wollte man mir nicht geben. Das wäre zu gefährlich gewesen. Mein Grossvater holte aus dem Haus einen hölzernen Brieföffner. Ich schabte auf der Zuckerrübe. |

| Original-Text nach schriftlicher Vorlage | Paraphrase |
|---|---|
| Dann war Zvieri-Zeit. Grosse Körbe wurden aufs Feld gebracht mit Süssmost, Brot und Käse. Auch ich bekam mein Zvieri, wie alle anderen. Genau so wie diejenigen, die an diesem Nachmittag einen beachtlichen Teil dieses Zuckerrüben-Berges abgetragen hatten. Mein Grossvater ass, obwohl er mit seinen fast achtzig Jahren nicht mehr so leistungsfähig war wie die Jungen. Auch der behinderte Nachbarssohn, der bei jeder Feldarbeit einfach dabei war, ass mit. Der Anteil an Brot und Käse leitete sich nicht ab aus der Anzahl geputzter Zuckerrüben. Alle assen und tranken wir, wie wir Hunger und Durst hatten. Ein gemeinsames Essen für alle. | Dann gab es Zvieri. Süssmost, Brot und Käse bekamen alle, ich auch, so wie alle anderen.<br>Mein Grossvater ass, die Jungen auch, der behinderte Sohn des Nachbarn ebenso. Wer wie viel gearbeitet hatte, war kein Thema.<br>Alle assen und tranken, wer auch immer wie viel mochte. Gemeinsames Essen für alle. |
| Jesus braucht dieses Bild vom gemeinsamen Mahl in Gottes Reich. Für alle ist reichlich gedeckt. Es gibt keine ersten und keine letzten Plätze. Das ist der Lohn der Arbeit. Das Gleichnis kehrt die Verhältnisse nicht um, sondern es hebt die Unterschiede auf zwischen Ersten und Letzten, zwischen den Engagierten, Tüchtigen auf der einen Seite und denen, die kurz vor Torschluss erst den Anschluss finden. Nicht wann ich komme zählt, sondern dass ich komme. | Zum gemeinsamen Mahl in Gottes Reich ist für alle reichlich gedeckt.<br>Das ist der Lohn der Arbeit.<br>Unterschiede zwischen Ersten und Letzten sind aufgehoben.<br>Es zählt nicht, wann ich komme, sondern dass ich komme. |
| Der Gutsherr ist wie der Vater, der ein Mastkalb schlachtet und ein Fest geben lässt, als sein fortgelaufenen Sohn endlich wieder auftaucht; und er ist wie der Mann, der alle Leute auf den Strassen und Plätzen zu einem Festessen einlädt. Wer da mit Neid und Missgunst reagiert, hat nicht verstanden, was Gott bereithält: für jeden Menschen das, was er zum Leben braucht. Nicht was er verdient, aber was er nötig hat. Hätten wir heute ein Taufkind im Gottesdienst, würde diesem kleinen Kind genau das zugesprochen, worum es im Gleichnis geht: Hier ist dein Denar, du bist im voraus geliebt. Vor aller Leistung, vor allem, was du jemals wirst leisten können. Ob Petrus mit der Antwort auf seine Frage zufrieden war? – Fand er den Lohn gerecht, für sein tägliches Bemühen? «Freund», sagt Jesus im Gleichnis mit den Worten des Gutsherrn, «ich tue dir nicht unrecht.» Ohne die Grosszügigkeit wären die Tüchtigen zufrieden nach Hause gegangen, mit dem guten Gefühl, ihre Arbeit redlich getan und dafür den gerechten Lohn erhalten zu haben. Aber jetzt können sie sich ihres Lohnes nicht freuen. «Freund, machst du ein böses Gesicht, weil ich gütig bin?» | Der Gutsherr ist wie ein Vater, der ein Fest gibt, nachdem sein fortgelaufener Sohn heimgekehrt war. Der Gutsherr ist wie der Mann, der selbst die Ausgestossenen zum Fest einlädt. Neid ist fehl am Platz, denn Gott hat für jeden Menschen das bereit, was er zum Leben braucht. Wäre hier heute Taufe, würde dem Kind, zugesprochen: Du bist im Voraus geliebt, bevor du irgend etwas geleistet hast. War Petrus mit der Antwort auf die Frage nach dem Lohn zufrieden? Freund nennt der Gutsherrn einen jener, die tüchtig waren und sagt, er tue ihm nicht unrecht. Der Tüchtige erhielt gerechten Lohn für redliche Arbeit. |

| Original-Text nach schriftlicher Vorlage | Paraphrase |
|---|---|
| Dreimal spricht spricht Jesus einen anderen mit «Freund» an, und dreimal hören wir in seinen Worten eine Mischung aus Kummer und Überraschung. Denn jedes Mal entzieht sich der Freund der freigiebigen Liebe Gottes, jedes Mal möchte dieser Freund nicht sein Freund sein und bleibt die Antwort schuldig. | Dreimal spricht Jesus (oder der Gutsherr?) den Tüchtigen mit Freund an, mit Kummer und Überraschung. Denn der Freund entzieht sich der Liebe Gottes. |
| Der Gutsherr wirbt – auch um die Tüchtigen, möchte sie zur Mitfreude gewinnen. Und auch dazu, sich im Blick auf sich selbst befreien zu lassen. Damit sie nicht mehr ängstlich ihre Leistungen zusammenzählen müssen. Denn nicht nach dem, was sie verdienen, werden sie entlöhnt, aber nach dem, was sie brauchen – auch sie! Werke wären dann wieder, was Werke in Wirklichkeit sind: erstaunliche Stärken und Qualitäten eines Menschen, aber niemals Beweis für seinen Wert und nicht tragender Grund seines Lebens. Denn es gibt Stunden, da sind auch meine Hände leer, da habe ich nichts vorzuweisen. Wenn dann einer kommt und fragt nicht: «Was hast du geleistet?», sondern fragt mich aufrichtig: «was brauchst du jetzt zum Leben ...?» Dann ist das schon ein Stück von dem, was ich brauche. Dann blitzt für mich Himmelreich auf – auch in den Geschichten meines Lebens. «Siehe, wir haben alles verlassen und sind dir nachgefolgt, was wird uns nun also zuteil werden?» (Mt 19,27), fragte Petrus. Jesus antwortet mit dem Gleichnis von den Arbeitern der elften Stunde. | Der Gutsherr wirbt auch um die Tüchtigen, auch dass er sich befreien lasse und nicht mehr ängstlich Leistungen aufrechne.<br>Jeder erhält, was er braucht.<br>Werke wären dann: Stärken und Qualität eines Menschen, niemals aber Beweis für einen Wert oder Grund des Lebens.<br>Denn es gibt Stunden, da sind auch meine Hände leer. Wenn jemand nun fragt, was ich zum Leben brauche, dann ist das schon ein Stück von dem, was ich brauche.<br>Dann blitzt Himmelreich auf, auch darin, wenn ich frage, was mir zuteil werde. |
| Das alles ist lange her. Der Erzähler des Gleichnisses ist tot, die Arbeiter des Weinberges haben ihn umgebracht. Er hat sie seine Freunde genannt, sie wurden seine Feinde. Die Geschichte aber lebt. Sie hat neue Darsteller gefunden, neue Arbeiter kamen in den Weinberg. Wie kommen sie mit dem Gutsherrn zurecht? Mit einem, der Gesetze und Bewertungen aufhebt, überflüssig macht – aus Liebe. Denn das ist das am schwersten zu Verstehende. In Jerusalem war das der einzig wirkliche Anklagepunkt gegen Jesus. Er brachte damit das ganze Land durcheinander, von Galiläa angefangen bis hierher. Weil es nur noch einen Massstab gibt: Dass alle Menschen bekommen, was sie nötig haben.» | Die Geschichte lebt – mit neuen Darstellern im Weinberg weiter. Wie gehen sie damit um, dass Gesetze und Bewertungen aufgehoben, überflüssig gemacht sind? Aus Liebe.<br>Das war der Anklagepunkt in Jerusalem: Jesus habe das Land durcheinander gebracht. Es galt nach ihm nur noch: Man bekommt, was man braucht. |

## 8.2.2. Predigt A'

| Original-Text nach schriftlicher Vorlage | Paraphrase |
|---|---|
| «*Kennen Sie jemanden*, dem scheinbar alles mühelos von der Hand geht? Was immer er anpackt, gelingt. Man hat das Gefühl, er stehe immer als Erster zuvorderst. Vielleicht aber kennen Sie jemanden, der das genaue Gegenteil verkörpert. Er müht sich ab. Jeder noch so kleine Schritt ist hart erkämpft. Sie würden diesem Menschen den Erfolg von Herzen gönnen, doch der stellt sich einfach nicht ein. Immer gehört er zu den Letzten. Es scheint Menschen zu geben, die sind für ihr Leben auf ein Muster festgelegt. Und dann sieht es so aus, als gäbe es erste und letzte. Ist das etwas wie ein Muster für unsere Gesellschaft? Erste sind und bleiben Erste, Letzte sind und bleiben Letzte. Und doch *zeigt mir das Leben* ja anderes. Auch in einem scheinbar erfolgreichen Leben kann es Risse geben. Vielleicht zeigt sich im Nachhinein: der Erfolg, der so mühelos aussieht, hat doch einen zu hohen Preis gefordert. Oder es kann geschehen, dass ein jahrelanger mühseliger Weg auf Umwegen endlich zum ersehnten Ziel führt. Vielleicht kann das Muster von Ersten und Letzten tatsächlich aufgebrochen werden. | «Einen solchen Menschen gibt es: Was immer er anpackt, gelingt ihm. Er scheint immer Erster zu sein. Das gibt es auch: Er müht sich ab. Jeder Schritt ist hart erkämpft. Immer gehört er zu den Letzten. Das Leben scheint nach einem Muster zu verlaufen. Und es scheint, es gebe Erste und Letzte. Und sie bleiben es. Ist es das Muster der Gesellschaft? Leben zeigt sich anders. In jedem Leben kann es Risse geben. Erfolg kann einen hohen Preis fordern. Auch Umwege führen zum Ziel. Ein Leben kann sich wenden. |
| In diesem Gleichnis *erzählt Jesus* vom Himmelreich. Und *dabei setzt er* bei Erfahrungen in der Arbeitswelt an. Nicht nur damals, *auch heute* entscheidet sich oftmals in der Arbeitswelt, ob *wir Menschen* zu den Ersten oder zu den Letzten rechnen. Je nachdem, welche Arbeit wie verteilt wird. Je nachdem, welche Arbeit wie bezahlt wird. Lohnklasse und Berufsstand bestimmen die Stellung in der Gesellschaft. Und ob eine Familie in einer Dreizimmerwohnung oder im Einfamilienhaus im Grünen wohnt. Auch die Ausbildungsmöglichkeiten der Kinder hängen davon ab. Und auch, welche Gesundheitsversorgung jemand bekommt. Die Arbeit und ihr Wert in der Gesellschaft bestimmen, ob Erste immer Erste und Letzte immer Letzte bleiben. *Jesus weiss das.* Er kennt diese Zusammenhänge. *Er erzählt* von Tagelöhnern, die auf dem Marktplatz auf Arbeit warten. | Wir rechnen Menschen zu den Ersten oder Letzten, z. B. in der Arbeitswelt. Das zeigt sich an der Verteilung der Arbeit und an ihrer Entlohnung. Die Stellung in der Gesellschaft hat mit Lohn und Position zu tun und infolgedessen damit, wie man wohnen und Kinder ausbilden kann. Die Arbeit und ihr Wert bestimmen, wer Erster und Letzter ist – und es bleibt. Das war auch Jesus bekannt. |

| Original-Text nach schriftlicher Vorlage | Paraphrase |
|---|---|
| Da gibt es solche, die bei Tagesanbruch bereits angestellt werden und den ganzen Tag über arbeiten können. Ob sie ihre Arbeit auch gut erledigen, *wissen wir nicht. Wir wissen nur:* sie sind den ganzen Tag im Einsatz. Wir hören, dass andere zur Mittagszeit mit der Arbeit beginnen. Und wieder andere stossen erst gegen Ende des Tages dazu. Am Abend zahlt der Gutsherr den Tagelöhnern den verabredeten Lohn. *Da stehen sie nun alle,* mit einem Denar in der Hand. Unabhängig von der Dauer ihres Tagwerkes. Alle bekommen sie: einen Taglohn, einen Denar. | Er erzählt von Tagelöhnern, die auf Arbeit warten. Einige werden frühmorgens angestellt. Einige am Mittag, andere gegen Abend. Der Gutsherr gibt allen einen Denar, einen Taglohn. Da stehen sie nun, mit einem Denar in der Hand, am Ende ihrer Arbeit. |
| Ist das nun gerecht? Oder ist es unfair? *Was empfinden Sie*? Was halten Sie von dieser Lohnzahlung? Verstehen Sie den Ärger derjenigen, die den ganzen langen Tag in der Hitze gearbeitet haben? *Ihren Ärger,* nun halt doch irgendwie schlecht weggekommen zu sein. *Wie kann er bloss,* dieser Gutsherr?! Alles könnte seine Ordnung haben, wenn es in bekannter Ordnung zuginge. *Ich stelle mir vor,* dass in *Petrus* vielleicht etwas Ähnliches vorgegangen ist. Er ist es ja, der Jesus *fragt*: «Siehe, wir haben alles verlassen und sind dir nachgefolgt, was wird uns nun also zuteil werden?» Wir haben alles verlassen und sind deine Jünger geworden. Dieser Verzicht, dieser Einsatz muss doch besonderen Lohn wert sein! Und darauf *antwortet ihm Jesus* mit dem Gleichnis der Arbeiter im Weinberg. | Ist das gerecht oder nicht? Wie denken Sie über diese Lohnzahlung? Was meinen Sie zum Ärger der Langarbeiter? Alles könnte seine Ordnung haben, wenn es nach gewohnter Ordnung ginge. Dem Freund von Jesus, Petrus, erging es ähnlich; denn er fragt nach dem besonderem Lohn. Dieser bestünde darin, die Familie verlassen zu haben, ist die Antwort. Das müsse besonderen Lohn wert sein, sagte Jesus. |
| *Ich verstehe* das Anliegen des Petrus gut. Und ich frage mich: *Was alles tue ich* eigentlich, um meine Sache gut zu tun und vor Gott gut dazustehen? *Und erwarte ich* – wie Petrus – auch einen besonderen Lohn dafür? *Ich gehe in die Szene* des Gleichnisses hinein und stelle mir den Weinberg vor, wie die Arbeiter da mit ihren Hacken den Boden bearbeiten. *Wenn ich eine von denen wäre,* die schon *morgens* mit der *Arbeit* begonnen haben, fühle ich mich den anderen dann überlegen, hab ich das Gefühl, ich hätte einen Vorsprung? *Nun nehme ich mal an, ich wäre* eine von denen, die erst gegen *Abend* die Arbeit aufnehmen. Würde ich dann auf gleichen Lohn hoffen, wie die anderen, die schon seit dem frühen Morgen im Weinberg sind? Und wenn der Lohn ausbezahlt wird: Hätte ich ein schlechtes Gewissen, wenn ich gleichviel Lohn, eben den einen Denar, erhalte wie alle anderen? Oder wäre ich einfach dankbar und in mir das Gefühl: Ich bin grosszügig «beschenkt» worden? | Die Frage ist nur: Was tut man eigentlich, um etwas gut zu machen? Man sieht Arbeiter im Weinberg den Boden hacken. Sind nun die Früharbeiter den anderen überlegen und haben einen Vorsprung auf die Späteren? Was denkt ein Arbeiter, der gegen Abend kommt? Hofft er auf gleichen Lohn? Vergleich er am Abend den Lohn mit dem der anderen? Was *ich* würde ich dem Neid der anderen tun? |

| Original-Text nach schriftlicher Vorlage | Paraphrase |
|---|---|
| Und: würde ich mit dem Neid der anderen umgehen können? *Ich weiss es nicht. Ich merke* aber, der Weinberg könnte ein Abbild unserer *Gemeinde* sein.<br>Da leben und arbeiten Menschen mit sehr unterschiedlichen Voraussetzungen neben- und miteinander. Es hat Arbeiter der ersten und Arbeiter der letzten Stunde. Da sind aber auch Menschen, die können überhaupt keine einzige Stunde arbeiten. Vielleicht weil sie dazu keine Chance bekommen. Oder weil sie krank sind und nicht arbeiten können. | Der Weinberg ist ein Bild der Gemeinde: Menschen haben unterschiedliche Voraussetzungen und sind auch Erste und Letzte. Es gibt solche, die keine einzige Stunde arbeiten können. Sie hatten keine Chance dazu. Oder sind krank. Da leben auch gesunde Menschen. Sie sind gefragt. |
| Dann wiederum leben *in unserer Gemeinde* kerngesunde Menschen. Als Arbeitskraft sind sie gefragt. Und sie setzen sich ein, arbeiten Überstunden an Abenden und an Wochenenden. Vielleicht aber ist ihr Einsatz vergebens. Am Ende des Tages können sie trotz aller Arbeit nichts vorweisen. Ein Unwetter hat ihre Arbeit zunichte gemacht. Oder sie haben sich auf die falschen Geschäftspartner verlassen. Was dann? Bekommen die ihren Lohn trotzdem? *Dürfen eigentlich alle auf einen Denar hoffen*? Der Gutsherr beantwortet die Lohnfrage auf seine Weise. Nicht die Leistung der Arbeiter ist ausschlaggebend. Auch die Dauer des Einsatzes ist es nicht. Es zählt einzig, dass alle bekommen, was sie brauchen. Jeder einzelne von ihnen. *Wenn ich so darüber nachdenke,* könnte die Lohnzahlung durchaus schon am Morgen erfolgen, noch bevor ein Arbeiter überhaupt seine Hacke angesetzt hat. Vorauszahlung eines Denars für jeden. | Sie arbeiten, auch mit Überstunden an den Abenden. Vielleicht aber vergebens. Vorweisen können sie abends dennoch nichts; denn ein Unwetter hat ihre Arbeit zunichte gemacht. Erhalten sie dennoch Lohn? Dürfen alle den einen Denar erwarten? Nicht die Leistung zählt. Auch die Dauer nicht. Es zählt nur: Alle bekommen, was sie brauchen. So besehen könnte die Lohnzahlung schon am Morgen erfolgen. Im Voraus. |
| *So, sagt Jesus, ist Gott.* Wenn der Gutsherr im Gleichnis eben für Gott steht, *dann zählen wir für ihn*, nicht was wir leisten oder wie lange wir arbeiten. Der Gutsherr verteilt nach eigenem Ermessen jedem seinen Denar. Es gibt Stunden, da sind meine Hände leer. Da habe ich nichts vorzuweisen. Wenn dann einer kommt und fragt nicht: «Was hast du geleistet?», sondern fragt mich: «Was brauchst du jetzt zum Leben …?». Dann ist das schon ein gutes Stück von dem, was ich brauche. Dann blitzt Himmelreich auf, schon jetzt. Auch in den Geschichten meines Lebens. Die Bewertungen und Muster der Arbeitswelt zählen hier nicht. Gott, der mehr ist als Gutsherr, sieht Menschen in ihrer Bedürftigkeit. Und er wendet sich jedem zu. Er gibt uns unsern Wert. Und dieser Wert kann deshalb nicht von Leistungen oder von äusseren Umständen abhängen. Wert können wir uns nicht selber verdienen. Käuflich ist er auch nicht. | Der Gutsherr steht für ‹Gott›. Vor ihm sind Menschen nicht etwas wert, weil sie leisten. Es gibt Stunden, da sind meine Hände leer. Ich habe nichts vorzuweisen. Gott fragt nicht: Was hast du geleistet? Sondern: Was brauchst du zum Leben? Dann blitzt Himmelreich auf, schon jetzt, auch in den Geschichten meines Lebens. Auch in meinem Leben zählen Bewertungen und Muster der Welt nicht. Gott, der mehr als Gutsherr ist, sieht, was Menschen brauchen. Er wendet sich jedem zu und verleiht ihm Wert. |

| Original-Text nach schriftlicher Vorlage | Paraphrase |
|---|---|
| Und unser Wert als Menschen ist auch niemals verhandelbar oder verlierbar. Denn unseren Wert haben wir von Gott. Und wir als Gemeinschaft können einander etwas davon spüren lassen. | Dieser ist weder zu verhandeln noch zu verlieren, sondern einfach gegeben. Als Gemeinschaft kann man das erleben. |
| Dazu trage ich ein Bild mit mir herum, ein Erlebnis aus meiner Kindheit. Ich war ungefähr vierjährig. Ich ging mit meinen Grosseltern auf das Feld eines benachbarten Bauern. Das halbe Dorf war dort schon bei der Arbeit versammelt. Ich erinnere mich an einen riesigen Haufen. Für mich sah es aus wie unzählige schmutzige Bälle. «Runggle» waren es, Zuckerrüben. Meine Grosseltern taten wie die anderen und begannen, mit Messern diese Zuckerrüben zu putzen. Bald schon quengelte ich, weil ich natürlich auch mithelfen wollte. Einem so kleinen Kind ein Messer zu geben, wäre zu gefährlich gewesen. Mein Grossvater fand eine Lösung und holte im Haus – dieses Gerät hier – seinen hölzernen Brieföffner. Offenbar war ich damit zufrieden und schabte den ganzen Nachmittag auf meiner Zuckerrübe herum. Dann war Zvieri-Zeit. Grosse Körbe mit Süssmost, Brot und Käse wurden aufs Feld gebracht. Auch ich bekam mein Zvieri, wie alle anderen. Genauso wie diejenigen, die an diesem Nachmittag einen beachtlichen Teil dieses Zuckerrüben-Berges abgetragen hatten. Mein Grossvater ass sein Zvieri, obwohl er mit seinen fast achtzig Jahren nicht mehr so leistungsfähig war wie die Jungen. Auch der behinderte Nachbarssohn, der bei jeder Feldarbeit einfach dabei war, ass mit. Der Anteil an Brot und Käse leitete sich nicht ab aus der Anzahl geputzter Zuckerrüben. Alle assen und tranken wir, wie wir Hunger und Durst hatten. Ich stelle mir vor, dass Jesus davon gesprochen hat. So, sagt Jesus, ist es beim gemeinsamen Essen in Gottes Reich. Für alle ist reichlich gedeckt. Es gibt keine ersten und keine letzten Plätze. Rangfolgen, Bewertungen, wer mehr oder weniger verdient hat, das ist überflüssig. In Gottes Reich sind solche Muster aufgehoben. Da haben alle ihren Platz. Und alle haben ihren Wert, als diejenigen, die sie sind. Weil Gott ihnen ihren Wert gibt. Ich wünsche mir, dass genau das in unserer Kirche erlebbar wird. Dass wir einander in dieser Haltung begegnen. Damit es keine ersten und keine letzten Plätze gibt. Sondern, dass wir alle je unseren Platz in der Gemeinschaft haben, als diejenigen, die wir sind.» | Das habe ich erfahren: In meiner Kindheit. Ich ging mit meinen Grosseltern aufs Feld des Nachbarn, zusammen mit dem halben Dorf. Da lagen riesige Haufen von Zuckerrüben. Alle begannen, diese zu putzen. Ich wollte auch. Aber ein Messer für eine Vierjährige war zu gefährlich. Mein Grossvater ging ins Haus und brachte mir einen hölzernen Brieföffner. Und ich schabte zufrieden auf einer Rübe herum. Dann gab es reichlich Zvieri. Für alle, auch für mich. Und für Grossvater. Und für die Jungen. Und für den behinderten Sohn des Nachbarn. Alle assen und tranken, so viel Hunger und Durst sie hatten. Für alle ist reichlich gedeckt. Es gibt keine ersten oder letzten Plätze, Rangfolgen oder Bewertungen. Im Himmelreich sind solche Muster aufgehoben. Das soll auch in unserer Kirchgemeinde zu erleben sein. Platz für alle in der Gemeinschaft.» |

# 8.3. Interviews (Auszüge)

## 8.3.1. 1. Interview, episodisch (Mann, ca. 80 Jahre)

| Interview 1 (AH) nach Predigt A | Paraphrase | Generalisierung | |
|---|---|---|---|
| *I: Was kommt Ihnen zur Predigt in den Sinn?*<br>B: Es war eine Predigt, bei der ich von Anfang bis Schluss gut habe zuhören können. Sie ist nicht auseinander gefallen, vor allem ist es sehr verständlich gewesen. Der Vortrag, die Sprache, die Leute wurden angeschaut. Der Faden ist durchgegangen. (Pause) Das Inhaltliche? Ehm […] Es ist gar nicht so einfach jetzt rasch etwas zu sagen über diese Predigt, und das ist wahrscheinlich ein wenig der Grund – sie ist eigentlich […] abgerundet gewesen. Der Faden ist durchgegangen. Man jetzt nicht einfach sagen: Ich habe das gehört, ich habe jenes gehört ehm von dort her ist schwer, einfach etwas zu sagen. Ehm natürlich […] ist mir der Text sehr gut bekannt. Ich bin auch neugierig gewesen, was sie darauf sagt. Man kann ihn auf die verschiedensten Arten auslegen. Und ehm ich bin sehr berührt gewesen, in der Art, wie sie dies angepackt hat, ehm […] dass sie nicht auf neue Lohntheorien und weiss nicht was eingegangen ist, und nicht ehm polemisiert hat gegen die, die Boni beziehen. Das kann man alles einmal vielleicht. Aber ehm es hat mich sehr gut gedünkt und hat mit vor allem selber angeregt, auch zu reflektieren: Wie gehe ich eigentlich mit meiner eigenen Situation um; ich bin (zögernd) […] in christlichen oder in frommen Kreisen tätig gewesen – aufgewachsen, habe auch sehr viel in diese Richtung gearbeitet. Und da ist immer die Frage, […] ja vor allem in jungen Jahren wird einem dies stark gesagt, du gehörst dazu oder man hat einmal […], und wie ist das jetzt. Wie gehe ich jetzt um damit? Ich bin unterwegs in dieser Richtung, dass ich dies ablegen kann und nicht denke: Ja, ich habe ein Vorschusskonto im Blick auf das Alter. | Die Predigt war für mich verständlich, schlüssig und mit rotem Faden. Es gab Kontakt zu den Hörenden.<br>Über den Inhalt zu reden, ist nicht leicht. Die Predigt war abgerundet. Der Bibeltext war mir vertraut und daher die Neugier auf die Predigt gross. Ich war berührt davon, wie sie geredet hat ohne neue Lohntheorien oder Lohnsysteme. Man hätte über einige weitere Themen reden können; das war nicht der Fall.<br>Die Predigt hat mich angeregt, selber zu reflektieren: Wie gehe ich mit meiner Situation um? Ich habe von jung an in christlichen Kreisen gelebt und da auch gearbeitet. Und man sagte mir, ich gehörte dazu, oder hatte es mal; und jetzt? Ich stelle mir oft vor, ob ich alles ablegen könnte, ohne zu denken: «ich habe ein Vorschusskonto im Blick auf das Alter». | Einer schlüssig wirkenden Predigt kann man gut folgen.<br>Über vertraute Bibeltexte reden, heisst auch, mit viel Vorwissen zu rechnen.<br><br>Bekanntes löst viel Bekanntes aus.<br><br>Was haben die Hörenden mit der Predigt zu tun? Und die Predigt mit den Hörern?<br><br>Die eigene Geschichte trifft in der Predigt ein. Man leitet eine Rolle aus der Predigt auf die eigene Erfahrung ab. | 1 |

| Interview 1 (AH) nach Predigt A | Paraphrase | Generalisierung | |
|---|---|---|---|
| *I: Mhm.*<br>B: Aber das ist nicht etwas, was einfach selbstverständlich ist. Das ist etwas, was einen Prozess benötigt. Und (Pause) von da her habe ich jetzt, bin ich beeindruckt gewesen, wie sie das angepackt hat und (lange Pause) und was sie erzählt hat, zuerst von der Grossmutter […] dass das Arbeiten wichtig ist. | Loslassen im Leben, dass man nicht mehr alles kann, ist nicht einfach und ist ein Prozess.<br>Das sagte sie von ihrer Grossmutter; arbeiten sei wichtig. | Das eigene Thema wird durch die Predigt zum Weiterdenken angeregt. | 2 |
| B: Ehm ich arbeite sehr gern. Aber ehm […] ich weiss, dass dies nicht das Leben ausmacht. Was eigentlich das Leben ausmacht, ist immer wieder die Frage: Was bleibt. Was bleibt bei den anderen (Pause) bei meinen Kindern und Grosskindern? Ehm Bei all jenen, mit denen ich gearbeitet habe: Was bleibt da zurück? […] | Ich arbeite sehr gern, es ist zwar wichtig, aber Arbeit macht das Leben nicht aus. Was hinterlässt man in Familie und Arbeit? Was bleibt zurück? | Die eigene Erfahrung wird befragt. Die Predigt löst Fragen aus: Arbeit ist wichtig, doch was bleibt zurück? | 3 |
| *I: Sie sagten, es habe einen roten Faden gegeben. Wie meinten Sie das?*<br>B: Obwohl Frau A. ja (Pause) über verschiedene Sachen geredet hat von unserer alltäglichen Arbeit ehm zum Reich Gottes, wie sie dies genannt hatte. Und es ist doch eine Einheit gewesen. Es war nicht hier das, dort jenes, sondern es war auch in der Art, wie sie es gesagt hat, war es zusammenhängend. | Alltägliches Arbeit und Reich Gottes sind nicht getrennt, sondern hängen miteinander zusammen. | Verbindung von Arbeit und Reich Gottes: Was die Predigt nicht sagt, wird selber weiter entwickelt. | 4 |
| *I: Ja.*<br>B: Obwohl sie einem Zeit lässt, um sich Gedanken zu machen. Und das sehe ich als Positives. Was ich sehr schätze – vielleicht noch mehr im Alter als früher – dass mich die Predigt nicht überfahrt, dass ich vor lauter aufpassen, dass ich es nicht verpasse, eigentlich gar nicht in die Tiefe gehen kann damit. Und da lässt sie einem Zeit, lässt mir Zeit, und da bin ich sehr dankbar dafür.<br>*I: Mhm.*<br>B: Da ist mir – ich habe vor zweieinhalb Jahren eine schwere Krebs-Operation gehabt. Ich bin an den Punkt gelangt, wo ich nicht weiter gewusst habe […] ich habe mich da hingelegt. Und das ist für mich sehr eindrücklich gewesen, als ich gemerkt habe: Doch, ich kann es – ich kann die Hände öffnen, ich kann mich hingeben. | Ich begrüsse es, Zeit für Eigenes zu haben; die Predigt überfährt mich nicht, ist nicht zu dicht, sondern lässt mir Zeit für Eigenes.<br><br>Das schätze ich heute mehr als früher.<br>Als ich vor einer Operation nicht gewusst habe, wie es mit meinem Leben weitergeht, habe ich gemerkt: Ich kann die Hände öffnen, ich kann mich leer hinlegen. | Beim Predigt Hören kann man Zeit für Eigenes erhalten.<br><br>Predigt hören verändert sich im Leben.<br><br>Hörende schaffen sich eigene Bilder, (Gleichnisse?), um zu verstehen. | 5 |

| Interview 1 (AH) nach Predigt A | Paraphrase | Generalisierung | |
|---|---|---|---|
| *I: Mhm.*<br>B: Dieses Bild ist natürlich aufgetaucht. Für mich. Das ist eine ganz eigene Biografie. […] Natürlich auch, ehm, was weiss ich noch von meiner Urgrossmutter, ehm ich habe diese auch nicht gekannt oder. Sie ist weit zurück. Sie ist Mitte – im – Mitte im 19. Jahrhundert, hat sie gelebt … | Dieses Bild, das während der Predigt aufgetaucht ist, enthält ein ganzes Leben. Und darüber hinaus, wenn ich an meine Urgrossmutter denke. | Beim Predigt Hören kann in Gedanken mehr als ein ganzes Leben auftauchen. | 6 |

## 8.3.2. 2. Interview, episodisch (Frau, ca. 60 Jahre)

| Interview 2 (ML) nach Predigt A | Paraphrase | Generalisierung | |
|---|---|---|---|
| *I: Was kommt Ihnen zur Predigt in den Sinn?*<br>B: Ehm Also, ehm. Zuerst habe ich etwas Mühe gehabt. Ich habe gedacht. Ach wieder dieses Verteilen im Weinberg, die – was ist gerechter Lohn? – und die Diskussion wird ja wohl ewig weitergehen: Wann ist es dann gerecht? Und ehm eben: Millionenboni und solche, die vom Arbeitslosengeld leben müssen, und die haben alle zusammen einfach ihren 24-Stunden-Tag; alle müssen gegessen haben, alle an einem Ort wohnen können und […] ja: wie lange geht denn das noch, bis die Gerechtigkeit dann wirklich auch bei uns … Eben so in mir drinnen die Enttäuschung: ja wir sind noch immer nicht weiter. Es ja noch immer so […] der Anspruch […] und dann kann ich es nicht einmal ganz nachvollziehen, ehm, ob sie wirklich um ein Vielfaches mehr leisten? | Ich hatte Mühe damit, dass es wieder um das Verteilen im Weinberg und um gerechten Lohn ginge.<br>Die Boni und die Arbeitslosen: alle müssen leben können.<br>Da ist Gerechtigkeit noch weit weg.<br>Da spürte ich meine Enttäuschung: wir sind noch weit davon entfernt. Leisten die einen wirklich so viel mehr als die anderen für ihren Lohn? | Bekannte Texte verleiten zu vorgefertigten Meinungen.<br>Gerechtigkeit zu Lohnfragen, zur Arbeit und Leistung ist nicht real erreicht.<br>Die Predigt löst die aktuellen Fragen nicht. | 1 |
| B: Oder, jene, die morgens um sechs Uhr jetzt vielleicht in diesen Weinberg – also einfach von Tagesbeginn bis zum Einnachten – gearbeitet haben, dort kann man es noch nachvollziehen: Die haben mehr gearbeitet als jene, die am Abend um sechs oder um fünf Uhr angefangen haben. Aber jene, die um fünf Uhr angefangen haben im Weinberg zu arbeiten, die haben ja schon den ganzen Tag über auf diesem Marktplatz gewartet, auch in der sengenden Sonne, und (Pause) ehm (Pause) die haben vielleicht (Pause) mehr oder mindestens so viel geleistet wie jene, die bereits im Weinberg gearbeitet haben, weil: | Bei jenen, die den ganzen Tag gearbeitet haben, da kann man es noch nachvollziehen: Sie haben mehr gearbeitet als jene, die erst abends kamen.<br>Aber die anderen haben auch den ganzen Tag gewartet, in der Hitze; die haben auch so viel geleistet. | Bekannte Texte geben Anlass zum eigenen Weiterdenken: Wer viel arbeitet, rechnet mit viel Lohn. | 2 |

| Interview 2 (ML) nach Predigt A | Paraphrase | Generalisierung | |
|---|---|---|---|
| Sie haben ja die ganze Zeit über diesen Druck in sich gehabt: Ich sollte Brot nach Hause bringen können heute Abend (Stimme hoch, lange Pause) und (lange Pause) ja (Lachen) aber das ist natürlich, das ist aus diesem Gefühl heraus, das formuliere ich jetzt einfach nochmals aus, das ich dann gehabt habe. So viel habe ich während der Predigt nicht gedacht, weil ich zugehört habe. | Sie hatten diesen Druck, wie sie ihr Brot verdienen sollten. Aber das sage ich jetzt aus einem Gefühl heraus; während der Predigt habe ich das nicht gedacht, sondern Frau A. zugehört. | Aber wer in der Hitze sich um das tägliche Brot sorgt, leistet ebenso viel.<br><br>Weiterführung im Gespräch ist eine erste Äusserung im Hörverstehen. | |
| *I: Ja; hat sich das Gefühl verändert während der Predigt?*<br>B: Wenn ich dann jeweils in einem Gottesdienst bin, im geschützten Rahmen des Kirchenraumes, dann kommt jeweils schon wieder die Hoffnung: doch irgendeinmal bringen wir mehr Gerechtigkeit zustande. [...] Und einfach auf die Hoffnung auf – das können wir ja nicht selber leisten. Also, irgendwo müssen wir ja geführt werden. Und da habe ich noch immer die Hoffnung. [...] Nein, in meinem Leben habe ich noch nie das Gefühl gehabt, ich hätte ungerecht Lohn bekommen, weder [...] zu niedrig noch zu hoch. (lange Pause) Lohn ist für mich auch die Anerkennung, nicht nur das Geld. Also das darf ich wirklich sagen: Eigentlich erhalte ich recht viel Anerkennung, also irgendwo ein Danke und auch beim Arbeiten. | Wenn ich im geschützten Rahmen des Kirchenraumes bin, habe ich doch wieder die Hoffnung, dass wir irgendwann Gerechtigkeit zustande bringen. Es ist die Hoffnung, dass wir geführt werden.<br>Ich hatte noch nie erlebt, ungerechten Lohn zu erhalten. Lohn ist nicht nur Geld, sondern Anerkennung. Und das ist auch ein Danke. Darum kann ich Dank und Anerkennung auch weitergeben. | Kirchenräume sind ein geschützter Rahmen. Da ist Raum für Hoffnung, dass es Gerechtigkeit geben wird. Allein schaffen Menschen dies nicht. Lohn ist nicht nur Geld, sondern auch Anerkennung. Das ist Dank. Darum kann man beides leicht weitergeben. | 3 |
| *I: Sind Sie in der Predigt irgendwann mal abgeschweift?*<br>B: Vielleicht schon, dass die Gedanken [...] beim Bibeltext, als er gelesen wurde oder so, weil ich den Text gekannt habe; da habe ich mir schon Gedanken gemacht: Was wird nun wohl da draus? ja, einfach so. Also das frage ich mich jedes Mal, wenn ich den Bibeltext höre, dass ich mich schon frage: Was macht sie jetzt wohl da draus? Was kommt jetzt?<br>*I: Also, ob das mit Ihnen etwas zu tun hat?*<br>B: Ja, dann frage ich mich: Ja, stimmt jetzt das für mich auch. Hätte ich dies auch so gesagt. Und spüre ich das überhaupt auch so? Und manchmal ist es einfach nicht so. | Beim Hören des Bibeltextes frage ich mich, worum es heute wohl gehen mag. Was kommt jetzt? | Bekannte Texte lösen Erwartungen nach Neuem aus. | 4 |

| Interview 2 (ML) nach Predigt A | Paraphrase | Generalisierung | |
|---|---|---|---|
| *I: Und was machen Sie dann?*<br>B: Wenn es überhaupt nicht so gewesen ist, wie ich es spüre, dann habe ich nachher die Person angesprochen, die die Predigt gehalten hat, und gefragt: Darf ich noch einmal darüber sprechen? (Pause) Einmal war es auch eine Predigt, bei der ich dann nachgefragt habe: Da bräuchte ich jetzt wirklich ein Gespräch. Und zwar nicht als Kritik, sondern weil ich mich betroffen gefühlt habe. | Dann frage ich mich, ob dies auch für mich zutreffe. Würde ich dies auch so sagen, so spüren?<br>Manchmal ist es überhaupt nicht so; dann spreche ich die Pfarrerin darauf an. | Man prüft, ob es eine Analogie ins eigene Leben gibt. Wenn es keinen Bezug gibt, sucht man andere Wege? | |
| […] Ich bin theologisch eigentlich sehr interessiert. Aber das ist nur EIN Teil des Gottesdienstes. Die ganze Atmosphäre ist mir auch wichtig. So wie Frau A. uns heute gesagt hat, dass uns die Kirche Heimat sein dürfe: Das ist sie mir. Und gerade hier, also die Kirchgemeinde XY ist meine Heimat. Ganz fest. | Ich bin theologisch interessiert, aber das ist nur *ein* Teil. Die Atmosphäre ist mir auch wichtig. Kirche ist für mich Heimat, besonders hier. | Predigt kann Seelsorge auslösen.<br>Gottesdienst ist Heimat. | 5 |

## 8.3.3. 3. Interview, Leitfaden (Frau, ca. 55 Jahre)

| Interview 3 (MF) nach Predigt A | Paraphrase | Generalisierung | |
|---|---|---|---|
| *I: Was war für Sie der wichtigste Gedanke der Predigt?*<br>B: Drei Wörtlein: Was brauchst du?<br>*I: Ja*<br>B: Oder auch der Gedanke so: eh […] Gott hat eine andere Gesetzgebung als wir. Er kann, er bringt etwas durcheinander.<br>*I: Mhm.*<br>B: Das ist auch das, was mich fasziniert. […] Also so, so auch das System von mir auch durcheinanderbringen. Eine Herausforderung. Etwas, das ich in den Sonntag hineinnehme nachher. also eben: […] Was brauche ich.<br>*I: Mhm.*<br>B: […] Oder auch der Gedanke eben, jene, die am Abend arbeiten gehen, haben gleich viel bekommen wie jene am Morgen. Aber jene vom Morgen haben auch EINEN Denar. Also, was ich für mich mitnehme ist: Was brauche ich nun in dieser Situation? Und […] ich überlege, was muss bei mir von der Haltung vielleicht auch ändern oder […]. | Das Wichtigste für mich war «Was brauchst du?» und «Gott hat eine andere Gesetzgebung als wir». Gott bringt das System durcheinander.<br><br>Jene, die spät kommen, erhalten gleich viel wie jene, die schon früh da waren, alle EINEN Denar. Was brauche ich in meiner Lage?<br><br>Was muss ich bei mir als Haltung vielleicht verändern? | Das Wichtigste einer Predigt sind Merksätze und ebenso Erkenntnisse für das eigene Handeln. | 1 |

| Interview 3 (MF) nach Predigt A | Paraphrase | Generalisierung | |
|---|---|---|---|
| *I: Manchmal werden mehrere verschiedene Themen angesprochen. Dann ist es schwierig zu merken …*<br>B: … Zusammenhänge …<br>*I: … was zusammenpasst. Wie war das für Sie?*<br>B: Für mich ist es absolut ein Päcklein gewesen. Nachher auch das Beispiel, das Frau A. gebracht hat. Und mit der Arbeit, finde ich, hat es für mich so bildhaft, sie hat auch das Symbol, also noch etwas in der Hand mitgebracht, das ich mir auch […] auch noch merken kann. *I: Mhm.*<br>B: Also, für mich ist das eine gute Predigt, wenn quasi EIN Gedanke sich weiterspinnt. Ich habe Mühe bei denen, wo sich drei, vier Gedanken … da kann ich nichts mitnehmen. – Aber es hat auch mit den Liedern übereingestimmt. […] | Für mich war es ein Päcklein gewesen. Das Beispiel mit der Arbeit war bildhaft, auch das Symbol in der Hand, mit dem sie das Schälen erklärte.<br>Für mich ist das eine gute Predigt, wenn EIN Gedanke sich weiterspinnt, nicht deren vier.<br>Die Predigt hat auch zu den Liedern gepasst. | Beispiele, helfen zum Verstehen. Eine gute Predigt folgt einem Gedanken, der sich weiter entwickelt; mehrere Gedanken parallelen erschweren das Verstehen. Predigt und Lieder als Ensemble. | 2 |
| B: Ich habe das Gleichnis völlig schräg empfunden. Nicht wahr, dass der, der am Abend um zehn Uhr zur Nachtwache geht, genau gleich viel wie jener, der am Morgen um sechs beginnt und einfach chrampfet (schuftet) vierzehn Stunden und dann: nachher […] diese bekommen gleich viel. Wenn ich mir dies vorstelle im Alltag – Ja, wie würden wir rea … […] wie würden wir rea …, wie würde das Personal reagieren. Das wäre f … eben […]. | Wenn ich mir das vorstelle: wie würden wir reagieren? Wie würde das Personal reagieren? Das wäre f(atal), f(alsch) (?) | Haben die Predigt, das Gleichnis einen Bezug zur Realität? Welche Alternative gibt es zum gängigen System? | 4 |
| *I: In einem Film, wenn man einen Film schaut, dann nimmt es einem den Ärmel hinein.*<br>B: … sicher einer, der mich mitgenommen hat, einer, bei dem ich den Eindruck habe, dass er nach MEINEM Tempo gewesen ist, (lange Pause) für mich persönlich war er angemessen. Ich liebe die Momente, bei denen es ruhig ist, […] wo es nicht gleich weiter geht. | Es hat mich mitgenommen, und ich hatte mein eigenes Tempo. Ich mag Momente, in denen es ruhig ist und nicht gleich weitergeht, sondern so Zeit dazwischen gibt. | Es braucht Zeit zum Nachdenken oder zur Ruhe wird geschätzt. | 5 |
| *I: Hat es für Sie in der Predigt Bilder gegeben?*<br>B: Mhm, jetzt gerade sie als dreijähriges Mädchen mit dem Grossvater beim Runggle (Pause) butze (lange Pause) völlig (langsam) Das ist das das bleibt, denke ich (Pause) eben Bilder (Pause) für mich. | Ich sehe sie klar als dreijähriges Mädchen mit dem Grossvater beim Rüben reinigen. Die Bilder wirken auf mich. | Konkrete Bilder, Handlungen lösen Visualisierung aus. | 6 |

| Interview 3 (MF) nach Predigt A | Paraphrase | Generalisierung | |
|---|---|---|---|
| *I: Was ist für Sie der springende Punkt gewesen, die Pointe der Predigt.*<br>B: Ehm […] Ist für (zögernd) Für mich ist es nochmals die herausfordernde Frage an mich selber: Was brauche ich […] und dass, dass, dass Gott das gibt, was ich brauche, nicht unbedingt, was ich mir wünsche oder meine, was ich nötig hätte, aber auch so probiere, konkret in mich hinein zu spüren: Was brauche ich denn wirklich in meinem Alltag? Und auch konkret probiere, das da diesem Himmuätti irgendwie zu sagen. (lange Pause) | Die Pointe der Predigt ist für mich: «Was brauche ich» und «Gott gibt das, was ich brauche». Das ist nicht zwingend das, was ich wünsche oder meine, es nötig zu haben. Aber ich kann versuchen, es dem Himmlischen Vater zu sagen. | Die Pointe der Predigt kann darin bestehen, was man sich selber sagt oder zuspricht, selbst wenn es nicht in der Predigt explizit vorgekommen ist. | 7 |
| *I: Was meinen Sie, was die Pfarrerin mit der Predigt heute hat erreichen wollen.*<br>B: Sicher zum Nachdenken, zum Weiterdenken, zum Aufrütteln, auch ein System, ein eigenes Wertesystem ein wenig durcheinander zu bringen, das Nachdenken bestimmt und auch eine Atmosphäre schaffen, bei der es mir wohl ist. | Die Pfarrerin wollte die Hörenden zum Nachdenken, Weiterdenken und Aufrütteln gewinnen und eine wohlige Atmosphäre schaffen. | Zwei Absichten werden erkannt. Ist das die Analogie zu Arbeit und Gemeinschaft? | 8 |
| *I: Spricht jemand aus dem Glauben heraus?*<br>B: (Stimme leise) völlig.<br>*I: Was hat sie zum Glauben gesagt, was mit Ihrem Leben etwas zu tun hat. […]*<br>B: Sicher das Thema, Arbeit›, ehm (Stimme langsam) das Thema (lange Pause) sich in der Arbeit zu finden: Eben: Können wir das machen, wofür wir die Fähigkeit dazu haben oder nicht. […] Aber die Verbindung zu mir (lange Pause) das scheint mir eine schwierige Frage. (lange Pause) Ich bin gerade selber wieder auf der Suche, wo wo […] ich kann wieder meine […] jetzt hätte ich bald gesagt, Stärken› nicht … oder ich werde sehr unterdrückt an der Arbeit […] habe ich den Eindruck. | Was Fra A. zum Glauben gesagt hat, braucht Zeit, es zu erkennen. Schaffen wir Gerechtigkeit, auch ohne die Fähigkeit dazu?<br><br>Ich bin selber auf der Suche, die eigenen Stärken zu finden(?) Ich werde an der Arbeit unterdrückt. | Was zum Glauben gesagt ist, hat mit den eigenen Fragen, mit einem selber zu tun.<br><br>Die Erfahrung im eigenen Alltag entspricht den Welterfahrungen, als Opposition zur Szene in der Predigt. | 9 |
| (Stimme schnell) Ich weiss nicht warum sie – ich mache noch ein Studium – ich habe etwas Ang …(st), also ich habe das Gefühl, sie hätten Angst, wobei ich nicht wüsste, wovon […], weil ich sonst eher jemand bin, die sich (Stimme leise) so zurückhält. (Stimme laut, lange Pause) | Zur Zeit mache ich noch ein Studium und habe den Eindruck, dass Angst da ist; aber ich weiss nicht weshalb. | Die Predigt als Gespräch kommt den Hörenden näher als eine Rede. | 10 |

| Interview 3 (MF) nach Predigt A | Paraphrase | Generalisierung | |
|---|---|---|---|
| *I: Was war es für Sie eher, Rede oder Gespräch?*<br>B: Also für mich (Stimme leise) ist es ein Gespräch gewesen, weil ich das Gefühl gehabt habe (lange Pause) also wenn sie etwas gesagt hat, hat dies bei mir etwas ausgelöst. […] Bei einer Rede löscht es mir ab. Da drifte ich ab mit meinen Gedanken. (Stimme leise) | Für mich war es ein Gespräch, weil Frau A. bei mir jeweils etwas ausgelöst hat. Bei einer Rede drifte ich weg. | | |
| *I: Es geschieht ja manchmal, dass man in einer Predigt plötzlich weggeht mit den Gedanken.*<br>B: Ich würde sagen neun … […] schsch … (stockend) Ich würde sagen fünfundneunzig Prozent bin ich nicht weggegangen.<br>*I: Ja*<br>B: Fünf Prozent habe ich mal gedacht: (Stimme leise) Ja das ist jetzt schade, dass R. nicht hier ist. Das wäre genau eine Predigt für sie. – Eben: wir sind wertvoll, ohne dass wir etwas leisten müssen. Sie leidet, weil sie das Gefühl hat, sie müsse … sie sei von der Mutter geliebt, wenn sie leiste und mache und (seufzend) dabei hat sie drei Kinder, die […] ist auch nichts geleistet oder. (Lacht) | R. müsste diese Predigt hören. Sie leidet, weil sie meint, sie müsse immer leisten und würde dann von der Mutter geliebt. Dabei hat sie mit drei Kindern selbst so viel zu tun. | Predigt als Gespräch hat einen seelsorglichen Aspekt; dieser geht über auf Gedanken an weitere Menschen, denen die Predigt gelten kann. | 11 |

## 8.3.4. 4. Interview, episodisch (Paar, ca. 70 Jahre)

| Interview 4 (AMS) nach Predigt A | Paraphrase | Generalisierung | |
|---|---|---|---|
| *I: Was kommt euch in den Sinn? Was beschäftigt euch im Ganzen?*<br>B1: Es ist eine Predigt, die vor zweitausend Jahren genau das Gleiche aussagt, was es heute aussagen sollte. Ja, es macht einen manchmal traurig, wenn man […] wenn man eben die Tatsache, das Alltägliche nicht so mitkriegt / wenn ich so an das Politische denke / Ich denke an (Pause) an meine Partei […] Es hat mir sehr gut gefallen, dass langsam gesprochen worden ist. Das ist für mich sehr wichtig, dass man in den Pausen zwischendurch Gedanken machen kann dadrüber. […] Und es dünkte mich, es habe von A bis Z alles zusammen gestimmt. | Es ist eine Predigt, die damals wie heute das Gleiche aussagt.<br>Es macht mich traurig, wenn man das Alltägliche nicht wahrnimmt. Ich denke an meine Partei, die ich gern mag.<br>Es hat mir gefallen, dass langsam geredet wurde. Das ist mir wichtig; es braucht Pausen, um sich Gedanken zu machen. Es hat alles gestimmt. | Die Predigt hat Gültigkeit über die Zeit hinaus. Die eigene Welt der Erfahrungen breitet sich aus: Alltag, Partei.<br><br>Die Pfarrerin hat langsam geredet, das gab Zeit für Gedanken. Die Teile stimmen zueinander. | 1 |

| Interview 4 (AMS) nach Predigt A | Paraphrase | Generalisierung | |
|---|---|---|---|
| B2: Ja, natürlich schon die Diskrepanz zwischen *die Ersten werden die Letzten sein und die Letzten die Ersten* (standarddeutsch). Das ist ein – ich sage es gleich gerade heraus – ein frommer Wunsch, […] den man predigen kann, den man nicht genug (Pause) predigen kann. Das dünkte mich gut. […] Wenn der Besitzer sagt: Kann ich mit meinem Eigentum nicht machen was ich will. … Dieser Spruch wäre schon alleine für eine Predigt […] «kann ich mit meinem Eigentum nicht tun, was ICH will»? Also, ich habe nichts gegen das Eigentum, aber man müsste verantwortungsvoll umgehen. […] Aber dass man auf die kleinen Leute Rücksicht nehmen müsste, auf die einfachen Leute, das ist natürlich sehr zentral. Aber da steht sich vermutlich jeweils der Mensch selbst im Weg. Und dass dann eben doch jeder, doch wenigstens ein bisschen höher ist als […] ja … ja.<br>*I: Da kommen ja schon so Erinnerungen aus euern Leben; gibt es Geschichten, die Sie mit der Predigt verknüpfen?*<br>B1: Es kommt schon sehr darauf an, woher dass man kommt […] und wie man von Kind her und von der Ehe geprägt ist. Eh Wenn so eine Predigt an einen herankommt, denkt man vielleicht nicht gleich wie jemand, der alles hat. Ehm es ist vielfach ein Wunschdenken, ja oder es kann auch, es ist gut, gut eh ist das eine Predigt, die (Lachen) die unseren Kapitalismus infrage stellt und […] «Sag es diesen Halunken einmal» (Lachen). Es kann auch (stockend) kann auch (stockend) Hass erzeugen, ja. Warum dann gleich viel. | Die Letzten als Erste ist aber ein frommer Wunsch, den man nicht genug predigen kann.<br>Der Besitzer fragt, warum er mit seinem Eigentum nicht tun könne, wie er wolle.<br>Dieser Spruch reicht für eine ganze Predigt.<br>Ich habe nichts gegen Eigentum, solange verantwortlich damit umgegangen wird.<br>Aber man müsste auf die einfachen Leute Rücksicht nehmen.<br>Doch man steht sich selbst im Weg.<br>Es kommt darauf an, woher man kommt, und wovon man als Kind und in der Ehe geprägt ist.<br>Wenn man so eine Predigt hört, denke ich nicht so wie jemand, der alles hat. Es ist gut, dass diese Predigt infrage stellt; und ich denke: Sag es diesen Halunken einmal.<br>Aber es kann auch Hass erzeugen. | Der Kernsatz ist präsent, die grundsätzliche Kritik daran ebenfalls.<br><br>Eigene Sätze aus dem Text werden entfaltet.<br><br>Fortsetzung der eigenen Auslegung und der Predigt<br><br>Vorwissen kann ein Zuhören erschweren.<br><br>Die eigene Herkunft entscheidet über die politische Haltung und die Haltung zur Predigt.<br>Das Gleichnis löst Feindbild aus (der, der alles hat, Halunke). | 2 |
| Warum alle gleich viel – der Reiche und der Arme, der Behinderte und der […] Gesunde. […] Ja, es macht schon ein grosses Fragezeichen. Ich weiss schon, was die Predigt will; sie will das Geistige benennen und hat sicher, ganz sicher nichts mit Geld zu tun und mit …<br>*I: Wofür würde dann das Geistige stehen?*<br>B1: Dass man eben gleich viel hat, ob man […] ob man jetzt viel Gutes getan hat im Leben oder nicht. Jeder ist einfach gleich.<br>B2: Das ist einfach der reformierte Gedanke, dass man allein durch Gnade gerechtfertigt ist. Das geht jedenfalls aus dieser […] Predigt hervor, scheint mir. | Warum für alle gleich viel, für Reiche, Arme, Behinderte und Gesunde.<br><br>Die Predigt will das Geistige benennen und hat nichts mit Geld zu tun. Man hat gleich viel, ob man Gutes tut im Leben oder nicht. | Predigerin als Anwältin für die eigene schwache Position? Politische Grenzen der Predigt, die das Geistige benennt, nicht aber die Realität. | 3 |

| Interview 4 (AMS) nach Predigt A | Paraphrase | Generalisierung | |
|---|---|---|---|
| Aber wegen des Persönlichen: Wir kommen aus, wir sind (stockend) wir kommen aus der, […] wir sind kleine Leute. Da haben wir Erfahrungen gemacht zum Teil in der Schule, […] dass man vom Lehrer – da sind eben die Letzten nicht die Ersten gewesen. Die sind dann die Letzten gewesen, ganz realistisch. […] Für mich muss eben die Predigt mit dem Leben zu tun haben. | Das ist der reformierte Gedanke, dass man durch Gnade gerechtfertigt sei. Das sagt die Predigt.<br>Wir sind kleine Leute und haben Erfahrungen in der Schule gemacht, wie man zu den Letzten gemacht wird. Für mich muss die Predigt mit dem Leben zu tun haben. | Man ordnet Gedanken in grössere Systeme ein. Erfahrungen, (als Letzte zu gelten) tauchen auf, bleiben unverändert. | |
| *I: Und habt ihr etwas gespürt davon heute morgen, von diesem Hier und Jetzt?*<br>B2: Das ist etwas vom Stärksten, dass die Letzten, dass alle gleich sind vor Gott. Es ist einfach, eben das ist dann die Frage des Zweifels: Wer sind denn wirklich die (Lachen)<br>B1: Es kommt dann, dann schon ehm Zweifel: Ja, dann kannst du ja machen, was du willst (Stimme leise) auf dieser Welt. Denn du bist ja ohnehin angenommen; das ist wurstegal, ob du lebst in Saus und Braus bis am Schluss und vielleicht am Schluss noch flüchtig […] «Lieber Gott mach mich fromm …», ja, was, […] daran habe ich auch gedacht während der Predigt. (lange Pause) Komme ich … sind dann diese gleichgestellt? […] Kommt's drauf an? Dann kann man (Lachen) (lange Pause) dann muss ich mir ja nie Gedanken darüber machen. Es kommt ohnehin gut (Lachen). | Alle seien gleich vor Gott. Aber: Wer sind die Letzten?<br>Ich zweifle: kann ich wirklich machen, was ich will? In Saus und Braus leben und am Schluss noch sagen «Lieber Gott mach mich fromm … *(dass ich in den Himmel komm)*». Komme ich in den Himmel, gleich wie die anderen?<br><br>Aber ich muss mich nicht sorgen, es kommt ohnehin gut. | Wie kann eine Analogie entstehen?<br><br>Weiterführen eigener Fragen führt die Predigt weiter. | 4 |
| *I: Mich interessiert, ob […] manchmal schweift man ja ab, gerade wenn man viele eigene Gedanken hat. Ist das Ihnen auch geschehen?*<br>B2: Das ist etwas, das ich vermute, dass es in fast jeder Predigt passiert, dass man einen Gedanken hört, der gesagt wird. Dann bleibt man an diesem Gedanken zuerst mal hängen und beginnt da weiterzuspinnen. Bis man dann wieder zuhört, ist (stockend) ist schon wieder weiter. | Abschweifen passiert wohl in fast jeder Predigt. Man hört, was gesagt wird, bleibt dann hängen und spinnt selber weiter. | Abschweifen heisst: bei Gehörtem hängenbleiben und selber weiterdenken. | 5 |

| Interview 4 (AMS) nach Predigt A | Paraphrase | Generalisierung | |
|---|---|---|---|
| *I: Wissen Sie noch wo …*<br>B2: … die Ersten – die Letzten werden die Ersten sein. Das ist doch klar, da bin ich dort bei den (Lachen) Gedanken, die ich da habe. Und dann wird es oft auch diffus. Zuerst […] hört man zu und dann schweift man ab. Und dann, dann kommt, kommt allerlei […] nach vorn. | Dann hört man wieder zu, aber die Predigt ist schon weiter. Das kenne ich.<br><br>Meine Gedanken waren bei den Ersten.<br>Und dann war es aber diffus.<br>Dann kommt allerlei hoch. | Beim Abschweifen kommt Eigenes hoch, auch Dinge, über die man nicht sprechen möchte. | |
| *I: Wo sind Sie (zu B1) abgeschweift?*<br>B1: (Stimme hoch) Jaa, ich habe aufpassen müssen, dass ich nicht wieder jetzt am Alltäglichen, am Politischen, was man so hört und […] was gegenwärtig läuft in unserer Gesellschaft. Man geht schon sofort suchen: Wie ist es heute. (lange Pause) Ja, und dort, als er […] als er das Geld verteilt hat und […] halt, wie ist das jetzt heute.<br>*I: Ja, wenn Sie nächste Woche jemand nach der Predigt fragen würde, was würden Sie dieser Person sagen?*<br>B1: Ja, das Gleichnis von Jesus, als er gesagt hat: Es sind alle gleich vor (stockend) vor Gott (Stimme hoch). Es kommt nicht darauf an, was (lange Pause) ob du lieb und brav gewesen bist, sondern ob […] es kommt auf die Liebe drauf an. (stockend) Es geht darum, dass alle gleich sind vor Gott. (lange Pause) um die Liebe. (lange Pause) | Ich musste aufpassen, dass ich nicht in meine Welt abdrifte, was jetzt in unserer Gesellschaft läuft. Sofort gehe ich danach suchen, wie es heute sei, wie das Geld verteilt ist. Ich würde vom Gleichnis berichten, dass alle vor Gott gleich seien. Es komme nicht drauf an, ob ich lieb und brav sei, sondern auf die Liebe.<br>Ich habe heute gelernt, dass man zueinander gerecht und lieb ist und die Liebe weitergibt. | Eigenes Denksystem als wiederholte Konkurrenz zur Predigt oder als Denkraum, Gedanken einzuordnen. Übertrag in die Gegenwart.<br><br>Erkenntnisse können die Intention der Predigt übersteigen. | 6 |
| *I: Diese Hoffnung.*<br>B2: Ja, also (energisch) diese Hoffnung muss man haben, sonst muss man heute nicht, sonst muss man nicht die Predigt […] dann kann man die Bibel irgendwo in die Schublade legen. Ja, diese Hoffnung muss man haben – ganz konkret. Ich möchte nicht in der Sphäre schweben. […] | Ich muss diese Hoffnung haben, sonst brauche ich keine Predigt, und die Bibel könnte ich weglegen. Ich möchte nicht in der Schwebe bleiben. | Hoffnung als Motor für Gemeinde und für Glauben. Hoffnung, Sicherheit zu erhalten. | 7 |

## 8.3.5. 5. Interview, episodisch (Frau, ca. 65 Jahre)

| Interview 5 (ER) nach Predigt A | Paraphrase | Generalisierung | |
|---|---|---|---|
| *I: Was kommt Ihnen zur Predigt in den Sinn?*<br>B: Also das stärkste Bild ist sicher die Erinnerung […] mit diesem (zögernd) Rübenberg, also diese Kindheitserinnerung. (Stimme hoch) Erst einmal dieses Bild an sich schon ist ja so stark. (Stimme hoch) Und ich finde, das ist (Pause) sehr nahe an der Geschichte, die ja da eben erzählt wird vom Weinberg, also diese – landwirtschaftliche […] also dieses landwirtschaftliche Bild. Das ist mal das Erste (Stimme hoch). Und (lange Pause) was damit einhergeht (Stimme gedehnt): Also ich ich habe […] viele Jahre im paraguayischen Busch gelebt und da ist ja dieses Thema dieser Tagelöhner absolut […] ehm aktuell oder, da ist, so viele sind […] Tagelöhner und und immer diese FRAGE: Was ist gerecht? (Stimme gedehnt) Das hat mir natürlich sehr […] aus dem Herzen gesprochen (Stimme hoch). Und dazu kommt, dass ich auch persönlich von dieser Predigt sehr angesprochen worden bin (Stimme hoch). Ehm, Es ist auch eine dieser Predigten, wo man denkt: Die ist nur gerade für MICH (Pause) wurde die geschrieben (Stimme hoch), weil sie so passt … weil ich bin wirklich gesundheitlich und so sehr (Pause) am Boden bin ich wieder in die Schweiz gekommen und als Sozialfall, wie man so sagt, geLANDet oder. Und da ist diese Frage ewig […] präsent, also was leiste ich jetzt noch mit meinen bald 60 Jahren und so weiter, also: hat mich sehr ins Herz getroffen […] alles in allem. | Ich erinnere mich an den Rübenberg aus der Kindheit. Das ist ein starkes Bild. Das ist nahe am Text, als landwirtschaftliches Bild auch.<br><br>Ich war in Paraguay, wo es viele Tagelöhner hat und damit auch die Frage, was gerecht sei.<br><br>Das hat mir aus dem Herzen gesprochen.<br><br>Ich wurde zudem persönlich von der Predigt angesprochen; sie war eigentlich für mich, weil sie so passt. Denn ich war wirklich gesundheitlich am Boden und in die Schweiz als Sozialfall zurückgekehrt. Da war die Frage, was ich leiste mit bald sechzig Jahren. Die Predigt hat mich ins Herz getroffen. | Bildhafte Erzählungen bleiben haften, auch in Analogien zueinander.<br><br>Text, Predigt und eigene Welt miteinander verknüpft.<br><br>Predigt passt zu Hörenden und ihrer Geschichte.<br><br>Eigene Geschichte wird zum Gleichnis. | 1 |
| *I: Sie sagten vorhin «aktuell», es sei aktuell …*<br>B: Ja … diese Geschichte und die Frage […], was ist dann gerecht, also: Der Arbeiter, der jetzt sechzigjährig ist oder oder eben siebzigjährig und und kein – nirgends eine Versicherung, und der kann noch ein bisschen etwas machen. Ja, was mache ich als Arbeitgeber, also (Seufzer). | Ja, die Frage, was gerecht sei. Ich mit sechzig, keine Versicherung; was kann ich machen? | Am Nullpunkt sein wie die Tagelöhner im Text. | 2 |

| Interview 5 (ER) nach Predigt A | Paraphrase | Generalisierung | |
|---|---|---|---|
| *I: Sie haben kurz gesagt. Sie waren dann ehm, nach langer – Sie waren da lange Zeit weg?*<br>B: Ja eben, ich bin aus gesundheitlichen Gründen zurückgekommen; und mit meinem Mann, weil er war hier sehr unglücklich und so; (schnell) da sind wir ausgewandert. Und er hat dort sein Paradies gefunden (schnell) und für mich war's einfach (langsam) sehr schlimm, […] kirchliche Leben, diese Gemeinschaft und so weiter hat mir wahnsinnig gefehlt (Stimme hoch). Das war sicher […] mit ein Punkt, dass ich das in Südamerika nicht mehr ertragen konnte (Stimme hoch) und dann mit gar nichts – zwei Koffern – zurückgekommen bin, jaaa und eigentlich in der Schweiz auf der tiefsten Stufe, also sozial kann man sagen, […] gelandet oder. Ja, und da war ich, ich bin durch […] Zufälle hier gelandet und habe in der KIRCHE eine Heimat gefunden. | Ich bin krank zurück gekommen; mein Mann hatte dort sein Paradies gefunden. Für mich aber war es sehr schlimm, so weit weg von der Familie und meiner Kultur. Das fehlte mir alles sehr.<br><br>Ich konnte es nicht mehr ertragen und bin mit zwei Koffern zurückgekommen, in der Schweiz sozial auf der tiefsten Stufe. Ja, und da war ich und habe hier in der Kirche Heimat gefunden. | Gleichnis der Fremde als Verbindung von Bibeltext und Biografie<br><br>An den Nullpunkt gelangen wie die Tagelöhner im Text. | 3 |
| *I: Mhm. Was für Gefühle hat dann bei Ihnen ausgelöst nach dieser Predigt? Also ich meine, das hat total gepasst?*<br>B: Also, wenn nun diese Predigt vor – sagen wir – vor zwei Jahren gehört hätte, dann […] wäre das ein RIESEN Trost gewesen für mich, damals oder. Und jetzt, da hab ich mich (Pause) wirklich gut […] aufgefangen oder. Aber es ruft dann diese Geschichte wieder hervor, nicht mehr mit enorm starken Emotionen, wie das vor zwei und drei Jahren geschehen wäre aber ehm (lange Pause, suchend) aber eine […] trotzdem: das ist eine Predigt, die wie Balsam ist auf meine Geschichte. | Früher wäre diese Predigt für mich ein unermesslich grosser Trost gewesen; ich habe mich aufgefangen, und heute ruft es aber die Geschichte hervor mit enormen Emotionen. Heute ist die Predigt für mich wie Balsam auf meine Lebensgeschichte. | Predigt als Trost<br><br>Predigt als Stärkung | 4 |
| *I: Mhm. Hört sich ja – hört sich ja sehr berührend an, ehm.*<br>*Gab es auch Momente, wo Sie kurz Sie abgeschweift sind.*<br>B: Das könnte sein. Weil etwas ist mir NICHT klar mit den drei Freunden. Und da hätte ich das Bedürfnis gehabt, den Text nochmals zu hören. Irgendwie habe ich das … Und da bin ich wohl mal (Pause) abgeschweift. Das kann sehr gut sein. | Ich bin hängen geblieben bei den drei Freunden. Da hätte ich gern nochmals nachgedacht.<br>Ich erinnere mich nicht mehr, worum es da ging, bei den drei Freunden. | Zuhören öffnet Denkräume. Unklarheit löst Abschweifen ab. Denkräume können vom Inhalt der Predigt wegführen. | 5 |

| Interview 5 (ER) nach Predigt A | Paraphrase | Generalisierung | |
|---|---|---|---|
| *I: Welche Bilder haben Sie dann weggelockt?*<br>B: Was war es die Urgrossmutter oder was, wie sie uns da in die Geschichte reingenommen hat. Also das ist für mich sehr sehr wichtig, dass es ein Ganzes ist, also dass es zusammenPAsst. (Stimme leise) Und das war schon ganz grossartig – finde ich – dieses Bild, dass ja eben nur, nur, was man geleistet hat (Stimme hoch) selbst und dass das andere (Stimme laut) mit dem Rübenberg und natürlich dieser, dieser ehm [...] diesem Brieföffner (schwebend, lange Pause), dass man [...] auch ehm [...] wenn es jemand versteht, einen das richtige Werkzeug gibt. Ja, was dann für Möglichkeiten sind, sonst wäre ja das Mädchen [...] auch teilweise [...] mühsam geworden auf diesem Rübenfeld (Stimme hoch), aber es wurde durch das Werkzeug – (Stimme tief) das hat mich TIEF berührt, [...] die Weisheit des Grossvaters, der dem Mädchen den Brieföffner gab. Es hat Anteil genommen. | Mich haben die beiden Berichte aus ihrem Leben weggelockt. War es die Urgrossmutter oder so? Ich merkte, wie ich in die Geschichte herein gehoben werde. Ja, für mich ist es wichtig, dass es ein Ganzes ist, das zusammenpasst. Und das Bild war schon eindrücklich, das mit dem Rübenberg und dem Brieföffner; dass man jemandem einfach das richtige Werkzeug in die Hände geben muss.<br>Durch dieses Werkzeug hatte das Mädchen auch Anteil genommen. | Geschichten lösen eigene Geschichten aus.<br><br>Kontextualität der Predigt und Komposition des Gottesdienstes sind wichtig.<br>Bild wird weiter imaginiert und weiter intendiert.<br>Das Bild in der Predigt erhält metaphorische Bedeutung.<br>Bilder mit Deutung lösen neue Deutung aus. | 6 |
| *I: Was hat gerade dieses Bild speziell bei Ihnen ausgelöst oder in Erinnerung geholt? (lange Pause)*<br>B: Ja, das Angenommensein von dem vierjährigen Mädchen bis zum achtzigjährigen Grossvater und alle dazwischen [...] hatten Platz auf diesem Feld. | Alle waren angenommen, vom Jüngsten bis zum Ältesten. | Korrelation zwischen der Intention des Gleichnisses und des Bildes. | 7 |
| *I: Und ehm, gab es etwas, das Sie diese Woche mit nehmen?*<br>B: Ganz klar beginn ich mit diesem Bild (Stimme hoch) ...<br>*I: ... mit dem Bilde von dem Mädchen?*<br>B: ... mit den Rüben. Und [...] und ehm [...] Jaa (zögernd) wenn meine reduzierten Kräfte oder – ich nieMALS mehr voll arbeiten kann, dass wenn ich [...] etwas mit Begeisterung mache (schnell) wie sicher dieses Mädchen da geschabt hat [...] und so, dass es einfach das ist, was ich jetzt kann. [...] | Wenn ich wegen meiner reduzierten Kräfte nie mehr voll arbeiten werde, dann ist es doch einfach gut, was ich tue.<br><br>Ich setze einfach alles ein, was ich zur Verfügung habe. Und das reicht. | Intention der Predigt wird ins Eigene übertragen und reflektiert. | 8 |

## 8.3.6. 6. Interview, episodisch (Paar, ca. 65 Jahre)

| Interview 6 (TWB) nach Predigt A | Paraphrase | Generalisierung | |
|---|---|---|---|
| *I: Was kommt Ihnen zur Predigt in den Sinn?*<br>B: Ich habe ihm gleich vorhin gesagt. Wir kommen gerade aus einer anderen Diskussion am Fernsehen heraus, was hier nun hier (Stimme hoch) wirklich gerade die Fortsetzung gewesen (Stimme hoch) ist. | Wir haben gerade anderswo diskutiert, was hier nun grad die Fortsetzung ist. | Eigenes Vorwissen und Kontext gehen der Predigt voraus. | 1 |
| B 2: Also für mich gibt es EINEN Kernsatz, der mir irgendwo geblieben ist: Es bekommt jeder das, was er nötig hat. Das ist irgendwo […] so als […] Zusammenfassung, (rasch) wenn ich jetzt eine Zusammenfassung machen müsste, das ist das, was ich wirklich sagen kann, das ist mir jetzt wirklich geblieben. Dieser Satz; und diesen finde ich eigentlich auch noch […] ein gutes Ding, also, man hat nicht das, was man verdient hat, sondern eben das: man soll das bekommen, was man wirklich nötig hat. Und das manchmal ganz wenig, und das ist manchmal ganz viel. […] Aber man kann es messen irgendwo an etwas. Das ist für mich so ein wenig …<br>B: … Und vor allem kann es kein anderer quantifizieren, was man jetzt nötig hat. | Jeder bekommt das, was er nötig hat.<br><br>Man hat nicht das, was man verdient, sondern das was man nötig hat.<br><br>Das ist manchmal ganz wenig und manchmal ganz viel.<br><br>Man kann es messen, aber niemand anderer. | Jeder bekommt, was er nötig hat.<br><br>Der Gedanke wird fortgesetzt und in eine eigene Argumentation gesetzt. Die Pointe wird transformiert in einen eigenen Denkraum. | 2 |
| B 2: Ja, also ich glaube auch. Also ich gehe dann, wenn ich […] EINEN Franken habe, und ich diesen nötig habe, dann habe ich Freude daran. (Lachen) Also wenn ich ihn nicht, also, das für mich der Kernsatz gewesen der ganzen Predigt.<br>B: Also mich hat es hineingenommen, fasziniert die ganze (Pause) Es ist mir jetzt beinahe die Antwort gewesen auf die Fragen, von vorher.<br>*I: Sie meinen jene im Fernsehen?*<br>B: Ja, genau. –<br>B 2: Da ist eben eigentlich auch die Frage gewesen: Was ist der Mensch wert? Dort ist es dann die Kernaussage gewesen, dass zum Beispiel ein Sklave früher kein Mensch gewesen ist, sondern eine Sache. Da konnte man darüber verfügen. | Wenn ich *einen* Franken bekomme und diesen nötig habe, dann freut mich dies.<br><br>Bisherige Fragen hat die Predigt mir erhellt.<br><br>Im Fernsehen ging es darum:<br>Was ist der Mensch wert? Früher war der Sklave eine Sache, über die man verfügen konnte. | Wechsel der Perspektive ermöglicht andere Denk- und Lösungsmuster.<br><br>Predigt erhellt bisherige Fragen<br><br>Vorwissen und Erfahrungen werden mit der Predigt verknüpft. | 3 |

| Interview 6 (TWB) nach Predigt A | Paraphrase | Generalisierung | |
|---|---|---|---|
| *I: Den Kernsatz, den sie genannt haben: Was bedeutet dies jetzt für Sie?*<br>B: Dass wir vielleicht im Staat probieren, unser ganzes System – das steht ja schon im Raum irgendwo, dass wir einen Grundlohn bekommen für alle zusammen (lange Pause) und nicht äh […] wenn einer nicht arbeiten kann […] also dass unser System irgendwo einfach nicht stimmt. Und daran müsste man arbeiten (lange Pause): Was, was braucht der Mensch? | Alle sollen einen Grundlohn erhalten.<br><br>Unser System (gesellschaftlich) stimmt nicht. Daran müsste man arbeiten. | Gesellschafts-Politische Verankerung der Predigt über die Systemfrage.<br><br>Eigener, selbst eingebrachter Lösungsweg. | |
| *I: Was würden Sie sagen, wer gibt das?*<br>B: Ja […] Hier ist es der Arbeitgeber im Grunde genommen gewesen. (lange Pause) Es ist mir aber auch nicht klar, wie man das (lange Pause) dem Staat wirklich soll … Es hat mir auch am Beispiel, das sie am Anfang gesagt hat, mit dem «Runggle butze» (Zuckerrüben reinigen) – ganz bekannt, gell; ich habe die genau gleichen Erlebnisse gehabt […] Und ich denke, dort ist nicht einmal […] auch finanziell. Ich gehe dorthin auch wegen des Gruppengefühls, weil ein Haufen von Leuten – ich weiss: der und der und die und die sind alle auch dort. Und: es ist, es «fägt» (begeistert), einen Tag lang zusammen zu (schaffen) arbeiten und dann eben zusammen zu essen. Es ist ja nicht immer nur die materielle […] was ich materiell brauche, sondern was auch sonst (Pause).<br>B 2: Ja, es geht für mich auch etwas in diese Richtung irgendwo: Das Zusammensein an sich ist letztlich wichtiger als der Franken, den ich bekomme. Also auch hier: Es ist noch schwierig, dies in Worten zu sagen. | Hier war es der Arbeitgeber; aber der Staat?<br><br>Ich gehe da hin, auch wegen des Gefühls, zur Gruppe zu gehören.<br><br>Es geht nicht immer um das Materielle, was ich brauche.<br><br>Die Gruppe kann mir auch etwas geben. | Das Bild der Geschichte bleibt in der pauschalen Übertragung bestehen.<br><br>Überprüfen löst Eigenkritik aus. Weiterführen des Gedankens zum Leben als Gruppe.<br><br>Werte sind auch immaterieller Art.<br><br>Gefühl der Gemeinschaft oder Gerechter Lohn? | 5 |
| B 2: Es ist noch schwierig, wenn man dies nun auf den Alltag übertragen müsste – dort geht es in eine gleiche Richtung. (zögernd) Das Gespräch mit irgend jemandem […] im Laden oder irgendwo auf der Strasse kann vielleicht mehr bringen als am Abend zehn Franken mehr im Portemonnaie zu haben. […] | Auf den Alltag zu übertragen, ist schwierig. | Die Predigt soll auf den Alltag übertragbar sein. | 7 |

| Interview 6 (TWB) nach Predigt A | Paraphrase | Generalisierung | |
|---|---|---|---|
| Das wäre für mich also auch so ein Weiterspinnen davon, was ich in dieser Stunde gehört habe. […] Also: Wie wichtig ist es, dass ich auf den anderen Rücksicht nehme, wie wichtig ist es, dass ich auf den anderen hören kann. Wie wichtig ist es, dass ich (Stimme hoch) überhaupt Zeit habe zuzuhören. (lange Pause) Das wäre […].<br>B: Das ist wirklich noch lustig gewesen, nach der Lesung: Da hat es mich wirklich dorthin getrieben zu denken: Ja das ist doch ungerecht. Sie hat doch gesagt, sie seien auf dem Markt herumgelungert. Ja, und die haben eigentlich nichts getan (gearbeitet), Ja. Sie haben im Schatten gesessen und die anderen haben an der Sonne gearbeitet. […] Und das hat einen selber getrieben, wo man sich fragt, es ist wirklich, wirklich nicht ganz gerecht. […] Also da hat sie eine rechte, rechte […] Hilfe ist eigentlich ein falsches Wort, aber eben So den Ankick dazu gegeben (Pause), alles einmal von einer anderen Seite her zu sehen. | Ein Gespräch kann mehr geben als Geld verdient zu haben.<br><br>So spinne ich weiter.<br><br>Wie wichtig ist es, Rücksicht zu nehmen und auf einen anderen zu hören?<br><br>Es ist ungerecht; die haben nichts gearbeitet, haben im Schatten gewartet und die anderen in der Sonne gearbeitet.<br><br>Aber nachher: Jeder hat, was er braucht. | Die Predigt wird weiter entwickelt.<br><br>Die ungerechte Ausgangslage wird verändert.<br><br>Der Wendepunkt bildet ein anderes Denksystem, wo nicht Verdienst gilt, sondern Bedarf. | |
| *I: Und die andere Seite wäre?*<br>B 2: Ja, dass man nicht das Materielle in den Vordergrund stellen solle, sondern etwas anderes, also […] Gemeinschaft, Kontakt mit anderen Leuten, dass man auch mit Nichts etwas geben kann. Also nur schon das Dasein von jemandem kann mehr bringen als zehn Franken. | Man soll nicht das Materielle in den Vordergrund stellen, sondern die Gemeinschaft, den Kontakt mit anderen. | Die eigene Pointe aus dem Verstandenen entwickeln. | 9 |
| *I: Wenn Sie nun in ein paar Tagen jemand Sie fragen würde, was ist Ihnen als Wichtigstes geblieben?*<br>B: Das ist das, was er vorhin gesagt hat: Also (lange Pause) Gerecht ist es, jenem das zu geben, was dieser Mensch braucht und nicht: Verdienen kann man gar nichts im Grunde genommen. […]<br>*I: Wie meinen Sie das?*<br>B: (lange Pause) Ja, also ich kann mit meiner Arbeit versuchen, etwas zu MACHEN, aber: Wer sagt, du bist so viel wert und verdienst das. Ich bekomme dies nun für meine Arbeit. VERDIENEN wirklich […] im tiefsten Sinn des Wortes kann man doch gar nicht. (lange Pause) Man bekommt einen Lohn für die Arbeit; aber VERDIENEN?<br>(lange Pause) | Gerecht ist, jenem das zu geben, was er braucht.<br>Verdienen kann man nichts. Ich kann meine Arbeit *machen*. Daraus lässt sich aber kein Wert ableiten. Man kann einen Lohn bekommen, aber nichts verdienen. | Predigt wird weiter entwickelt: Doppelte kausale Bedeutung von Verdienst: Geld aufgrund von Arbeit respektive Schicksal aufgrund von Lebensführung | 11 |

| Interview 6 (TWB) nach Predigt A | Paraphrase | Generalisierung | |
|---|---|---|---|
| B 2: Ja, also gerade im Zusammenhang, wo wir das Wort *Verdienen* in den Vordergrund stellen, dass ich also einen Lohn bekomme für irgendetwas, wofür ich gearbeitet habe. Da verwenden wir das Wort *Verdienen* ständig falsch. Man gibt einfach etwas, dem einen etwas mehr und dem anderen etwas weniger. Aber viel wichtiger ist doch, dass ich das bekomme, damit ich auskomme. | Wichtig ist, dass ich mit dem, was ich bekomme, auskomme. | | |

## 8.3.7. 7. Interview, Leitfaden (Frau, ca. 65 Jahre)

| Interview 7 (MF) nach Predigt A' | Paraphrase | Generalisierung | |
|---|---|---|---|
| *I: Was waren für Sie die wichtigsten Gedanken der Predigt?*<br>B: Die, die auf den Menschen von heute bezogen sind. […] Also, es kann jeder gebraucht werden (Pause), so lange wir er mag oder kann, und er bekommt den Lohn nach seinem Bedarf. | Mir ist wichtig, was sich auf heute bezieht. Jeder kann gebraucht werden und bekommt nach seinem Bedarf | Bezug auf das Jetzt ist wichtig | 1 |
| *I: Das war für Sie der rote Faden?*<br>B: Ja, das kann ich brauchen. Etwas, das ich im Alltag nicht brauchen kann, dafür brauche ich nicht zu kommen. Das höre ich durch die Woche hindurch zu genüge Eben, was man nicht brauchen kann. Ja. (Lachen) | Ich komme, um zu hören, was ich für den Alltag brauche. Alles andere höre ich anderswo. | Predigt soll das geben, was man braucht. | 2 |
| *I: Gab es viele Themen in der Predigt viele?*<br>B: Das war für mich heute sehr passend. Ja, also ein Einstieg mit einem persönlichen Gedanken, mit etwas Erlebtem; der Schluss war wieder mit etwas persönlich Erlebtem verbunden gewesen. Und das hat ganz wunderbar gepasst zu dem, was ja der Inhalt gewesen ist, dem Wort Gottes. | Das persönliche Erlebnis, der Schluss, haben für mich gut zum Wort Gottes zusammen gepasst. | Die Intention persönlicher Erlebnisse und Wort Gottes müssen verbunden sein. | 3 |
| *I: Gelten die Gedanken für Sie auch für Heute?*<br>B: Die gelten heute und hier und gelten vor allem auch noch morgen, sondern auch für morgen. | Die Predigt gilt hier, auch in die kommende Zeit. | Die Predigt ist im Alltag verortet. | 4 |

| Interview 7 (MF) nach Predigt A' | Paraphrase | Generalisierung | |
|---|---|---|---|
| *I: Was für welche Bilder haben Sie gesehen?*<br>B: Es sind ganz wichtige Aktionen drin: von diesem Besitzer, und dann von den Arbeitern, die so lange gearbeitet haben. Da ist Aktion drin. Es ist viel Bewegung drin und für mich auch viel Bewunderung für diesen Gutsbesitzer, der sich immer wieder hat aufmachen müssen; wenn er zu Hause bleiben würde, geschähe nichts. Er geht hinaus, er sucht Leute, sieht Leute, die nichts tun können. Und diese spricht er an. Also er macht sich selber auf die Socken, darum: es hat schon Bewegung drin. | Der Gutsbesitzer, die Arbeiter, die so lange arbeiteten.<br>Viel Bewegung: die Bewunderung für den Gutsbesitzer, der sich immer wieder aufmachen musste.<br>Er sucht Leute und sieht auch die ohne Arbeit. Er selber ist in Bewegung. | Wenn Bilder entstehen, so können das eigene sein. Sie werden mit der Predigt verknüpft.<br><br>Weiterführen der Gedanken in der Stringenz der Predigt. | 5 |
| *I: Haben Sie so etwas wie eine Pointe gehört?*<br>B: Ja, […] dort, wo der Gutsbesitzer sagt, […] es bekommt jeder das, was er braucht. Also: gelesen habe ich den Text eben schon im voraus. Und da hat er schon bei den Ersten den Lohn ja schon vereinbart. Bei den anderen hat er ihn wohl nicht mehr festgemacht. Aber die bekommen dann einfach gleich viel. Und das übersteigt mein Vorstellungsvermögen. Und wenn es das übersteigt, […] weil es aus Gottes Idee kommt, ist es für mich der springende und somit der grösste Punkt: Gnade. | Der springende Punkt war da, als der Gutsbesitzer gesagt hat, jeder bekomme, was er brauche.<br>Dass alle gleich viel erhalten, übersteigt mein Vermögen, es mir vorzustellen.<br>Weil es Gnade Gottes ist, ist das der springende Punkt. | Die Pointe ist integriert in der biblischen Perikope.<br><br>Realitätsbezug steht im Widerstand zur theologischen Perspektive. | 6 |
| *I: Was meinen Sie: Was hat die Pfarrerin mit der Predigt erreichen wollen?*<br>B: […] Ja, was sie hat erreichen wollen, würde ich jetzt vermuten, dass wir unsere Vorurteile (Stimme hoch) etwas überarbeiten würden […], nicht anhand davon, wie schweissgebadet der eine aussieht und der andere, der ja kaum zu arbeiten angefangen hat, und diese bekommen den gleichen Lohn, […] wir meinen, es uns anmassen zu müssen, wenn es auch ganz verständlich ist vom MENSCHEN aus, aus DIESEM Gesichtspunkt, was jeder zu gute haben soll, sondern […] lernen diese Gottesgedanken genauer anzuschauen und zu verfolgen. […] | Das Ziel der Predigt würde ich da festmachen:<br>Wir sollen unsere Vorurteile überarbeiten, nicht nach dem Aussehen oder der Leistung zu urteilen,<br>sondern die Gottesgedanken anschauen. | Das Ziel der Predigt war: Vorurteile überarbeiten und urteilen nach göttlichem «Ermessen» (?) | 7 |

| Interview 7 (MF) nach Predigt A' | Paraphrase | Generalisierung | |
|---|---|---|---|
| *I: Haben Sie etwas davon gespürt, dass da jemand aus dem Glauben heraus geredet hat.* B: Ja *I: Und woran haben Sie das gespürt?* B: An der Wärme, wie es zu mir gekommen ist, und an den persönlichen Einwürfen [...] aus ihrem Leben. Sie zeigt einem, sie überlegt sich dies, ihr kommt etwas in den Sinn, was damals bei ihrem Zvieri (Vesperbrot) zum Beispiel auch alle zugute bekommen haben. Es war ganz selbstverständlich, dass jedes, ob grosse oder kleine Kraft, davon bekommt. [...] Und dann so die Ausstrahlung, die Wärme, das zeigt mir, dass sie glaubt, was sie sagt. | Die Wärme, wie es auf mich zugekommen ist, ist Hinweis auf einen Glauben. Das persönliche Erlebnis, den Zvieri, dass es allen zugute komme, ist für mich ein Hinweis, dass sie glaubt, was sie sagt. Und die Ausstrahlung und Wärme zeigt mir dies auch. | Glaube wird umschrieben mit Wärme (taktile Wirkung) und mit Ausstrahlung (optische Wirkung) sowie mit persönlicher Verbindung (biografische Partizipation) | 8 |
| *I: Ist es Ihnen vorgekommen, als ob sie zu Ihnen spricht?* B: Nein, (Lachen) nicht dass sie mich direkt anspricht, aber ich habe es für mich so aufgefasst, für mich aufgenommen. Es hat einfach eine Wichtigkeit gehabt für MICH. Ich habe nicht den Eindruck, ich sein nun quasi ihre (Lachen) Zielscheibe, sondern (zögernd), es hat mir persönlich etwas gesagt. | Sie hat mich nicht direkt angesprochen, aber ich habe es für mich aufgenommen. Es war wichtig für *mich.* Die Zielscheibe war ich nicht. | Nicht Absenderin, sondern Hörende sind aktiv: aufgenommen. Hörende wollen nicht Zielscheibe sein. | 9 |
| *I: Und war es eher eine Rede oder ein Gespräch?* B: Schon ein Gespräch mit uns als Zuhörer. *I: Woran haben Sie das gemerkt?* B: Dass es nicht vortragsmässig ist; es beginnt einfach mal, dann geht es mal da durch und bis zum Schluss und ohne ... es hätte PLATZ gehabt, scheint mir, für einen Einfall. | Die Predigt war kein Vortrag, sondern begann mal, ging da durch und da bis zum Schluss. Es hätte Raum gehabt, spontan Weiteres anzufügen. | Der Verlauf der Predigt wirkt wie ein Gespräch. Ein Gespräch lässt Raum frei für Eigenes. | 10 |
| *I: Hatte es in der Predigt neue Gedanken? Sehen Sie nun eine Sache anders?* B: (lange Pause) Ich sehe es nicht unbedingt anders, aber verstärkter: das vom anderen beurteilen, oder schauen, was der andere bekommt, was hat er, was kann er, was kann ich NICHT oder was kann ich auch. [...] Einfach diese Überlegungen an den rechten Platz tun; das ist das, was sich nun entfalten können muss und vertiefen und bewähren. Das ist für mich jetzt vielleicht nicht ganz neu, aber noch etwas eindringlicher. Für den Alltag, ja. | Ich sehe es nicht anders, aber es hat die Sicht verstärkt. Mich mit jemand anderen vergleichen und beurteilen, was er bekommt, was er hat oder kann. Ich muss das noch entfalten, vertiefen. Es muss sich auch bewähren. | Die Predigt gibt nicht eine neue Sicht, aber sie verstärkt diese.<br><br>Nach dem Hören müssen sich Gedanken noch entfalten, vertiefen und sich bewähren. | 11 |

## 8.3.8. 8. Interview, episodisch (Frau, ca. 65 Jahre)

| Interview 8 (LP) nach Predigt A' | Paraphrase | Generalisierung | |
|---|---|---|---|
| *I: Was kommt Ihnen zur Predigt in den Sinn?*<br>B: Ja, die Situation der Arbeitenden, und was mir erstmals aufgefallen ist, ist dass es im Bibeltext steht: «Ihr dürft auch noch in den Weinberg gehen». Also, ihr dürft arbeiten – das ist ja wie wenn die, die arbeiten, den ganzen Tag froh sein müssten. Und die anderen, die zuletzt kamen, mussten sich den ganzen Tag über fragen: ob sie heute wohl noch überhaupt etwas zu tun hätten oder leer ausgingen. | Mir ist erstmals aufgefallen, dass der Gutsherr sagt: Ihr dürft in den Weinberg. Arbeiten *dürfen* heisst, dass man darüber froh sein soll. Denn die, die zuletzt kommen, mussten sich fragen, ob sie heute leer ausgingen. | Ein besonderer Aspekt wird durchgedacht und narrativ, szenisch nach deren Schlüssigkeit überprüft. | 1 |
| *I: Mhm.*<br>B: Also, da ist mir plötzlich ein ganz anderer Aspekt des Textes aufgefallen, eben dieser vom Arbeiten *dürfen*. Bislang bin ich immer zornig geworden und habe gedacht: Wenn ich als erste gegangen wäre, … wäre ich zornig geworden. Die Letzten, die noch etwas aufräumen mussten, was wir den ganzen Tag gearbeitet haben, den ganzen Tag. Da hat die Sonne geschienen und es war heiss. Und die anderen erhalten gleich viel. Aber ich habe vielleicht noch ein Mittagessen bekommen. Ich habe gewusst: das Essen ist gerettet; ich habe so viel, wie ich brauche. Und die anderen haben den ganzen Tag nicht gewusst … | Mir ist ein anderer Aspekt aufgefallen. Arbeiten *dürfen* ist für mich neu. Bislang war ich zornig, wenn ich mich als Ersten vorgestellt habe. Die Letzten mussten noch aufräumen, wir Erste tagsüber unter der heissen Sonne arbeiten. Zu Essen gab's auch. Ich habe so viel bekommen, wie ich brauche. Die Letzten nicht den ganzen Tag. | Predigt lässt Neues entdecken.<br><br>Bisherige Vorstellungen können sich verändern. Narrative Schilderungen werden zur Argumentation eingesetzt. | 2 |
| *I: Was fällt Ihnen noch ein zur Predigt?*<br>B: Ja, also, die Pfarrerin hat praktische Beispiele gebracht. Das ist sehr anschaulich, und das vergisst man nicht, wie sie da als kleines Mädchen Rüben geschabt hat und auch am Zvieri (Vespermahl) teilgenommen hat und eigentlich eine gleiche, ähnliche Situation erlebt hat. | Was anschaulich ist, vergesse ich nicht. Wie sie als Mädchen Rüben geschabt hat und zu Essen bekam, eigentlich das Gleiche erlebte. | Anschaulich bleibt in Erinnerung.<br>Analogie zwischen biblischem. Gleichnis und Geschichte. | 4 |
| I: Wie war nun das Beispiel in der Predigt?<br>B: Ja das hat gut gepasst. Ein gleichgewichtiges Beispiel. Jesus erzählt ja auch aus dem Alltag, aus seinem Alltag und […] die Pfarrerin hat aus ihrem Alltag als Kind das Ganze noch etwas anschaulicher gemacht. Ja, man kennt diese Gleichnisse, und doch kommt jedes Mal etwas Neues hervor. | Das Beispiel hat gut gepasst. Wie das Gleichnis, aus dem Alltag.<br>Ich kenne die Gleichnisse, und doch höre ich Neues. | Geschichte in der Predigt hat die Qualität eines Gleichnisses. Bekanntes lässt Neues erkennen. | 5 |

| Interview 8 (LP) nach Predigt A' | Paraphrase | Generalisierung | |
|---|---|---|---|
| *I: Mhm. Wenn Sie jetzt nochmals Text, Predigt denken, gab es da Merkpunkte, wo Sie dachten: Ja, ja genau.*<br>B: [...] Also, dass alle vor Gott gleich sind, unabhängig auch davon, wie wertvoll die Arbeit ist, die wir leisten. [...] Dass alle mitarbeiten können, unabhängig von ihren Gaben und Talenten. Es gibt für jeden irgendeine Aufgabe, einen Auftrag, eine Möglichkeit auch, sich einzubringen. | (1) Vor Gott sind alle gleich, (2) ungeachtet von Leistung und Arbeit. (3) Darum können alle mittun, (4) unabhängig von Talenten. (5) Es gibt für jeden eine Aufgabe, und (6) umgekehrt kann jeder sich einbringen. | Eigene Herleitung<br>1) Grundlage Wertesystem<br>3) Konsequenz<br>4) Qualität 5) individuelle Perspektive<br>6) Systemische Perspektive | 6 |
| *I: Sie haben vorhin aus Ihrem Leben erzählt. Was für Gefühle hat das bei Ihnen ausgelöst?*<br>B: Bei mir hat es persönlich ausgelöst, wieder einmal, dass ich nicht alles über den Kopf machen soll, sondern dass ich mein Bauchgefühl etwas ernster nehmen sollte. Und auch, dass [...] unabhängig davon, dass ich das Gefühl habe, ich müsse etwas leisten, dass ich ein Mensch bin, der geliebt ist, und der sich nicht immer bestätigen muss und meinen: Ja, [...] du bist nur dann gut, wenn du möglichst viel machst. [...] oder: Nur ein kleines Beispiel: Es gilt für mich persönlich und (räuspern) soll nicht wertend ... Die Frau neben mir war offenbar auch eine Interview-Partnerin, und sie hat den Bleistift hervorgekramt und einen kleinen Schreibblock, und dann bin ich versucht gewesen, mir zu sagen: ja ich müsste doch auch etwas aufschreiben. Und dann habe ich in meiner Tasche rumgestöbert – aber mein Bleistift war nirgends. Dann habe ich gedacht: So, das ist nun mal gut (Lachen). Jetzt lässt das einfach geschehen, und musst gar nichts. Du darfst da sein und, [...] und mit dem ganzen Körper und mit dem Geist wahrnehmen, was ist. So hat mich die Predigt angesprochen. Ich darf [...] loslassen, wo ich meine, ich müsste noch, es würde sich doch gehören, dass ich dieses und jenes tun müsste. | Ich soll nicht alles über den Kopf machen, sondern mein Gefühl ernst nehmen. Ich bin ein geliebt, unabhängig davon, was ich leiste. Ich muss mich nicht immer bestätigen und meinen, ich sei dann gut, wenn ich möglichst viel tue. Die Frau neben mir war auch für ein Interview vorgesehen und hatte Bleistift und Block hervorgekramt. Müsste ich nun aufschreiben? Aber ich fand kein Bleistift. Da dachte ich: Ich lass es gut sein. Ich kann da sein und wahrnehmen, was ist. Genau das habe ich nun in der Predigt gehört. Ich darf sein lassen, wo ich meine, ich müsste viel leisten. | Konsequenz in die eigene Situation.<br>Referenzwert innerhalb der Predigt.<br>Ausführendes Beispiel zur Korrelation von Konsequenz (Ich kann mein Gefühl ernst nehmen) und Referenzwert (Ich bin geliebt und muss mich nicht immer bestätigen). | 7 |
| *I: Ein schönes Beispiel, das direkt an der Predigt Ihnen aufzeigt, wo Sie gleich erkennen, den Sinn der Predigt vor der Predigt für Sie.*<br>B: genau<br>*I: tolles Erlebnis [...]* | Ein schönes Beispiel, das Ihnen zeigt: Sie erleben zuvor, was Sie während der Predigt als Sinn der Predigt erkennen. | Sinn entsteht bei den Hörenden. | 8 |

| Interview 8 (LP) nach Predigt A' | Paraphrase | Generalisierung | |
|---|---|---|---|
| *I: Manchmal schweift man ja ein bisschen ab. Ist das auch passiert bei Ihnen?*<br>B: Nein ich bin eigentlich gut dabei geblieben. Aber das ist auch – sie hat ja auch nicht weiss ich was für Exkurse gemacht eh wo man dann plötzlich gedacht hätte: Ist es wohl bald fertig? (Lachen) Aber sonst, nein ich bin da nicht abgeschweift. | Ich bin dabei geblieben. Es waren keine Exkurse, die einen langweilten. | Abschweifen ist negativ, mit Langeweile, fehlendem Faden konnotiert. | 9 |
| *I: Vielleicht – Manchmal schweift man ab, weil man etwas nicht versteht, manchmal schweift man auch ab, weil genau DAS einen total beschäftigt. Ist das vielleicht bei Ihnen vorgekommen?*<br>B: Das ist ein Moment bei der Lesung zu Beginn schon geschehen. […] wo es heisst: Gott habe den Menschen geschaffen […] dass wir nicht viel weniger seien als Gott. Da habe ich gedacht: oh, dann haben wir aber auch eine grosse Verantwortung, oder. Das hat mich dann einen Moment gepackt und mich nicht mehr zuhören lassen. | Abgeschweift bin ich, wo es heisst: Wir seien nicht viel weniger Wert als Gott selbst. Da habe ich gedacht: Dann haben wir eine grosse Verantwortung. Das hat mich gepackt. | Fortsetzung der Predigt-Intention. | 10 |
| *I: Gab es Bilder, die Sie fortgelockt haben?*<br>B: Ja, also das Bild vom Weinberg ist mir schon präsent geworden, und ich habe auch einen Moment dran gedacht, dass es heute so Bestrebungen gibt, die Weinberge wieder bewachsen zu lassen, nicht einfach alles auszureissen, was im Weinberg wächst – früher hat man alles gejätet, nur der Boden nackt und die Weinstöcke dagestanden sind. Und wie man heute eben versucht, ein ökologisches Gleichgewicht herzustellen, wo eben auch – Kleinlebewesen da sind, die eben den Weinstöcken guttun, wenn ich an den Weinberg denke. […] Und da drin zu arbeiten, ist ein schönes Bild. | Heute will man Weinberge wieder bewachsen lassen, nicht alles jäten. Man will ein ökologisches Gleichgewicht wieder herstellen und Kleinlebewesen ermöglichen, die den Weinstöcken gut tun.<br><br>Das drin zu arbeiten, ist ein schönes Bild. | Ökologisches Gleichgewicht ist eine Art, Verantwortung zu übernehmen?<br><br>Bildhaftes Reden löst bildhaftes Hören aus, Raum der zum Raum für das Verstehen der Predigt wird. | 12 |
| *I: … Wenn Sie jetzt rausgehen und Sie jemand fragt: Was haben Sie mitgenommen, was sagen Sie?*<br>B: Einfach, dass ich wieder einmal, dass alle Sinne gefordert sind, nicht nur einer. Und den ich seit Kindheit überbewertet habe. Mir wurde zu Hause eingebläut worden: Du musst gut sein in der Schule, sonst bist du (zögernd) eine Schande für unsere Familie. Das hat mein Vater gesagt, also. Das habe ich für bare Münze genommen. | Alle Sinne sind gefordert, nicht nur der Kopf.<br>Ich habe gelernt: Ich muss in der Schule gut sein, wegen mir und wegen der Familie. | Übertragung in die eigene Verstehenswelt und Verknüpfung mit eigenen Erfahrungen und Werten. | 13 |

| Interview 8 (LP) nach Predigt A' | Paraphrase | Generalisierung | |
|---|---|---|---|
| Das ist ein langer Prozess. Ich komme immer wieder in dieses Fahrwasser hinein, so dass ich meine: Was ich mit dem Kopf bewältigt habe, das habe ich bewältigt. Und da sagt mein Körper: Das ist überhaupt nicht bewältigt; du hast mich vergessen. Das kommt immer wieder, und […] diese Predigt hat mir wieder mal geholfen, zu spüren, was in meiner Nachbarschaft läuft, in meiner Familie, und dies nicht nur vom Äusseren her gesehen. | Der Kopf sagt, was bewältigt ist, ist bewältigt. Und der Köper sagt, dass dies längst nicht bewältigt ist, sondern nur vergessen.<br><br>Ich soll ganzheitlich leben, handeln und spüren, bei Nachbarn und in der Familie. | | |

## 9. Interview, episodisch (Mann, ca. 80 Jahre)

| Interview 9 (HL) nach Predigt A' | Paraphrase | Generalisierung | |
|---|---|---|---|
| *I: Was kommt Ihnen zur Predigt in den Sinn?*<br>B: Ich habe noch selten eine so klare Darstellung dieses Gleichnisses gehört. (Stimme hoch) Auch bei mir selber war es, war es eher ein wenig verschwommen gewesen. (Stimme hoch) Ich habe mir jeweils schon vorgestellt, dass dies Gott ist, der anstelle des Weinbergbesitzers – und es ist so, es ist einfach so, dass die Hauptaussage ist: Nicht durch unsere Arbeit, unsere Leistung, unser Können (verlangsamt, Stimme in der Schwebe) unser Talent, wofür wir ja selber auch nicht so viel können, gibt uns den Wert, sondern Gott selber […] gibt uns den Wert. Und dieser ist unabhängig von allen Eigenschaften, die ich eben aufgezählt habe. […] Eh, Gott […] schaut nicht auf die Arbeitsstunden, auf die Mühe, die man sich eigentlich gegeben hat; er schaut zunächst darauf, was wir brauchen (benötigen), so wie es ja auch im Gebet heisst: *gib uns heute,* was wir brauchen (Stimme hoch) *unser tägliches Brot* (Stimme hoch) und alles andere ist nebensächlich, also […] nebensächlich: das sind Geschenke, wenn es einem gut geht, wenn man es gut kann (wenn es einem gut gelingt). | Ich habe eine klare Darstellung des Gleichnisses gehört.<br><br>Nicht Arbeit oder Leistung, unser Können und Talent geben uns den Wert, sondern Gott selber.<br>Gott schaut nicht auf die Mühe, die man sich gegeben hat, sondern darauf, was wir benötigen. | Bekanntes wird neu gehört, verstanden.<br><br>Gott gibt uns den Wert.<br>Gott schaut auf das, was wir benötigen.<br><br>Verbindung zu Bekanntem. | 1 |

| Interview 9 (HL) nach Predigt A' | Paraphrase | Generalisierung | |
|---|---|---|---|
| Und da können wir dankbar sein dafür, aber […] jene, denen es eben nicht so gut gehe – die, Zu spät Gekommenen› oder die, Zuletzt Gekommenen›, die mit dem Leben Mühe haben: auch jene bekommen es. … Sie hat nachher eh Frau Pfarrer A. hat nachher auch das Erlebnis als Beispiel dazu gegeben von jenem Rübenputzen (Stimme hoch) | Das heisst es auch im Unser Vater: Gibt uns heute, was wir brauchen. Alles andere ist nebensächlich. Alles weitere ist Geschenk. Dafür können wir danken. Und auch die, Zu spät Gekommenen› bekommen es. Das Beispiel von Frau Pfarrer A. mit den Rüben zeigte dies. | Das gilt für alle gleich, auch für Letzte.<br><br>Das biblische Gleichnis und die Geschichte sind einander gleichwertig. | |
| *I: Ja*<br>B: Eine solche Arbeit – das war ein sehr treffendes Beispiel, das habe ich eigentlich selber auch erlebt als Bub, dass man jeweils: Wir haben dann jeweils helfen müssen bis zum Znüni; dann hat es Znüni gegeben, und dann haben wir frei gehabt. Und dann habe ich jeweils auch gedacht – schon damals habe ich mir gedacht «Wir haben eigentlich nicht so viel gearbeitet wie die anderen.» | Eine solche Arbeit kenne ich auch; als Bub halfen wir jeweils bis zur | Übertragung in eigene Erfahrungen mit analog konstruierten Gedanken wie die Predigt. Eigene räumliche Verortung. | 2 |
| *I: Aha.*<br>B: Das […] Profitdenken, das kommt einem schon, das ist schon früh in einem drinnen, aber mit dem […] vom Profitdenken ist das Gleichnis ein komplexes Rätsel. Wie kann Gott das machen? Aber ehm, so gesehen, dass Gott einfach […] bewertet nach dem, was wir brauchen ehm scheint mir das eben sehr gut; ja, also ein sehr treffendes Beispiel für die Behinderten. | Das Profitdenken, das man kennt, macht das Gleichnis zum komplexen Rätsel.<br>Gott bewertet nach dem, was wir brauchen; dazu passt das Gleichnis sehr gut, das passt zu den Behinderten. | Die Predigt steht in Opposition zu gängigem Denken.<br><br>Bezug von Wert und denen, denen dieser Wert zugute kommt. | 3 |
| *I: Und warum finden Sie das treffend?*<br>B: Eben. Wenn wir nur nach Profit denken, dann lassen wir alle, die «nicht nache möge» (den Ansprüchen nicht genügen können), links liegen. Die «chöme ungere Chare» (geraten unter die Räder) berndeutsch gesagt.<br>*I: Mhm.*<br>B: und das ist nicht der Wille Gottes (Stimme hoch); er ist auch der Schöpfer jener, und eh […] ja […] ich habe jetzt das Glück gehabt, Eltern zu haben, die mir solche Sachen beigebracht haben (Stimme in der Schwebe). | Wenn wir nur nach Profit denken, geraten alle, die diesen Ansprüchen nicht genügen, unter die Räder. Das ist aber nicht Wille Gottes, da er Schöpfer von allen ist. Ich hatte das Glück, durch meine Eltern das zu lernen. | Eigenes Wertsystem zur Frage nach Bedürfnis und Profit. | 4 |

| Interview 9 (HL) nach Predigt A' | Paraphrase | Generalisierung | |
|---|---|---|---|
| Ich habe einen Bruder gehabt, der epileptische Anfälle gehabt hatte. Und ich habe früh lernen müssen – eben persönlich lernen – dass man alle mitnehmen sollte.<br>*I: Mhm …*<br>B: … dass die ja nichts dafür können, dass sie dieses Handicap haben.<br>*I: Mhm …*<br>B: Davon abgesehen kann man in den verschiedenen Situationen, die man erlebt mit ihnen<br>*I: Mhm …*<br>B: … wenn man diese Leute bei sich hat auch Neues lernen. Zum Beispiel als wir einen Streich verübt hatten und weggesprungen waren und dann mein Bruder plötzlich mitten auf der Strasse stehengeblieben war und die anderen dann gekommen waren und ihn […] bestrafen wollten. | Ich hatte einen Bruder, der an Epilepsie litt. Ich musste lernen, dass alle dazu gehören und sie keine Schuld an ihrem Handicap tragen. Davon abgesehen kann man in einer Situation auch Neues lernen.<br>Als wir einen Streich verübten und danach weggesprungen waren, war mein Bruder plötzlich auf der Strasse stehengeblieben. Da kamen die anderen und wollten ihn deswegen bestrafen. | Persönliche Verortung der Predigt in eigener Erfahrung, die episodisch erzählt wird und an deren Ende in gleichnishafter Erkenntnis endet. | |
| B: Da musste ich dann wieder hingehen und mit ihnen reden; (lacht) ja, ich meine, das bringt […] eben menschlich etwas und nicht einfach […] «das Gesetz des Dschungels oder des Profits». | Da musste ich hin und mit jenen reden.<br>Ja, ich meine, das bringt einem menschlich etwas. | Der Hörende in der von ihm gewählten Rolle des Protagonisten. | 5 |
| *I: Mhm.*<br>B: Das durchbricht es wieder einmal. (lange Pause) ja. (…, weint) Jetzt müssen Sie eben vielleicht kurz unterbrechen. Jetzt muss ich mich wieder ein wenig fassen. | Da bricht es wieder mal hervor. Jetzt muss ich erst wieder meine Fassung finden. | Identifikation durch Flash-Back eigener Erfahrung. | 6 |
| *I: Woran hat das wohl gelegen, dass Sie das Gefühl bekommen haben: Das ist wahr, was sie sagt?*<br>B: (lange Pause) Ja, ich bin natürlich schon nicht unvorbereitet in diese Predigt gekommen. Denn ich denke ja schon lange über solche Dinge nach. […]<br>*I: In Ihrem Alltag?*<br>B: … ja, zwischendurch, wenn ich nicht in Anspruch genommen bin oder manchmal geht es mir so: Was denkst du eigentlich?<br>*I: Mhm.*<br>B: Und man wieder einen Schritt Abstand nimmt von sich selber. Dann kommen mir solche Sachen in den Sinn – oder wie am Sonntag mit der Predigt, wenn man sich dann damit befasst. | Ich denke oft über solche Dinge nach, wenn ich nicht gerade in Anspruch genommen bin oder ich mir überlege: «Was denkst du eigentlich?» und man einen Schritt Abstand von sich selber nimmt.<br><br>So ist das am Sonntag mit der Predigt, wenn man sich dann damit befasst. | Eigene Werte werden durch die Predigt überprüft, Distanznahme zu sich selber.<br><br>Die Predigt erschliesst den Hörenden Thema und Werte. | 7 |

| Interview 9 (HL) nach Predigt A' | Paraphrase | Generalisierung | |
|---|---|---|---|
| *I: Darum haben Sie gesagt, es sei «sehr klar»?*<br>B: Ja, ja. Sie hat sie gut aufgebaut. […] Schon die Einleitung vor dem Eingangsgebet (Stimme in der Schwebe), den Segensspruch hat sie darauf bezogen mit […] mit denen, die immer zu kurz kommen und mit denen, denen es immer so (Stimme hoch) gut geht, oder? Ja es war eine gute Komposition.<br>*I: Was hat Sie betroffen gemacht?*<br>B: (lange Pause) Sicher einmal bei ihrem persönlichen Erlebnis.<br>*I: … das mit den Rüben.*<br>B: ja – ja – das (zögernd) ist allen Leuten wohl verständlich.<br>*I: Und da ist Ihnen das Bild gekommen?*<br>B: Ja, ja, das aus meiner Jugend. | Sie hat die Predigt gut aufgebaut; bereits die Einleitung bis hin zum Segensspruch waren die Teile aufeinander bezogen. Es war eine sehr gute Komposition.<br><br>Das persönliche Erlebnis hat mich betroffen gemacht, und jenes aus meiner Jugend. | Die Teile im Gottesdienst waren aufeinander bezogen; der Gottesdienst war eine Komposition.<br><br>Persönliches Erlebnis in der Predigt löst Erinnerung an persönliches Erlebnis aus. | 8 |
| B: Und dann, ja (lange Pause) sie hat auch einmal deutlich gesagt, das Gleichnis habe nichts mit unseren Erfahrungen aus dem Arbeitsleben. Da hatte ich den Eindruck, es sei einmal sehr wichtig, dieses Gleichnis vom normalen Denken abgekoppelt zu denken, weil es um andere Werte geht. […]<br>*I: und um welche Werte. Welche Werte hat sie angesprochen?*<br>B: ja, die christlichen Werte, die Werte von Liebe, von […] Nächstenliebe, Geduld und so. Unsere Mitmenschlichkeit. Das wären ja christliche Werte. | Das Gleichnis habe nichts mit unseren Erfahrungen im Arbeitsleben zu tun. Da hatte ich den Eindruck, es sei wichtig, das Gleichnis vom normalen Denken abzukoppeln, weil es um andere Werte gehe, um Liebe, Nächstenliebe, Geduld. | Biblische Texte können andere Perspektiven auslösen.<br>Der Hörende leitet daraus verstandene Werte ab: Werte der Relationalität zu Menschen. | 9 |
| *I: Wenn Sie eine Predigt hören, ist es so, dass Sie es ins eigene Leben übertragen? Oder was machen Sie jetzt mit der Predigt, sie selber, persönlich?*<br>B: […] Also ich, mir scheint, ich habe Christus wieder etwas besser verstanden. […] Weil, ich denke, wir sind immer auf dem Weg. Und man baut in jedem Lebensalter wieder weiter […] an diesem Weg. Und ehm so normalerweise ist auch noch meine Frau mit dabei, und das gibt ehm, wir spazieren dann jeweils miteinander und nehmen das hervor, was wir gehört haben. | Mir scheint, ich habe Christus etwas besser verstanden. Besser heisst, dass ich immer auf dem Weg bin und in jedem Lebensalter daran baue. Üblicherweise ist auch meine Frau im Gottesdienst, dann besprechen wir, was wir gehört haben. | Predigt dient dem eigenen Weg, was als lebenslanger Prozess verstanden wird.<br>Die Predigt setzt sich in Gesprächen fort. | 10 |

| Interview 9 (HL) nach Predigt A' | Paraphrase | Generalisierung | |
|---|---|---|---|
| Und wir diskutieren miteinander, und das gibt dem Sonntag einfach einen ganz anderen Touch, wenn man sich aus dem Gewöhnlichen da – Sportnachrichten, Zeitungsberichte – aus diesem Zeugs heraus. […] Ich möchte jetzt nicht sagen, dass es […] mein moralisches Verhalten […] das ändert sich schon aber […] da bin ich schon lange dran (Lachen). Wir reden doch einfach nur von heute, da sind wir uns einig. […] | Dann diskutieren wir miteinander, das gibt dem Sonntag einen anderen Ton. Man tritt kurz aus dem Gewöhnlichen heraus. Deswegen ändere ich mein moralisches Verhalten nicht; das verändert sich, braucht aber länger. | Wegen der Predigt tritt man kurz aus dem Üblichen heraus.<br><br>Die Predigt verändert nicht moralisches Verhalten, aber gibt Denkangebote. | |
| *I: Wenn Sie in ein paar Tagen jemandem von dieser Predigt erzählen würden, was sagen Sie?*<br>B: (lange Pause) Das Gleichnis kann nicht mit den Gesetzmässigkeiten unserer Arbeitswelt verglichen werden. In diesem Gleichnis wird dargestellt, wie Gott handelt, und zwar (Stimme hoch) will er jedem geben, was dieser braucht. Und das ist halt einfach: Denen alles gut gelingt, die können auch mehr leisten. Andere können nicht so viel leisten, aber diese müssen ja gleichwohl leben können und darum […] gibt es einfach für alle den gleichen Lohn: Glück und Zufriedenheit. | Im Gleichnis wird dargestellt, wie Gott handelt: Er will jedem geben, was dieser braucht. Und das ist einfach: Wem alles gut gelingt, kann mehr leisten. Wer nicht viel leisten kann, muss gleichwohl leben können. Darum gibt es für alle gleichen Lohn: Glück und Zufriedenheit. | Die Predigt redet von Gott (Er will jedem geben, was man braucht). Und sie redet vom Menschen (Er will leben). Eigene Werte werden eingesetzt, in Korrelation zur Predigt. | 11 |

## 8.3.10. Interview Fachgruppe zu Predigt A

| Interview nach Predigt A | Paraphrase | Generalisierung | |
|---|---|---|---|
| *I: Was kommt euch zur Predigt in den Sinn?* | | | |
| B3: Ich bin hängengeblieben an der Aussage, dass Jesus nicht Verhältnisse umgekehrt, sondern Unterschiede aufgehoben hat. Und natürlich dann mit der Aussage: Mein Wert misst sich nicht an meiner Leistung, sondern ich soll das bekommen, was ich nötig habe zum Leben. | Jesus hebt die Unterschiede auf.<br>Mein Wert ist: Ich bekomme, was ich nötig habe. | Theologische Intention | 1 |

| Interview nach Predigt A | Paraphrase | Generalisierung | |
|---|---|---|---|
| B2: Als sie das Holz gezeigt hatte, da ist sie lebendig geworden und hat erzählt, was sie erlebt hatte. Und sie hat da hochgeschaut und mit den Leuten geredet. Ich habe auch gleich aufgeschaut. Ich hätte dann noch mehr wissen wollen: Wie hat sie da schaben müssen? Aber sie hat es dann wieder weggelegt. Aber das Bild ist mir geblieben, dass dann der Grossvater allen zusammen zu essen und zu trinken gibt, es ist egal wie viel … sie hat auch schaben müssen. Das habe ich erst dann verstanden, Runggle hat sie gesagt, und ich musste darüber schmunzeln, […] dort war sie lebendig. […] Und dann: Haben alle genug? Oder ist alles durcheinander, die Ersten und die Letzten, das hat mich irritiert. Das ist mir geblieben; und da hätte sie für mich noch länger und klarer reden können. Da hätte ich noch mehr zugehört. | Als sie ihr Erlebnis geschildert hat, hat sie mit den Leuten geredet, lebendig.<br><br>Essen und trinken<br><br>Haben alle genug? Oder das nun durcheinander, die Ersten und die Letzten? | Performativität<br><br>Bild,<br>Szene bildhaft<br><br>Theologische Intention | 2 |
| B3: Als sie den Arbeitsmarkt beschreibt und das mit der Hitze und dem Lohn. Das, finde ich, hat sie schön aufgebaut mit dieser Mühe. Nachher die Grundaussage, dass das Werk nicht entscheidend ist, sondern der Lohn, das habe ich auch gehört […]. Es ist mir geblieben, aber das habe ich schon gekannt. Ich habe gedacht: Aha, jetzt kommt DAS. | Der beschriebene Arbeitsmarkt und die Hitze.<br><br>Das Werk ist nicht entscheidend. | Bild | 3 |
| B4: Ich habe das Bild gesehen von den Leuten auf der Wiese, für mich war es eine Wiese, jedenfalls den Haufen habe ich gesehen von diesen Bällen und das Zvieri, die Zvierikörbe. Ich habe sie gesehen, die Arbeiter, und ihren Denar anschauen, so Hände und eine Münze drin. | Die Bilder helfen: Wiese, Bälle, Zvierikörbe, Denare … | Bild-Dramaturgie | 4 |
| *I: Ich höre, dass du es mit Bildern verknüpft. Vielleicht lohnen sich die Bilder, da noch dranzubleiben.* | | | |
| B3: Das Bild war vor allem jenes mit den Runggle und auf dem Feld und eben als sie den Schaber bringt. Ich habe zuerst gedacht, sie müsste die Runggle auftun und erst dann: Aha, sie müssen schaben. Dann das Zvieri, dass alle und der behinderte Junge und der Grossvater, der schon achtzig und die Vierjährige; die waren alle beisammen. […] Und auch noch das Bild, als der Gutsherr dem anderen sagt. Warum machst du ein finsteres Gesicht, weil ich gütig bin? Das blieb mir. | Das Bild mit den Rüben auf dem Feld. Der behinderte Jugendliche, der Grossvater,<br><br>Die Reaktion des Gutsherrn | Bild | 5 |

| Interview nach Predigt A | Paraphrase | Generalisierung | |
|---|---|---|---|
| B1: Das Bild vom Mord am Schluss: Die Arbeiter bringen den Gutsherrn um. Ich konnte dies nicht einordnen. Ich habe mir schon überlegt, worauf sie es bezieht. Aber es hat nicht so reingepasst in den Rest und dadurch bin ich daran hängen geblieben, aber eher störend. Und ich konnte nicht nicht mehr darüber nachdenken. Ich habe gedacht, es beziehe sich auf Jesus. Die Arbeiter als seine Jünger? Nein, das kann nicht sein. Römer, Schriftgelehrte? Arbeiter im Weinberg: Dann habe ich aufgegeben. | Der Mord am Schluss am Gutsherrn. Wer war das?<br><br>Die Jünger, Römer, Schriftgelehrte, Arbeiter? | Bilderflut, Einordnen der Bilder | 6 |
| *I: Wo bist du wieder hereingekommen?* | | | |
| B2: Alles gerät durcheinander. […] Und dann sagt sie, die Ersten werden die Letzten sein? Ihre Bilder wechseln zwischendurch. Einmal: Es haben alle genug, egal wie viel sie gearbeitet haben. Das sagt sie dreimal. Aber dann frage ich mich: Wo ist nun das Durcheinander? […] Und dann habe ich mir gedacht: Sagt sie jetzt wirklich, wo die Letzten die Ersten sind, das stimmt, aber dass die Ersten die Letzten sind – stimmt das wirklich? Und dann kommt ein Bild der Taufe – das ist mir geblieben – da habe ich ein Täufling gesehen mit einem Denar. | Alles gerät durcheinander.<br><br>Die Ersten und die Letzten<br>Es haben alle genug<br><br>Bild der Taufe<br>Der eine Denar<br><br>Ich bin geliebt. Bilder aus mehreren Gleichnissen | Theologische Intention<br><br>Bilderflut | 7 |
| *I: Womit hast du sie ersetzt?* | | | |
| B2: Mit dem Bild, da kommt der Vater nach Hause. Kaum war ich dort beim Ausmalen, da kam schon ein nächstes Bild. Nämlich […] Himmelreich sagte sie. Aufblitzen? Blitzt Himmelreich auf? Und auch die Szene. Es ist relativ schnell Abend geworden. […] Alles ist auf den Abend hin gegangen. Das war eine schöne Aussage. Da spitzt es sich zu. Aber Wert der Arbeit war da nicht dabei. Aber es sind andere Bilder. Während der Arbeit – das wurde immer wieder abgebrochen. | Bilder aus Gleichnis<br><br>Alles geht auf den Abend hin. | Biblische Perikopen<br><br>Theologische ntention | 8 |

| Interview nach Predigt A | Paraphrase | Generalisierung | |
|---|---|---|---|
| B3: Ich habe zu Beginn auch gemerkt, dass ich etwas ein Durcheinander gehabt habe. Sie hat zwar von Jesus und dem Himmelreich geredet und dann sagte sie, es ginge um etwas ganz Konkretes und um Arbeit, dass wir das kennen würden. Da bin ich sogleich in der heutigen Welt gewesen. Und dann war es Abend und dann der Denar, also das hat sich für mich wie übereinander gelegt. Vielleicht machte sie dies bewusst. […] Es geht einfach sehr schnell, dann kommt schon das Nächste. Und dann die beiden anderen Gleichnisse, das vom Verlorenen Sohn und das vom grossen Gastmahl. Aber der Schluss ist etwas anderes, jene, die den Gutsherrn umbringen. Darum habe ich eher Golgatha gesehen. | Geht es um ein Durcheinander, das Himmelreich, um Konkretes?<br>Heute?<br>Den Denar am Abend?<br>Da haben sich Schichten übereinander gelegt.<br>Und am Schluss, der Mord: Golgatha? | Theologische Intention<br><br>Dramaturgie<br><br>Bilderflut | 9 |
| B4: Also ich habe auch die Goldmarie gesehen. Und die Sterntaler, habe ich wirklich gesehen. Die eine ist die andere geworden. Und die Hochzeit des schwedischen Thronfolgers habe ich gesehen. Als Bild blieb es mir. | Goldmarie und Sterntaler<br>Hochzeit und Thronfolger | Bilder | 10 |
| *I: Was haben die Bilder ausgelöst, euer Verstehen begünstigt oder behindert?* | | | |
| B1: Der Faktor Zeit war da bedeutsam. Alle die Bilder zu behalten, war für mich unmöglich, bis sich das aufgebaut hat, kam sogleich das Nächste. Ich bin da nicht so schnell gewesen. Und bei den Rüben hatte man sehr viel Zeit. Man hat gesehen, wie sie mit diesem Ding schabte. Ich konnte mir das wirklich vorstellen. | Ich habe bei den Bildern zu den Rüben Zeit gehabt. Das war mir wichtig, um zu verstehen. | Dramaturgie | 11 |
| B2: […] Alles geht auf den Abend hin: Dieses Bild hat mir geholfen. Aber das hätte ich gern noch stärker beschrieben bekommen. Die Freunde? Golgatha? Um die Freunde geworben? Wirbt Gott um eigene Freunde? Sehr schöne Bilder, aber sie haben mich mehr verwirrt. Will sie jetzt den verlorenen Sohn? Dass Petrus da etwas gefragt hat, habe ich so nicht gehört. | Alles geht auf den Abend hin.<br>Wirbt Gott um Freunde, Verlorener Sohn?<br>Die Frage des Petrus | Verortung<br><br>Theologische Intention?<br><br>Text im Text, Dramaturgie | 12 |
| B3: Das mit Petrus habe ich gehört. Das hat mir geholfen. Aha, da ist noch etwas anderes dahinter. Was setzte ich ein für mein Leben und was erwarte ich als Lohn dafür? Das war wie ein Grundrahmen. | Da gibt es etwas dahinter, | Text im Text, Dramaturgie | 13 |

| Interview nach Predigt A | Paraphrase | Generalisierung | |
|---|---|---|---|
| *I: Was hilft zum Hören können? Kernsätze?* | | | |
| B1: Ich-Formulierungen, als sie von sich erzählt. Dann die Bilderflut, und dann das, Lange her›. Ich habe darauf gewartet, dass nachher ein Gegenstück kommt. Sie sagt nur: Diese Botschaft lebt jetzt weiter. […] Für das Hören wäre mir die Strukturierung wichtig. | Die Bilder und die zeitliche Verortung helfen der Struktur. | Dramaturgie | 14 |
| B3: Ich habe auch versucht zu strukturieren. […] Sie spricht langsam, aber es war sehr dicht. Ich hätte da lieber einen weniger dichten Inhalt, aber schneller gesprochen. Und etwas weniger dramatisch. | Sie spricht langsam, aber sehr dicht. Besser umgekehrt. | Sprache und Performativität | 15 |
| B2: Als sie den Schaber hervorgeholt hat, hatte sie auch die Leute angeschaut, anders angeschaut. Und man hat gemerkt: Sie hat ihre eigenen Bilder von ihrem Grossvater. Da war ich sehr aufmerksam und habe ihr zugehört. Da […] war ein anderer Ton, ein anderer Blick […] Dann blitzt noch auf, wo sie sich für die soziale Gerechtigkeit einsetzt. Da höre ich Substantive: Gerechtigkeit, Wert der Arbeit. … Sie geht von einem Bild zum nächsten, ohne Pause. Auch vom Atmen her, kaum ein dramaturgischer Wechsel. | Blickkontakt während der Geschichte. Sie hatte ihre eigenen Bilder in sich. Das überträgt sich auf die Hörenden.<br><br>Keine Bilderflut | Performativität,<br><br>Geschichten und Bilder | 16 |
| B1: Diese Bilder stimmen in sich nicht überein. Ich habe das Gefühl: Der verlorene Sohn und die Person, die die Leute zum Fest hereinnötigt: Das sind unterschiedliche Denkrichtungen. Also das würde wirr bleiben. Mich hat gestört, dass sie zeitweise in einen Singsang geraten ist. Das hat mir zum Verstehen nicht geholfen. | Die Bilder müssen unter sich schlüssig sein. Melodie-Führung der Stimme wirkt nicht schwierig. | Bilder<br><br>Stimme | 17 |
| *I: Könnt ihr euch vorstellen, für wen diese Predigt gelten soll?* | | | |
| B3: Für mich gibt es zwei Kreise: Die einen die, die an die Grenze gelangen, nicht so viel leisten können. Da war die Predigt ein Trost, der Wunsch, es könne so sein. Die anderen: der Petrus. Er setzt sich ein für die Nachfolge. Was bekomme ich dafür? | 2 Zielgruppen: Ohne Leistung: Da ist die Trost. Besonderen Lohn für Leistung? | Doppelter Skopus durch doppelte Schichtung | 19 |

| Interview nach Predigt A | Paraphrase | Generalisierung | |
|---|---|---|---|
| B4: Wenn ich ganz viel arbeite, dann geht es mir gut. Das Leben besteht aber mehr als aus arbeiten. Dennoch definiere ich mich manchmal über das, was ich mache. [...] Ich stehe mit leeren Händen da? Das kenne ich. Alles gegeben, nichts mehr in den Händen. Workaholics, auch wenn ihr noch so viel arbeitet, es geht nicht darum. Ja, das bin ich mit meinen Geschichten. | Wenn ich viel arbeite, geht es mir gut. Aber: Ich stehe mit leeren Händen da, Das kenne ich. Workaholics. | Nutzen für die Hörenden | 20 |
| B3: Aussagen, bei denen ich gern hängengeblieben wäre. Zvieri, Freund – was heisst Freundschaft. Das sagt Jesus dann, wenn jemand sich von ihm abwendet. Dann: Unsere Werke sind ja erstaunliche Fähigkeiten. Auch das wäre eine Geschichte für sich. Viele Perlen. | Was heisst Freundschaft? Jesus den Freund, der sich abwendet. | Theologische Intention, die weiter führt. | 21 |
| B2: Viele Titel, aber wohin es mich treibt, ist: Was ist der Wert der Arbeit? Zu viele schöne Themen. Vielleicht müsste sie auswählen. [...] | Worin besteht der Wert der Arbeit. Zu viele Themen. | Theologische Intention | 22 |
| B1: Weniger Bilder würde mir helfen. Ich habe lange gebraucht, bis ich hineingekommen bin in die Predigt. Gepackt hat es mich bei den Arbeitern. | Weniger Bilder; das hilft dem Verstehen. | Weniger Bilder | 23 |
| *I: Weniger Bilder? Weniger in der Anzahl?* | | | |
| B1: Wenn sie ein Bild braucht, dann dieses vertiefen. Am Bild Sachen ausarbeiten, das sie dann abstrakt zu erklären versucht. [...] | Ausgereiftes Bild, das erklären hilft. | aber deutlich auszeichnen | 24 |
| B2: Der Körper hat wenig geredet. Sie musste beim Mikro stehenbleiben. Sie nimmt das Holz nach vorn, aber steif. Beim Erzählen lebt sie auf. Wenn sie erzählt, dann soll doch der Körper auch reden. | Körper redet mit. | Performativität | 25 |
| *I: Wenn dich morgen jemand nach der Predigt fragt; was sagst du?* | | | |
| B2: Es kommt nicht drauf an, wie viel du arbeitest, ob du mehr oder weniger gemacht hast. Von Gott her ist es so gewollt, dass alle genug haben. Vielleicht bist du eifersüchtig, vielleicht bist du froh, es gibt genug für alle. | Von Gott her ist es gewollt, dass alle genug haben. | Theologische Intention | 26 |
| B3: Wie grosszügig gibt Gott, was die Menschen nötig haben. Das hat sich im Bild über die Runggle dargestellt. | Gott gibt, was wir nötig haben. | Theologische Intention | 27 |

| Interview nach Predigt A | Paraphrase | Generalisierung | |
|---|---|---|---|
| B1: Mit einem Brieföffner kann man Rüben reinigen. Dieses Bild im Zusammenhang von Lohn und Werk und in diesem Bild neu gefüllt. Mir bleibt dies. | Lohn und Werk dadurch neu gefüllt. | Neues Gleichnis geschaffen | 28 |
| B4: Ich würde auch erzählen: Es kommt ein bisschen drauf an, wem ich erzählen würde, da es ziemlich viel mit mir selbst zu tun hat. Mir hat wieder einmal jemand gesagt, dass es nicht darauf ankommt, was alles ich mache. Es kommt auf etwas anderes an. | Die Predigt hat mit mir zu tun. Es kommt nicht darauf an, was ich alles mache. | Nutzen für die Hörenden | 29 |

## 8.3.11. Interview Fachgruppe zu Predigt A'

| Interview nach Predigt A' | Paraphrase | Generalisierung | |
|---|---|---|---|
| *I: Was kommt euch zur Predigt in den Sinn?* | | | |
| B2: Der Schluss ist, der zählt: Wir sind alle die, die wir sind. Ob ich Grossvater bin oder Kind, ich bekomme, was ich bin. | Wir sind, die wir sind, ob alt oder jung: Ich erhalte, was ich bin | Wirkung | 1 |
| B3: Am Schluss hat mich der Schluss irritiert. Ich habe nach Gesellschaft gehört. Und am Schluss wünschte sie sich dies für die Kirche. Ich habe das ganz anders gehört. Warum die Reduktion auf die Kirche. Das ist mir zuoberst. | Am Schluss Reduktion von Gesellschaft auf die Kirche als Wunschbild. | Theologische Intention | 2 |
| B1: Mir ist die (seufzen) die geführte Meditation geblieben: Ich gehe in die Szene hinein. Ich komme am Morgen. Was geschieht dann. Komme ich am Abend. Würde ich dann neidisch sein. | Geführte Meditation, ich gehe in die Szene hinein. Würde ich dann neidisch? | Dramaturgie und Wirkung | 3 |
| B4: Ich bin in der Kirche geblieben. Da ist mir ein Bild geblieben. Was ist Kirche? Da bleibe ich hängen. Da bleibe ich am Denken und bin an meinem Bild von Kirche geblieben. | Was ist Kirche? | Theologische Intention | 4 |
| *I: Wo bist du gewesen?* | | | |
| B3: Bei vielen Fragen. Aber es würde mich interessieren, wenn ich das vergleiche. Keine Angst vor dem Neid, aber wie komme ich da dazu. […] Ich bin dann auch noch auf dem Feld gewesen. Das Zvieri für alle. Es spielt keine Rolle, wer wie viel macht. Es reicht aus. | Keine Angst vor dem Neid. Ich bin auf dem Feld beim Zvieri, es reicht für alle. | Theologische Intention führt weiter<br>Szene im Bild. | 5 |

| Interview nach Predigt A' | Paraphrase | Generalisierung | |
|---|---|---|---|
| B1: Diesen Gedanken habe ich mitgenommen. Egal was ich bin, dafür bekomme ich Lohn. Aber was ist Himmelreich? Kommt es, wenn ich tot bin? Kann es aufblitzen? Kann man es herstellen, wenn man sich begegnet. | Wer ich auch bin, ich erhalte Lohn. Was ist das Himmelreich? Etwas nach dem Tod, jetzt herstellen? Mehrere Bilder | Wirkung<br><br>Theologische Intention Bilder | 6 |
| B1: Was mir sehr gut gefallen hat, das Lieblingsbild dieser Predigt, dass der Denar ja auch am Morgen bezahlt werden könnte. Das war ein Superbild für Gnade. Das war überraschend. Denn am Abend war es logisch, dass Lohn ausbezahlt wird. Aber das umzukehren. Und dann mit der Gnade zu verbinden, das habe ich cool gehört. | Lohn am Morgen, überraschendes Bild für Gnade | Theologische Intention | 8 |
| B3: Der Gutsherr handelt nach eigenem Ermessen. Wir wissen, dass es gut gewesen sei. Aber bei jenen, die viel leisten, da bin ich hängen geblieben. Viele Überstunden machen und doch nichts vorweisen können. Das habe ich nicht zusammen gebracht. | Der Gutsherr handelt nach seinem guten Ermessen.<br>Arbeit leisten.<br>Falsche Geschäftspartner. | Theologische Intention | 9 |
| B2: Sie sagt, Massstäbe seien überflüssig. Aber wonach muss man sich dann richten? Das ist widersprüchlich: Der vereinbarte Lohn: Sie bekommen doch, was sie vereinbart haben. | Massstäbe sind überflüssig? Der Lohn ist doch vereinbart. Es gebe keine ersten Plätze. Doch: es gibt nur erste. | Theologische Intention | 10 |
| B1: Jetzt spricht sie die Gemeinde an. Das hat mir gefallen. Mit dem Moment, als sie in das Bild hineingeht. Man kann noch genauer hinschauen. | Die Gemeinde anzusprechen hat mir gefallen. | | 11 |
| B4: Mir ist mittendrin eine eigene Geschichte in den Sinn gekommen, was mich von der Predigt abgelenkt hat. Das hat mich überrascht. … Ich habe gehört, der Deal sei erfüllt. Und mein Deal in meiner Geschichte war nicht erfüllt. Ich war ganz in meiner Story drin, und zwar: die Geschichte in meinem Leben. Das habe ich gehört. Aber ich habe mein Leben gehört, und dann war ich wieder da. Und mit meinem Ding war ich zu Ende. | Ich habe gehört, der Deal sei erfüllt. Aber in meiner Geschichte war der Deal nicht erfüllt. | Abschweifen durch eigene Geschichte, durch Begriff ausgelöst. | 12 |

| Interview nach Predigt A' | Paraphrase | Generalisierung | |
|---|---|---|---|
| *I: Worum ging es in deiner Geschichte?* | | | |
| B4: Dass ich, obwohl ich das, was ich verabredet habe, gekriegt habe, nachher nicht zufrieden gewesen war, was ich bekommen habe. Und ich habe gesehen, dass der Typ neben mir einen anderen Deal eingegangen war und anderes bekommen hat, wodurch meine Arbeit weniger Wert gewesen war als seine Arbeit. | Wenn die eigene Geschichte beendet ist, kann man wieder zurück zur Predigt. | | 13 |
| *I: Gibt es andere abschweifende Geschichten?* | | | |
| B3: Ich hatte zwei. Die eine am Anfang, als sie gesagt hatte, Jesus wisse um die Arbeitssituationen. Da hatte ich gedacht. Warum weiss er; warum weiss sie, dass er weiss. Das zweite war: Bei der Lohnzahlung hat sie gesagt: So ist Gott. So klar, aber stimmt das? Was gäbe es auch noch über Gott zu sagen. Es hat bei mir nicht angeklungen. | Warum weiss Jesus um die Lage der Arbeiter; und warum weiss sie, dass er weiss? | Theologische Intention, die weiter führt. | 14 |
| *I: «So ist Gott»; was vermutest du, was ist Gott für sie?* | | | |
| B3: Gott wird Gnade erweisen. Für die Predigerin ist es so. Für mich habe ich gefragt: Ist er so? | Gott wird Gnade erweisen. Ist das so? | | 15 |
| B1: Ich bin abgeschweift, als sie gefragt hat: Was finden Sie? Da habe ich mich eingeladen gefühlt nachzudenken. Dann ist sie aber rasch weiter gegangen und ich habe gemerkt, aha es ist nur eine rhetorische Frage. […] Denn die Pause war zu kurz. Ich habe ein Signal bekommen, etwas zu tun, aber ohne die Zeit, es auch zu tun. Das zweite: Bei jener Anweisung: Ich gehe ins Bild hinein. Der Gemeinde dies zu sagen, war kontraproduktiv, weil ich mich zu sehr geführt fühlte. | Was finden Sie? Aber ich bin nicht gefragt.<br><br>Der Gemeinde muss man nicht sagen, was sie nun tun soll. Das geschieht. | Dramaturgie und Regie | 16 |
| B2: […] Sie müsste den Sprung selbst tun. Aber eine Welt konnte ich nicht wirklich aufbauen. Der Grundlohn, den habe ich gehört, es ist wirklich das Thema. Aber dann kam sogleich der Petrus. Und die Sozialmissbräuche und die Schmarotzer, da bin ich nicht weiter gekommen. Ich war aber weit weniger abgeschweift als beim ersten Mal. | Der Grundlohn ist das Thema; aber dann kam Petrus. und die Missbräuche; ich war weniger abgeschweift als zuvor. | Abschweifen in der Frage nach der theologischen Intention | 17 |

| Interview nach Predigt A' | Paraphrase | Generalisierung | |
|---|---|---|---|
| B1: Beim ersten Mal war es viel zu sehr verschachtelt. Jetzt hatte es weit mehr Strukturen. Jetzt würde ich von der Predigt Abschnitte machen können. Jetzt hatte es einen Aufbau. | Die erste Predigt war verschachtelt. Nun hatte es Struktur. | Struktur und Aufbau | 19 |
| B3: Ich hatte den Eindruck, ich hätte besser folgen können. Der Weinberg sei ein Abbild unserer Gesellschaft. Das Grundlohn-Thema habe ich auch gehört. Und am Schluss war ich überrascht zu hören, wie die Kirche sein soll. Sie war stärker betont die Frage nach der Gerechtigkeit. | Ich konnte besser folgen. Die Frage nach Gerechtigkeit war stärker betont als beim ersten Mal. | Theologische Intention war deutlicher | 20 |
| B1: Ich hatte auch das Gefühl, dass das Himmelreich oben und die soziale Gerechtigkeit unten. Ich versuchte es zu strukturieren, aber es war schwierig. Das Himmelreich blitzt auf. Aber dann doch wieder Arbeitswelt – als Himmelreich, sie hat dies zu wenig getrennt. | Himmelreich oben und Gerechtigkeit unten? Ich versuchte, besser zu strukturieren. | Theologische Intention strukturieren. | 21 |
| B1: Ich habe es schwierig gefunden, das Bild mit den Rüben aufzubauen und dann die Theorie gebracht. Jetzt war es umgekehrt, dass sie gesagt hat: das ist die Theorie und jetzt illustriere ich euch dies in einem Bild. Und das hat mir sehr geholfen. Ich habe dann wie so Kategorien gehabt, diese sind dann gefüllt worden mit dem Beispiel dieser Rüben. Ic habe das super gefunden, dass sie diese Theorie von vorher am Schluss mit dem Bild ausmalt. Das habe ich als ganz gut empfunden. | Mich hat angesprochen, dass sie zuerst eine Theorie entwickelt und diese dann in ihrer eigenen Geschichte gezeichnet hat. | Dramaturgie und Wirkung | 23 |
| B2: Die zweite Predigt war viel angenehmer, ein grosser Sprung. Weniger Bilder, Geschichten waren weg. Den inneren Konflikt konnte ich verfolgen. Aber es hatte noch immer zu viele einzelne Bilder. Leere Hände zum Beispiel: Geht es jetzt um Wertfragen oder um die leeren Hände. Diese hätte ich nicht gebraucht für die ethischen Fragen. Oder dann hätte sie entscheiden müssen. Die Frage allein, was du brauchst, da hätte sie auch konzentriert bleiben. Die Frage: Was brauchst du? Aber es passt nicht wirklich zum Schälen der Rüben. Weniger Bilder und schöne Bilder. | Nebengeleise waren dieses Mal weg. Ich konnte den Konflikt mitverfolgen.<br>Aber sie hätte noch mehr entscheiden müssen.<br>Weniger Bilder, schöne Bilder | Dramaturgie und Wirkung | 22 |

| Interview nach Predigt A' | Paraphrase | Generalisierung | |
|---|---|---|---|
| B3: Dort habe ich dann wie für mich – ich weiss nicht, ob sie das gesagt hat – den Link gemacht: Das ist ein neues Gleichnis für sie. […] Der Petrus hat mich nicht mehr beschäftigt. Ich habe gehört, dass er nochmals kommt. Aber seine Frage ist mir nicht mehr wichtig gewesen. … Ich habe den Eindruck gehabt, ich habe weniger verkopft mitgehört und bin emotional stärker mitgegangen. Das hängt vielleicht auch mit dieser geführten Meditation zusammen, mit den vielen Fragen, die sie gestellt hat. Sie ist mir näher gegangen, diese Predigt, sie hat mich mehr berührt. Also, ich habe etwas mehr von diesen Strukturen lösen können. | Geschichte als neues Gleichnis.<br>Petrus hat mich nicht beschäftigt. Seine Frage war nicht wichtig. Ich bin emotional mitgegangen.<br>Dazu half wohl auch die geführte Meditation mit den Fragen. | Theologische Intention, die weiter führt<br><br>Szene im Bild und Wirkung. | 24 |
| B1: Das finde ich noch spannend: Das ist mir sehr ähnlich gegangen. Als ich gemerkt habe: Es HAT eine Struktur, musste ich sie nicht permanent suchen und sie ordnen, sondern habe das Andere (Inhalt) viel mehr geniessen können, ja das stimmt. | Die Struktur half mir, aber ich musste sie nicht mehr suchen. | Struktur hilft zum Hörverstehen. | 25 |
| B2: Geht es um den Lohn, gerecht und vereinbart und alle bekommen ihn, oder es gibt kein Messen mehr, aber alle erhalten genug. Oder eben Essen oder Lohn. […] Vom Bild her ist mir geblieben: das Essen, Gemeinschaft am Tisch, Wert der Arbeit. | Lohn, kein Messen, Essen oder Arbeit | Theologische Intention | 26 |
| *I: Wofür steht, Essen› in dieser Runggle-Geschichte? Was ist der Zusammenhang von Essen und Lohn?* | | | |
| B2: Wenn man in der Kirche sitzt, ist es ja quasi das Abendmahl. Dann erschliesst sich dieser Zusammenhang. Aber das ist dann Zusammen Sitzen, alle unterschiedlichen dürfen gleich zusammenkommen. Dann ist die Frage nach gerecht und unfair nicht behandelt. | Essen in der Kirche wäre Abendmahl.<br>Das gemeinsame Sitzen macht alle gleichwertig. | Theologische Intention, die weiter führt.<br>Szene im Bild. | 27 |
| B1: Sie sagt ja einmal explizit: Die Muster der Arbeitswelt zählen hier nicht. Und gleich probiert sie die Arbeitswelt hereinzuzwängen. Es kommt mir vor, als ob sie selbst sich nicht ganz sicher ist, wo dass sie jetzt … | Löst die Pfarrerin die Spannung selber auf? | Theologische Intention | 28 |
| B2: Was meint sie, was ich tun soll? Soll ich meinen Lohn teilen, Abendmahl feiern? Wozu will sie mich gewinnen? Ohne Lohnmassstab, Krank sein und ohne Arbeit? Erster oder Letzter. | Lohn teilen, Abendmahl feiern, Krank sein, Erster oder Letzter? | Theologische Intention der Pfarrerin? | 29 |

| Interview nach Predigt A' | Paraphrase | Generalisierung | |
|---|---|---|---|
| *I: Ich drehe die Frage um: Was nimmst DU aus dieser Predigt mit, wo du für dich denkst: das ist Meins.*<br>B2: Meins?<br>*I: Ja. […]* | | | |
| B1: Also ich nehme klar mit, dass die Gnade der Abend-Denar bereits am Morgen ist. | Gnade ist der Abend-Denar am Morgen | Theologische Intention | 30 |
| B2: (Arme verschränkt) Ich nehme einen Ärger mit: Hat nun die Arbeit einen Wert, ja oder nein. Kirche sag es mir doch mal. Und soll man sich einsetzen für die gute Arbeit oder Grundlohn oder gegen Sozialmissbräuche, die es auch gibt. Oder ist alles gratis, wir haben alle einen Platz? | Hat Arbeit einen Wert, ja oder nein.<br>Arbeit oder Grundlohn? | Theologische Intention, die weiter führt. | 31 |
| *I: Was würdest DU dazu sagen?* | | | |
| B2: Ich würde sagen: Grad weil es von allem genug hat, kann man um so genauer hinschauen, was für Arbeitsbedingungen – […] das Eine ist nicht vom Anderen losgelöst. Aber dann darf man es auch nicht überflüssig machen und aufheben. | Es hat von allem genug,<br>das eine ist nicht vom Anderen losgelöst. | Theologische Intention, die weiter führt, Szene im Bild. | 32 |
| B3: Meine Frage ist noch immer die: Privilegiert oder reich beschenkt. Ich habe genug oder zu viel? wenn ich andere sehe, dann löst es bei mir ein schlechtes Gewissen aus und Dankbarkeit. Also, das hat nun mit meinen Fragen auch sonst zu tun. | Genug oder zu viel?<br>Mein schlechtes Gewissen und Dankbarkeit. | Theologische Intention weiterführend | 33 |
| B4: Ich nehme noch immer die Frage nach dem Kirchenbild mit. Also, was heisst das Gleichnis für uns als Kirche. | Was heisst das Gleichnis für uns als Kirche? | Theologische Intention | 34 |
| I: *Vielen Dank für dieses Gespräch.* | | | |

# 9. Literatur

Albisser, Doris: CEO als Kommunikator mit den Anspruchsgruppen, in: CEO – von der Strategie zum Unternehmenserfolg, Scorecard, das Themenmagazin für Führungskräfte, 2011, S. 23.

Alkier, Stefan: Erlesenes Sehen mit offenen Augen und allen Sinnen – Zum Verhältnis von Intratextualität, Intertextualität, Intermedialität und Visualisierung, in: Beinhauer-Köhler, Bärbel u. a. (Hg.): Religiöse Blicke – Blicke auf das Religiöse: Visualität und Religion, Zürich 2010, S. 83–107.

Anderegg, Johannes: Über Sprache des Alltags und Sprache im religiösen Bezug, in: Zeitschrift für Theologie und Kirche: ZThK 95.

Arens, Heribert: Die Predigt als Lernprozess, München 1972.

Austin, John L.: Zur Theorie der Sprechakte (How to Do Things with Words), Ditzingen 2002.

Backhaus, Knut: Die göttlichen Worte wachsen mit dem Leser – Exegese und Rezeptionsästhetik, in: Garhammer, Erich / Schöttler, Heinz-Günther (Hg.): Predigt als offenes Kunstwerk – Homiletik und Rezeptionsästhetik, München 1998, S. 149–167.

Bahtin, Michail: Literatur und Karneval – Zur Romantheorie und Lachkultur, Ulstein 1985.

Barthel, Henner (Hg.): Zum Wissenschaftsverständnis der Sprechwissenschaft, München 2003.

Bauer, Joachim: Das Gedächtnis des Körpers – Wie Beziehungen und Lebensstile unsere Gene steuern, München [16]2010.

Bauer, Joachim: Spiegelneurone als neurobiologische Basis therapeutischen Verstehens, in: Existenzanalyse (Wien) 2/2007, S. 36–43.

Bauer, Joachim: Selbststeuerung – Die Wiederentdeckung des freien Willens, München 2015.

Bauer, Joachim: Warum ich fühle, was du fühlst – Intuitive Kommunikation und das Geheimnis der Spiegelneurone, Hamburg [15]2010.

Beaugrande, Robert-Alain, de / Dressler, Wolfgang Ulrich: Einführung in die Textlinguistik – Konzepte der Sprach- und Literaturwissenschaft, Tübingen 1981.

Beck, Ulrich: Das Zeitalter des «eigenen Lebens», in: Aus Politik und Zeitgeschichte, B29/2001, S. 3–6.

Becker-Mrotzek, Michael: Mündliche Kommunikationskompetenz, in: ders. (Hg.): Mündliche Kommunikation und Gesprächsdidaktik, Baltmannsweiler $^{2}$2012.

Benien, Karl: Schwierige Gespräche führen – Modelle für Beratungs-, Kritik- und Konfliktgespräche im Berufsalltag, Reinbek bei Hamburg $^{6}$2009.

Berger, Peter L. / Luckmann, Thomas: Die gesellschaftliche Konstruktion der Wirklichkeit – Eine Theorie der Wissenssoziologie, Frankfurt a. M. 1996.

Bieler, Andrea: Gottesdienst interkulturell – Predigen und Gottesdienst feiern im Zwischenraum, Stuttgart 2008.

Bieritz, Karl-Heinrich / Hertzsch, Klaus-Peter: Predigt als Teil des Gottesdienstes, in: Engemann, Wilfried / Lütze, Frank M. (Hg.): Grundfragen der Predigt, Leipzig $^{2}$2009, S. 301–338.

Bieritz, Karl-Heinrich u. a. (Hg.): Handbuch der Predigt – Voraussetzungen, Inhalte, Praxis, Berlin 1990.

Bieritz, Karl-Heinrich: Offenheit und Eigensinn – Plädoyer für eine eigensinnige Predigt, in: Garhammer, Erich / Schöttler, Heinz-Günther (Hg.): Predigt als offenes Kunstwerk – Homiletik und Rezeptionsästhetik, München 1998, S. 28–50.

Bieritz, Karl-Heinrich: Predigt und rhetorische Kommunikation, in: ders. u. a. (Hg.): Handbuch der Predigt, Berlin 1990, S. 63–98.

Bitter Gottfried, Heye Heyen (Hg.): Wort und Hörer – Beispiele homiletischer Perspektiven, Berlin 2007.

Bohnsack, Ralf: Qualitative Bild- und Videointerpretation – Die dokumentarische Methode, Opladen, Farmington Hills 2009.

Bortz, Jürgen / Döring, Nicola: Forschungsmethoden und Evaluation für Human- und Sozialwissenschaftler, Heidelberg 2006.

Brinker, Klaus: Text- und Gesprächslinguistik, Bd. 1, Berlin 2000.

Brinkmann, Frank T.: Praktische Homiletik – Ein Leitfaden zur Predigtvorbereitung, Stuttgart 2000.

Brünner, Gisela / Fiehler, Reinhard / Kindt, Walther (Hg.): Angewandte Diskursforschung – Methoden und Anwendungsgebiete, Bd. 2, Radolfzell 2002.

Bühler, Karl: Sprachtheorie – Die Darstellungsfunktion der Sprache, Frankfurt (erstmals 1934) 1999.

Bukowski, Peter: Predigt wahrnehmen – Homiletische Perspektiven, Neukirchen-Vluyn $^{5}$2007.

Carragee, Kevin M. / Barthel, Henner (Hg.): The Voice of Power, St. Ingbert 2002.

Carstensen, Astrid: Die Inszenierung der Authentizität – Die Polynesier im fremden Blick, in: Fischer-Lichte, Erika u. a. (Hg.): Inszenierung von Authentizität, Tübingen $^{2}$2007, S. 235–255.

Charbonnier, Lars / Merzyn, Konrad / Meyer, Peter: Homiletik – aktuelle Konzepte und ihre Umsetzung, Göttingen 2012.

Corballis, Michael C.: Mirror Neurons and the Evolution of Language; in Brain & Language, 2009, 25–34.

Cozolino, Louis: Die Neurobiologie menschlicher Beziehungen, Kirchzarten bei Freiburg 2007.

Daiber, Karl-Fritz u. a.: Predigen und Hören – Sozialwissenschaftliche Untersuchungen, Bd. 2, München 1983.

Daiber, Karl-Fritz: Predigt als religiöse Rede – Homiletische Überlegungen im Anschluss an eine empirische Untersuchung – Predigen und Hören 3, München 1991.

Daiber, Karl-Fritz: Predigt als religiöse Rede – homiletische Überlegungen im Anschluss an eine empirische Untersuchung (mit Exkursen von Wolfgang Lukatis, Peter Ohnesorg und Beate Stierle), München 1991.

Dannowski, Hans Werner: Kompendium der Predigtlehre, Gütersloh 1990.

Deeg, Alexander / Meyer-Blanck, Michael / Stäblein, Christian: Präsent predigen – Eine Streitschrift wider die Ideologisierung der «freien» Kanzelrede, Göttingen 2011.

Deeg, Alexander / Nicol, Martin: Bibelwort und Kanzelsprache – Homiletik und Hermeneutik im Dialog, Leipzig 2010.

Deeg, Alexander / Sagert, Dietrich (Hg.): Evangelische Predigtkultur – Zur Erneuerung der Kanzelrede, Leipzig 2011.

Denke, Axel: Persönlich predigen – Anleitungen und Modelle für die Praxis, Gütersloh 1983.

Deppermann, Arnulf: Gespräche analysieren – Eine Einführung, Wiesbaden [4]2008.

Derrida, Jacques: Signatur, Ereignis, Kontext, in: Engelmann, Peter (Hg.): Randgänge der Philosophie, Wien 1988.

Dietzel, Gunda: Stimme und individuelle Persönlichkeitsmerkmale, in: Kopfermann, Thomas (Hg.): Das Phänomen Stimme: Imitation und Identität, St. Ingbert 2006, S. 183–184.

Dittmar, Norbert: Transkription – Ein Leitfaden mit Aufgaben für Studenten, Forscher und Laien, Wiesbaden [3]2009.

Ebertz, Michael N.: Kirche im Gegenwind: Zum Umbruch der religiösen Landschaft. Freiburg 1997.

Eckert, Hartwig: Semantische und psychologische Analyse von: «Stimme als Ausdruck der Persönlichkeit», in: Kopfermann, Thomas (Hg.): Das Phänomen Stimme: Imitation und Identität, St. Ingbert 2006, S. 185–188.

Eco, Umberto: Das offene Kunstwerk, Frankfurt a. M. 1977/1998.

Eco, Umberto: Die Grenzen der Interpretation, München [3]2004.

Eco, Umberto: Einführung in die Semiotik (deutsche Ausgabe von Trabant, Jürgen), München [9]2002.

Egri, Lajos: Dramatisches Schreiben – Theater, Film, Roman, Berlin 2003.

Ehrensperger, Alfred: Lebendiger Gottesdienst, Zürich 2003.

Ehrensperger, Alfred: Liturgie als Weg, in: Peier, Martin (Hg.): Beim Wort genommen – Kommunikation in Gottesdienst und Medien, Zürich 2007, S. 97–116.

Ekman, Paul: Gefühle lesen – Wie Sie Emotionen erkennen und richtig interpretieren, München 2004.

Engemann, Wilfried / Horn, Andreas: Zum Verhältnis von Text und Predigt; in: Engemann, Wilfried / Lütze, Frank M. (Hg.): Grundfragen der Predigt, Leipzig $^2$2009, S. 107–150.

Engemann, Wilfried / Lütze, Frank M. (Hg.): Grundfragen der Predigt, Leipzig $^2$2009.

Engemann, Wilfried: Der Spielraum der Predigt und der Ernst der Verkündigung, in: Garhammer, Erich / Schöttler, Heinz-Günther (Hg.): Predigt als offenes Kunstwerk – Homiletik und Rezeptionsästhetik, München 1998, S. 180–200.

Engemann, Wilfried: Der Text in der Predigt – die Predigt als Text. Herausforderungen für Prediger und Hörer, in: ders. / Lütze, Frank (Hg.): Grundfragen der Predigt, Leipzig $^2$2009, S. 111–137.

Engemann, Wilfried: Die Person als Subjekt pastoralen Handelns – Positionen und Perspektiven, in: Engemann, Wilfried: Personen, Zeichen und das Evangelium – Argumentationsmuster der Praktische Theologie, Leipzig 2003, S. 273–292.

Engemann, Wilfried: Die Problematisierung der Predigtaufgabe als Basis homiletischer Reflexion – Eine Methode der Predigtvorbereitung, in: ders. / Lütze, Frank (Hg.): Grundfragen der Predigt, Leipzig $^2$2009, S. 411 – 427.

Engemann, Wilfried: Einführung in die Homiletik, Tübingen 2002.

Engemann, Wilfried: Erschöpft von der Freiheit – Zur Freiheit berufen. Predigt als Lebens-Kunde unter den Bedingungen der Postmoderne, in: Kerner, Hanns (Hg.): Predigt in einer polyfonen Kultur, Leipzig 2006.

Engemann, Wilfried: Erschöpfung von der Freiheit – Zur Freiheit berufen, Vortrag an der Evang. Akademie Tutzing, 16. Februar 2006.

Engemann, Wilfried: Kommunikation des Evangeliums als interdisziplinäres Projekt – Praktische Theologie im Dialog mit aussertheologischen Wissenschaften, in: Grethlein, Christian / Schwier Helmut (Hg.): Praktische Theologie – Eine Theorie- und Problemgeschichte, Leipzig 2007, S. 137–232.

Engemann, Wilfried: Predigen und Zeichen setzen – Eine homiletische Skizze mit Beispielen, in: Pohl-Patalong, Uta / Muchlinsky, Frank (Hg.): Predigen im Plural – Homiletische Perspektiven, Hamburg 2001, S. 7–25.

Engemann, Wilfried: Predigt als Schöpfungsakt – Zur Auswirkung der Predigt auf das Leben eines Menschen, in: Engemann, Wilfried (Hg.): Theologie der Predigt (APrTh 21), Leipzig 2001, S. 71–92.

Engemann, Wilfried: Semiotische Homiletik – Prämissen, Analysen, Konsequenzen, Tübingen 1993.

Engemann, Wilfried: Texte über Texte – Die Beziehungen zwischen Theologie, Literaturwissenschaft und Rezeptionsästhetik. Vortrag am Institut für Germanistik an der Otto-von-Guericke-Universität Magdeburg 24.-26. 2. 2000.

Eroms, Hans-Werner: Fraktale Erzählweise in Walter Kempowskis Tagebüchern. In: Monika Dannerer / Peter u. a. (Hg.): Gesprochen – geschrieben – gedichtet. Variation und Transformation von Sprache, Berlin: 2009, S. 89- 102.

Enzner-Probst, Brigitte: Frauenliturgien als Performance – Die Bedeutung von Corporealität in der liturgischen Praxis von Frauen, Neukirchen-Vluyn 2008.

Fechtner, Kristian / Klie, Thomas (Hg.): Riskante Liturgien – Gottesdienste in der gesellschaftlichen Öffentlichkeit, Stuttgart 2011.

Fechtner, Kristian / Klie, Thomas: Zum Charakter und zur Bedeutung von Gottesdiensten in der gesellschaftlichen Öffentlichkeit, in: Fechtner, Kristian / Klie, Thomas (Hg.): Riskante Liturgien – Gottesdienste in der gesellschaftlichen Öffentlichkeit, Stuttgart 2011, S. 7–19.

Fechtner, Kristian: Performative Homiletik in rhetorischer Perspektive – Eine Ortsbestimmung der zeitgenössischen Predigttheorie, in: Meyer-Blanck, Michael u. a. (Hg.): Homiletische Präsenz – Predigt und Rhetorik, München 2010. S. 87–100.

Fischer-Lichte, Erika: Ästhetik des Performativen, Frankfurt a. M. 2004.

Fischer-Lichte, Erika: Inszenierung von Selbst? – Zur autobiografischen Performance, in: Fischer-Lichte, Erika u. a. (Hg.): Inszenierung von Authentizität, Tübingen ²2007, S. 59–70.

Fischer-Lichte, Erika / Horn, Christian / Pflug, Isabel / Warstat, Matthias (Hg.): Inszenierung von Authentizität, Tübingen ²2007.

Fischer-Lichte, Erika: Theatralität und Inszenierung, in: Fischer-Lichte, Erika u. a. (Hg.): Inszenierung von Authentizität, Tübingen ²2007, S. 9–28.

Fisher, Roger / Ury, William / Patton, Bruce M.: Das Harvard-Konzept: Sachgerecht verhandeln – erfolgreich verhandeln, Frankfurt a. M. ¹⁷1998.

Flick, Uwe: Qualitative Sozialforschung – Eine Einführung, Reinbek ³2010.

Flick, Uwe: Triangulation – Eine Einführung, Wiesbaden 2008.

Froschauer, Ulrike / Lueger, Manfred: Das qualitative Interview – Zur Praxis interpretativer Analyse sozialer Systeme, Wien 2003.

Früh, Werner: Inhaltsanalyse – Theorie und Praxis, Konstanz ⁶2007.

Ganzevoort, R. Ruard: Reden ist Silber, Hören ist Gold – von der Predigt als Wort Gottes, in: Bitter, Gottfried / Heye, Heyen (Hg.): Wort und Hörer – Beispiele homiletischer Perspektiven (Homiletische Perspektiven Bd. 5), Berlin 2007, S. 9–29.

Garhammer, Erich / Schöttler, Heinz-Günther (Hg.): Predigt als offenes Kunstwerk – Homiletik und Rezeptionsästhetik, München 1998.

Garhammer, Erich: Boomt jetzt die Ästhetik? – Homiletik und Rezeptionsästhetik, in: ders. / Schöttler, Heinz-Günther (Hg.): Predigt als offenes Kunstwerk – Homiletik und Rezeptionsästhetik, München 1998, S. 13–27.

Geest, Hans, Van der: Du hast mich angesprochen – Die Wirkung von Gottesdienst und Predigt, Zürich ²1983.

Geiger, Werner: Feedback – Explizit, differenziert, systematisch, ritualisiert, in: Slembek, Edith / Geissner, Hellmut K. (Hg.): Feedback – Das Selbstbild im Spiegel der Fremdbilder, St. Ingbert 1998, S. 167–180.

Geissner, Hellmut K.: Das Phänomen Stimme – in Kunst, Wissenschaft, Wirtschaft, St. Ingbert 2004.

Geissner, Hellmut K. (Hg.): Stimmen hören, St. Ingbert 2000, S. 29–39.

Geissner, Hellmut K. Leuck, Hans Georg / Schwandt, Georg / Slembek, Edith (Hg.): Gesprächsführung – Führungsgespräche, St. Ingbert [3]2001.

Geissner, Hellmut K.: «Argumentieren» auf dem Weg «Vom Gespräch zur Rede», in: Köhler, Kerstin / Skorupinski, Cäcilie (Hg.): Wissenschaft macht Schule – Sprechwissenschaft im Spiegel von 10 Jahren Sommerschule der DGSS, St. Ingbert 2004, S. 101–112.

Geissner, Hellmut K.: Argumentationspraxis, in: Geissner, Hellmut K. u. a. (Hg.): Gesprächsführung – Führungsgespräche, St. Ingbert [3]2001, S. 115–134.

Geissner, Hellmut K.: Beraten oder Raten? – Aspekte einer dialogischen Ethik, in: Berg, Reni u. a. (Hg.): Interdisziplinäre Sorge um Kommunikationsstörungen, München, Basel 2002, S. 105–112.

Geissner, Hellmut K.: Das handlungstheoretische Interesse an Rhetorik oder: das rhetorische Interesse an gesellschaftlichem Handeln, in: Plett, Heinrich F. (Hg.): Rhetorik – Kritische Positionen zum Stand der Forschung, München 1977, S. 233–251.

Geissner, Hellmut K.: Das Ziel liegt bei den Hörenden – Überzeugen oder Überreden in rhetorischer Kommunikation?, in: Wiener Jahrbuch für Theologie, Zur Zukunft der Theologie, Wien 1998, S. 199–213.

Geissner, Hellmut K.: Demokratie und rhetorische Kommunikation, St. Ingbert 2005.

Geissner, Hellmut K.: Entwicklung der Gesprächsfähigkeit – Sprechwissenschaftlich begründete Kommunikationstrainings, in: Brünner, Gisela u. a. (Hg.): Angewandte Diskursforschung (Methoden und Anwendungsbereiche, Bd. 2), Radolfzell 2002, S. 197–210.

Geissner, Hellmut K.: Entwicklung der Gesprächsfähigkeit, in: Brünner, Gisela u. a. (Hg.): Angewandte Diskursforschung – Methoden und Anwendungsgebiete, Bd. 2, Radolfzell 2002, S. 197–210.

Geissner, Hellmut K.: Gespräch im Alltag, in: Geissner, Hellmut K. u. a. (Hg.): Gesprächsführung – Führungsgespräche, St. Ingbert [3]2001, S. 181–211.

Geissner, Hellmut K.: Gesprächsanalytik: Gesprächshermeneutik, in: Kühlwein, Wolfgang / Raasch, Albert (Hg.), Bd. 1, Tübingen 1980, S. 37–48.

Geissner, Hellmut K.: Grundfragen der Gesprächsrhetorik, in: Geissner, Hellmut K. u. a. (Hg.): Gesprächsführung – Führungsgespräche, St. Ingbert [3]2001, S. 11–24.

Geissner, Hellmut K.: Hörende predigen mit – Über Sinnkonstitution in Prozessen rhetorischer Kommunikation, in: Peier, Martin (Hg.): Beim Wort genommen – Kommunikation in Gottesdienst und Medien, Zürich 2007, S. 117–126.

Geissner, Hellmut K.: Identität und Imitation – Was antworten Sie auf die Frage: «Wer bist du?», in: Peier, Martin (Hg.): Beim Wort genommen – Kommunikation in Gottesdienst und Medien, Zürich 2007, S. 225–234.

Geissner, Hellmut K.: Jenseits der Face-to-face-Kommunikation, in: Lemke, Siegrun (Hg.): Sprechwissen-schaftler/in und Sprecherzieher/in – Eignung und Qualifikation, München 2001, S. 44–50.

Geissner, Hellmut K.: Klären und Streiten, in: Beck, Martin (Hg.): Klären und Streiten – Gesprächserziehung in Schule und ausserschulischer Bildung, St. Ingbert 1995, S. 11–37.

Geissner, Hellmut K.: Kommunikation & Partizipation, Impulsreferat, Karlsruhe 1994.

Geissner, Hellmut K.: Kommunikationspädagogik, St. Ingbert 2000.

Geissner, Hellmut K.: Leben lernen im Horizont des Glaubens, Landau 1968.

Geissner, Hellmut K.: mündlich : schriftlich – Sprechwissenschaftliche Analysen «freigesprochener» und «vorgelesener» Berichte, Frankfurt 1988.

Geissner, Hellmut K.: Perspektiven rhetorischer Kommunikation, in: Beck, Martin (Hg.): Klären und Streiten – Gesprächserziehung in Schule und ausserschulischer Bildung, St. Ingbert 1995, S. 261–265.

Geissner, Hellmut K.: Rhetorik und politische Bildung, Frankfurt ³1986.

Geissner, Hellmut K.: Schreiben fürs Hören, in: Muttersprache Nr. 3/2003, S. 193–207.

Geissner, Hellmut K.: Sprache der Kirche – Kirchensprache, in: Peier, Martin (Hg.): Beim Wort genommen – Kommunikation in Gottesdienst und Medien, Zürich 2007, S. 187–193.

Geissner, Hellmut K.: Sprechen – Hören – Lesen, in: Wagner, Roland W. u. a.: hören – lesen – sprechen, München, Basel 2006. S. 35–47.

Geissner, Hellmut K.: Sprecherziehung – Didaktik und Methodik der mündlichen Kommunikation, Königstein 1982.

Geissner, Hellmut K.: Sprechwissenschaft, in: Ueding, Gert: Historisches Wörterbuch der Rhetorik, Tübingen 2007, S. 1276–1288.

Geissner, Hellmut K.: Sprechwissenschaft – Theorie der mündlichen Kommunikation, Frankfurt ²1988.

Geissner, Hellmut K.: Stegreifrede, in: Ueding, Gert: Historisches Wörterbuch der Rhetorik, Tübingen 2007, S. 1359–1368.

Geissner, Hellmut K.: The Voice of Power: The Power of Voices, in: Carragee, Kevin M. / Barthel, Henner (Hg.): The Voice of Power, St. Ingbert 2002, S. 13–22.

Geissner, Hellmut K.: Transformationen (in 60 Jahren) – Von einem deutsch-didaktischen Anhängsel zu einer kommunikations-wissenschaftlich begründeten Disziplin in der Mediengesellschaft (Vortrag der DGSS am 37.08.2011 in Landau)

Geissner, Hellmut K.: Über das Dialogische im Fünfsatz – Ein Beitrag zum Sprechdenken und Hörverstehen beim Argumentieren, in: Kühlwein, Wolfgang / Raasch, Albert (Hg.): Sprache und Verstehen, Bd. 1, Tübingen 1980, S. 17–42.

Geissner, Hellmut K.: Über Hörmuster, in: Gutenberg, Norbert (Hg.): Hören und Beurteilen, Frankfurt 1984, S. 13–56.

Geissner, Hellmut K.: Vom Oberflächen- zum Tiefenfeedback, in: Slembek, Edith / Geissner, Hellmut K. (Hg.): Feedback – Das Selbstbild im Spiegel der Fremdbilder, St. Ingbert 1998, S. 13–30.

Geissner, Hellmut K.: Zielgruppe; in Ueding, Gert (Hg.): Historisches Wörterbuch der Rhetorik, Tübingen 2009, S. 1529–1533.

Geissner, Hellmut K.: Zur Rhetorizität des Gottesdienstes, in: DGSS aktuell [2]2010, Berlin 2010, S. 5–15.

Geissner, Hellmut K.: Zur Situativität von Sinnkonstitution und Sinnverstehen, in: Barthel, Henner (Hg.): Zum Wissenschaftsverständnis der Sprechwissenschaft, München 2003, S. 10–19.

Geissner, Ursula: «Ich lass mir das von Dir nicht sagen!», in: Slembek, Edith / Geissner, Hellmut K. (Hg.): Feedback – Das Selbstbild im Spiegel der Fremdbilder, St. Ingbert 1998, S. 43–53.

Göttlich, Udo / Nieland, Jörg Uwe: Inszenierungsstrategien in deutschen Daily-Soaps. Theatralität und Kult-Marketing am Vorabend, in: Fischer-Lichte, Erika u. a. (Hg.): Inszenierung von Authentizität, Tübingen [2]2007, S. 163–181.

Goffman, Erving: Wir alle spielen Theater – Die Selbstdarstellung im Alltag, München 1996.

Goller, Hans: Erleben, Erinnern, Handeln – Eine Einführung in die Psychologie und ihre philosophischen Grenzfragen, Stuttgart 2009.

Gräb, Wilhelm: Predigtlehre – Über religiöse Rede, Göttingen 2013.

Graf, Friedrich W.: Kirchendämmerung – Wie die Kirchen unser Vertrauen verspielen, München [2]2011.

Greif, Siegfried: Wie sich das ganz normale Chaos beim Handeln selbst organisiert, in: Schlippe, Arist, von / Kriz, Willy C. (Hg.): Personzentrierung und Systemtheorie – Perspektiven für psychotherapeutisches Handeln, Göttingen 2004.

Grethlein, Christian: Sinnlich Predigen – Anstösse zu einer homiletischen Entdeckungsreise, in: Pohl-Patalong, Uta / Muchlinsky, Frank (Hg.): Predigen im Plural – Homiletische Aspekte, Hamburg 2001, 230–238.

Griesshammer, Rolf: Konfliktrhetorik – Methoden des Streitens, in: Beck, Martin (Hg.): Klären und Streiten – Gesprächserziehung in Schule und ausserschulischer Bildung, St. Ingbert 1995, S. 205–260.

Grözinger, Albrecht: Die Kirche – ist sie noch zu retten?, Gütersloh 1998.

Grözinger, Albrecht: Homiletik – Lehrbuch Praktische Theologie, Bd. 2, Gütersloh 2008.

Grözinger, Albrecht: Mit den Sinnen Sprechen, in: Charbonnier, Lars / Merzyn, Konrad / Meyer, Peter: Homiletik – aktuelle Konzepte und ihre Umsetzung, Göttingen 2012, S. 153–165.

Grözinger, Albrecht: Toleranz und Leidenschaft – Über das Predigen in einer pluralistischen Gesellschaft, Gütersloh 2004.

Gutenberg, Norbert: Die Moden der Stimme, in: Sprechen 1999/2000, S. 84f.

Haendler, Otto / Riemann, Fritz / Josuttis, Manfred: Zur Bedeutung der Person für die Predigt, in: Engemann, Wilfried / Lütze, Frank M. (Hg.): Grundfragen der Predigt, Leipzig [2]2009, S. 45–103.

Hahn Udo (Hg.): Das kleine ABC des Predigthörens – Was eine gute Predigt auszeichnet, Rheinbach 2003.

Haller, Michael: Die Mediengesellschaft oder das Dilemma der Unvereinbarkeit von Identität und Universalität, in: Imhof, Kurt (Hg.): Mediengesellschaft – Strukturen, Merkmale, Entwicklungsdynamiken, Wiesbaden 2004, S. 33–56.

Hannken-Illjes, Kati: Argumentation, Kompetenz und Angemessenheit, in: Lemke, Siegrun (Hg.): Sprechwissenschaftler/in und Sprecherzieher/in – Eignung und Qualifikation, München 2001, S. 142–146.

Hardegger, Judith: Willenssache: Die Infragestellung der Willensfreiheit durch moderne Hirnforschung als Herausforderung für Theologie und Ethik, Zürich 2009.

Harnack, Theodosius: Die Idee der Predigt, Dorbat 1844.

Harras, Gisela: Verstehen und Verständigung, in: Kühlwein, Wolfgang / Raasch, Albert (Hg.): Sprache und Verstehen, Bd. 1, Tübingen 1980, S. 17–29.

Härtner, Achim / Eschmann, Holger: Predigen lernen – Ein Lehrbuch für die Praxis, Stuttgart 2001.

Hastings, Harold M. / Sugihara, George: Fraktale – Ein Leitfaden für Anwender, Heidelberg 1996.

Liturgiewissenschaft und Theaterwissenschaft im Gespräch, Leipzig 2010, S. 79–87.

Heidland, Hans-Wolfgang: Das Verkündigungsgespräch, Stuttgart 1969.

Heilmann, Christa M. (Hg.): Kommunikationskulturen – intra- und interkulturell, St. Ingbert 2005.

Heilmann, Christa M.: Das reziprok-dialogischer Konzept – Ein empirischer Ansatz sprechwissenschaft-licher Gesprächsforschung, in: Barthel, Henner (Hg.): Zum Wissenschaftsverständnis der Sprech-wissenschaft, München 2003, S. 66–77.

Heilmann, Christa M.: Körpersprache – richtig verstehen und einsetzen, München 2009.

Heilmann, Christa M.: Was hört mein Ohr – was misst mein Computer?, in: Geissner, Hellmut K. (Hg.): Das Phänomen Stimme – in Kunst, Wissenschaft, Wirtschaft, St. Ingbert 2004, S. 105–109.

Heimbrock, Hans-Günter / Kriegstein, von, Matthias (Hg.): Predigen lernen, Gottesdienst feiern lernen – Neue Wege in der theologischen Ausbildung, Frankfurt a. M. 2000.

Heimbrock, Hans-Günter: Spuren Gottes wahrnehmen – Phänomenologisch inspirierte Predigten und Texte zum Gottesdienst, Stuttgart 2003.

Heimbrock, Hans-Günter: Praktische Theologie als Wirklichkeitswissenschaft, Manuskript März 2005.

Heine, Susanne: «Der Hörer predigt mit» – Reformation als kommunikatives Programm, in: Slembek, Edith (Hg.): Transzensionen: angeregt – weiterdenken, St. Ingbert 2007, S. 49–60.

Heine, Susanne: Gottessuche – Erdenschwere: Lebensnerven praktischer Theologie, Berlin 2000.

Heine, Susanne: Reflexionen, in: Szagun, Anna-Katharina, von: «Sie haben etwas zu sagen»: Frauen zwischen Kanzel und Katheder, Münster 2002, S. 124–164.

Helfferich, Cornelia: Die Qualität qualitativer Daten – Manual für die Durchführung qualitativer Interviews. Lehrbuch, Wiesbaden [3]2009.

Herbst, Dieter: Storytelling, Konstanz 2008.

Heringer, Hans J.: Interkulturelle Kommunikation – Grundlagen und Konzepte, Tübingen, Basel 2004.

Hermelink, Jan: Ausmalen und Hindurchsehen – Das diskurssemiotische Konzept des ‹mentalen Bildes› in der Predigtarbeit, in: Pohl-Patalong, Uta / Muchlinsky, Frank (Hg.): Predigen im Plural – Homiletische Aspekte, Hamburg 2001, 36–45.

Herms, Eilert: Gesellschaft I. Zum Begriff, in: RGG4, Bd. 3, Tübingen 2000, S. 826f.

Herrmann, Ulrich: Stoff – Von der Idee zum Drehbuch, Frankfurt a. M. 2005.

Hindelang, Götz: Einführung in die Sprechakttheorie, Tübingen [4]2004.

Hirsch-Hüffel, Thomas: Tipps für präsente Prediger, in: Meyer-Blanck, Michael u. a. (Hg.): Homiletische Präsenz – Predigt und Rhetorik, München 2010, S. 219–231.

Hochschild, Michael: Beobachtungen der Kirche 2 – Vom Werden und Vergehen, Münster 2005.

Hofer, Madeleine: «Argumentieren in der Schule», in: Beck, Martin (Hg.): Klären und Streiten – Gesprächserziehung in Schule und ausserschulischer Bildung, St. Ingbert 1995, S. 113–172.

Hörmann, Hans: Der Vorgang des Verstehens, in: Kühlwein, Wolfgang / Raasch, Albert (Hg.): Sprache und Verstehen, Bd. 1, Tübingen 1980, S. 17–29.

Hörmann, Hans: Meinen und Verstehen – Grundzüge einer psychologischen Semantik, Frankfurt [4]1994.

Hösli, Jost (Evangelische Kirchgemeinde Männedorf, Hg.): Festschrift zum Umbau der Kirche Männedorf 1961/1962, Stäfa 1964.

Iacoboni, Marco: Woher wissen wir, was andere denken und fühlen – Die neue Wissenschaft der Spiegelneuronen, München 2009.

Imhof, Kurt u. a. (Hg.): Mediengesellschaft: Strukturen, Merkmale, Entwicklungsdynamiken, Wiesbaden 2004.

Jäckel, Michael: Medienwirkungen, Wiesbaden [4]2008.

Jecker, Constanze (Hg.): Religionen im Fernsehen, Konstanz 2011.

Jensen, Olaf: Induktive Kategorienbildung als Basis Qualitativer Inhaltsanalyse, in: Mayring, Philipp / Gläser-Zikuda, Michaela (Hg.): Die Praxis der Qualitativen Inhaltsanalyse, Basel [2]2008, S. 255–275.

Jetter, Werner: Die Predigt als Gespräch mit dem Hörer, in: Beutel, Albrecht u. a. (Hg.): Homiletisches Lesebuch, Tübingen 1989, S. 206–221.

Kabel, Thomas: Liturgische Präsenz, Gütersloh 2003.

Kalisch, Eleonore: Aspekte einer Begriffs- und Problemgeschichte von Authentizität und Darstellung, in: Fischer-Lichte, Erika u. a. (Hg.): Inszenierung von Authentizität, Tübingen [2]2007, S. 31–44.

Karle, Isolde: Kirche im Reformstress, Gütersloh 2010.

Käser-Huber, Pascale / Kunz, Ralph: Seelsorglicher oder politischer Gottesdienst?, in: Kunz, Ralph / Plüss, David / Marti, Andreas (Hg): Reformierte Liturgik kontrovers, Zürich 2011, S. 173–187.

Kast, Verena: Trauern – Phasen und Chancen des psychischen Prozesses, Stuttgart $^{35}$2013.

Kast, Verena: Sich einlassen und loslassen – Neue Lebensmöglichkeiten bei Trauer und Trennung, Freiburg $^{22}$2012.

Keane, Christopher: Schritt für Schritt zum erfolgreichen Drehbuch – Mit einem vollständigen, kommentierten Drehbuch, Berlin 2004.

Keyers, Christian u. a.: Somatosensation in Social Perception, in: Nature Reviews / Neuroscience, 11/2010, S. 417–428.

Kirchengesangbuch der evangelisch-reformierten Kirchen der deutschsprachigen Schweiz, Basel/Zürich 1998.

Kleist, Heinrich, von: Über die allmähliche Verfertigung der Gedanken beim Reden, 1805, erstmals publ. 1878 (Zugriff am 11.10.2013 auf: http://gutenberg.spiegel.de/buch/589/1).

Klie, Thomas: Fremde Heimat Liturgie – Ästhetik gottesdienstlicher Stücke, Stuttgart 2010.

Klippert, Wolfgang: Vom Text zur Predigt – Grundlagen und Praxis biblischer Verkündigung, Wuppertal 2006.

Knape, Joachim: Rhetorik und Predigt – Wie viel Rhetorik braucht die Predigt, in: Meyer-Blanck, Michael u. a.d (Hg.): Homiletische Präsenz – Predigt und Rhetorik, München 2010, S. 29–51.

Knapp, Werner: Die Inhaltsanalyse aus linguistischer Sicht, in: Mayring, Philipp / Gläser-Zikuda, Michaela (Hg.): Die Praxis der Qualitativen Inhaltsanalyse, Weinheim, Basel $^{2}$2008, S. 20–36.

Köhler, Kerstin / Skorupinski, Cäcilie (Hg.): Wissenschaft macht Schule – Sprechwissenschaft im Spiegel von 10 Jahren Sommerschulen der DGSS, St. Ingbert 2004.

Kopfermann, Thomas (Hg.): Das Phänomen Stimme: Imitation und Identität, St. Ingbert 2006.

Kopperschmidt, Josef: Vermutungen über die Zukunft des öffentlichen Redens, in: Barthel, Henner (Hg.): Zum Wissenschaftsverständnis der Sprechwissenschaft, München 2003, S. 44–64.

Kramer, Olaf: Redetraining als Predigttraining? – Rhetorische Weiterbildung und Homiletik. Eine kritische Bestandsaufnahme, in: Meyer-Blanck, Michael u. a. (Hg.): Homiletische Präsenz – Predigt und Rhetorik, München 2010, S. 156–174.

Krawutschke, Cornelia: Das gestische Sprechen, in: Geissner, Hellmut K. (Hg.): Das Phänomen Stimme – in Kunst, Wissenschaft, Wirtschaft, St. Ingbert 2004, S. 75–77.

Krech, Eva-Maria / Richter, Günther / Stock, Eberhard / Suttner, Jutta: Sprechwirkung – Grundfragen, Methoden und Ergebnisse ihrer Erforschung, Berlin 1991.

Kreitzscheck, Dagmar: Zeitgewinn – Theorie und Praxis der erzählenden Predigt, Leipzig 2004.

Krieg, Matthias u. a.: Lebenswelten. 2 Bde.: Modelle kirchlicher Zukunft, Zürich 2012.

Kubitza, Ellen / Schramm Tim: Bibliodrama als lebendiger Gottesdienst – Ein Weg zum Christsein im Alltag der Welt, Schenefeld 2003.

Kühlwein, Wolfgang / Raasch, Albert (Hg.): Sprache und Verstehen, Bd. 1, Tübingen 1980.

Kunz, Ralph / Plüss, David / Marti, Andreas (Hg): Reformierte Liturgik kontrovers, Zürich 2011.

Kunz, Ralph: Gottesdienst evangelisch reformiert, Zürich 2001.

Kunz, Ralph: Wir alle spielen Theater, in: Peier, Martin (Hg.): Beim Wort genommen – Kommunikation in Gottesdienst und Medien, Zürich 2007.

Kunz, Ralph: «Über das Leben des Hörers reden» Oder: Lebenswelt als Deutungshorizont der Predigt, in: Klie, Thomas u. a. (Hg.). Lebenswissenschaft Praktische Theologie?! Berlin 2011, S. 223–252.

Kusmierz, Katrin / Giger, Markus: Öffentlicher Gottesdienst oder Milieugottesdienst?, in: Kunz, Ralph / Plüss, David / Marti, Andreas (Hg): Reformierte Liturgik kontrovers, Zürich 2011, S. 189–205.

Lange, Ernst (Hg.): Zur Theorie und Praxis der Predigtarbeit, Stuttgart 1968.

Lange, Ernst: Zum Hörerbezug der Predigt, in: Engemann, Wilfried / Lütze, Frank M. (Hg.): Grundfragen der Predigt, Leipzig $^{2}$2009, S. 153–185.

Lange, Ernst: Zur Aufgabe christlicher Rede, in: Predigen als Beruf: Aufsätze zu Homiletik, Liturgie und Pfarramt, München $^{2}$1982.

Lauer, Gerhard: Spiegelneuronen – Über den Grund des Wohlgefallens an der Nachahmung, in: Eibl, Karl: Im Rücken der Kulturen, Paderborn 2007, S. 137–163.

Lazarus, Tom: Professionelle Drehbücher schreiben – Erfolgsmethoden für Film & TV, Berlin 2003.

Lemke, Siegrun (Hg.): Sprechwissenschaftler/in und Sprecherzieher/in – Eignung und Qualifikation, München 2001.

Lepschy, Annette: Lehr- und Lernmethoden zur Entwicklung von Gesprächsfähigkeiten, in: Brünner, Gisela u. a. (Hg.): Angewandte Diskursforschung (Methoden und Anwendungsbereiche, Bd. 2), Radolfzell 2002, S. 50–71.

Leuck, Hans Georg: Miteinanderarbeiten und Miteinandersprechen in Organisationen, in: Geissner, Hellmut K. u. a. (Hg.): Gesprächsführung – Führungsgespräche, St. Ingbert, $^{3}$2001, S. 49–57.

Leuck, Hans Georg: Verhandlungen, in: Geissner, Hellmut K. u. a. (Hg.): Gesprächsführung – Führungsgespräche, St. Ingbert, $^{3}$2001, S. 135–152.

Loretan-Saladin, Franziska: Dass die Sprache stimmt – Eine homiletische Rezeption der dichtungstheoretischen Reflexionen von Hilde Domin, Fribourg 2008.

Losche, Helga: Interkulturelle Kommunikation – Sammlung praktischer Spiele und Übungen, Augsburg $^{3}$2003.

Lübbe, Hermann: Kontingenzerfahrung und Kontingenzbewältigung, in: Graevenitz von, Gerhart, Marquard, Odo (Hg.): Kontingenz, Poetik und Hermeneutik 17, München 1998. 35–47.

Luther, Henning / Engemann, Wilfried: Zur Erarbeitung einer Predigt, in: Engemann, Wilfried / Lütze, Frank M. (Hg.): Grundfragen der Predigt, Leipzig $^{2}$2009, S. 391–427.

Luther, Henning: Predigt als Handlung, in: Beutel, Albrecht u. a. (Hg.): Homiletisches Lesebuch, Tübingen 1989, S. 222–239.

Lütze, Frank M.: Absicht und Wirkung der Predigt – eine Untersuchung zur homiletischen Pragmatik, Leipzig 2006.

Magin, Charlotte / Schwier, Helmut: Kanzel, Kreuz und Kamera – Impulse für Gottesdienst und Predigt, Leipzig 2005.

Magin, Charlotte / Schwier, Helmut: Kanzel, Kreuz und Kamera – konkret – ein Gottesdienstprogramm aus Heidelberg, Leipzig 2008.

Mahne, Nicole: Transmediale Erzähltheorie. Eine Einführung, Göttingen 2007.

Maletzke, Gerhard: Interkulturelle Kommunikation – Zur Interaktion zwischen Menschen verschiedener Kulturen, Opladen 1996.

Mandelbrot, Benoît: Die fraktale Geometrie der Natur, Basel 1987.

Martin, Gerhard Marcel: Predigt als «offenes Kunstwerk»? – Zum Dialog zwischen Homiletik und Rezeptionsästhetik, in: EvTh 44/1984 S. 46–58.

Martin, Gerhard Marcel: Predigt und Liturgie ästhetisch – Wahrnehmung – Kunst – Lebenskunst, Stuttgart 2003.

Martin, Gerhard Marcel: Zwischen Eco und Bibliodrama – Erfahrungen mit einem neuen Predigtansatz, in: Garhammer, Erich / Schöttler, Heinz-Günther (Hg.): Predigt als offenes Kunstwerk – Homiletik und Rezeptionsästhetik, München 1998, S. 51–62.

Mayring, Philipp / Gläser-Zikuda, Michaela (Hg.): Die Praxis der Qualitativen Inhaltsanalyse, Basel $^{2}$2008.

Mayring, Philipp: Einführung in die Qualitative Sozialforschung – Eine Anleitung zu qualitativem Denken, Basel $^{5}$2002.

Mayring, Philipp: Neuere Entwicklungen in der qualitativen Forschung und der Qualitativen Inhaltsanalyse, in: Mayring, Philipp / Gläser-Zikuda, Michaela (Hg.): Die Praxis der Qualitativen Inhaltsanalyse, Basel $^{2}$2008, S. 7–19.

Mayring, Philipp: Qualitative Inhaltsanalyse – Grundlagen und Techniken, Basel $^{11}$2010.

Meier, Urs: Kirchsprech – der Jargon eines Milieus, in: Reformierte Presse 2003/22, S. 7–9.

Meier, Urs: Kommunikation und Urbanität, in: Peier, Martin (Hg.): Beim Wort genommen – Kommunikation in Gottesdienst und Medien, Zürich 2007, S. 177–185.

Meier, Urs: Öffentlichkeitsarbeit für Radio und Fernsehen, in: Peier, Martin (Hg.): Beim Wort genommen – Kommunikation in Gottesdienst und Medien, Zürich 2007, S. 215–223.

Meier, Werner A. / Bonfadelli, Heinz: Informationsgesellschaft oder Mediengesellschaft?, in: Imhof, Kurt: Mediengesellschaft: Strukturen, Merkmale, Entwicklungsdynamiken, Wiesbaden 2004, S. 57–78.

Meyer-Blanck, Michael / Seip, Jörg / Spielberg, Bernhard (Hg.): Homiletische Präsenz – Predigt und Rhetorik, München 2010.

Meyer-Blanck, Michael / Weyel, Birgit: Studien- und Arbeitsbuch Praktische Theologie, Göttingen 2008.

Meyer-Blanck, Michael: Gottesdienstlehre, Tübingen 2011.

Meyer-Blanck, Michael: Inszenierung des Evangeliums, Göttingen 1997.

Meyer-Blanck, Michael: Was ist «homiletische Präsenz?», in: Meyer-Blanck, Michael u. a. (Hg.): Homiletische Präsenz – Predigt und Rhetorik, München 2010, S. 13–28.

Meyer-Blank, Michael: Bibel und Predigt aus homiletischer Sicht, in: Deeg, Alexander / Nicol, Martin: Bibelwort und Kanzelsprache – Homiletik und Hermeneutik im Dialog, Leipzig 2010, S. 31–46.

Meyer, Ursula I.: Paul Ricoeur – Grundzüge seiner Philosophie, Aachen 1991.

Mildenberger, Irene / Raschzok, Klaus / Ratzmann, Wolfgang (Hg.): Gottesdienst und Dramaturgie – Liturgiewissenschaft und Theaterwissenschaft im Gespräch, Leipzig 2010.

Mönnich, Annette: Gesprächskultur und Lernkultur, in: Heilmann, Christa M. (Hg.): Kommunikationskulturen – intra- und interkulturell, St. Ingbert 2005, S. 165–172.

Moser, Heinz: Instrumentenkoffer für die Praxisforschung – Eine Einführung, Zürich $^{4}$2008.

Mothes, Ulla: Dramaturgie für Spielfilm, Hörspiel und Feature, Konstanz 2001.

Müller, Annette C.: Predigt schreiben – Prozess und Strategien der homiletischen Komposition, Leipzig 2014

Müller, Christoph / Krieg Matthias: Laienhaft oder professionell?, in: Kunz, Ralph / Plüss, David / Marti, Andreas (Hg.): Reformierte Liturgik – kontrovers, Zürich 2011, S. 319–332.

Müller, Hans Martin: Homiletik – Eine evangelische Predigtlehre, Berlin 1996.

Müller, Matthias: Endlich Sehen, was ich schon immer hören wollte – Computergestützte Stimmanalyse in Stimmbildung und Gesangsunterricht, in: Geissner, Hellmut K. (Hg.): Das Phänomen Stimme – in Kunst, Wissenschaft, Wirtschaft, St. Ingbert 2004, S. 111–114.

Neijenhuis, Jörg: Gottesdienst als Text – Eine Untersuchung in semiotischer Perspektive zum Glauben als Gegenstand der Liturgiewissenschaft, Leipzig 2007.

Neuland, Eva: Erzählen im Alltag: Von Helden, Opfern und anderen Typen, in: Dannerer, Monika u. a. (Hg.), Gesprochen – geschrieben – gedichtet. Variation und Transformation von Sprache. Berlin 2009, S. 175–188.

Neumann, Gerhard: Erzähl-Theater – Inszenierte Authentizität in Brechts kleiner Prosa, in: Fischer-Lichte, Erika u. a. (Hg.): Inszenierung von Authentizität, Tübingen $^{2}$2007, S. 93–108.

Nicol Martin: Weg im Geheimnis – Plädoyer für den Evangelischen Gottesdienst, Göttingen ²2010.

Nicol, Martin / Deeg, Alexander: Im Wechselschritt zur Kanzel – Praxisbuch dramaturgische Homiletik, Göttingen 2005.

Nicol, Martin: Einander ins Bild setzen – Dramaturgische Homiletik, Göttingen 2002.

Nisslmüller, Thomas: Homo audiens – der Hör-Akt des Glaubens und die akustische Rezeption im Predigtgeschehen, Göttingen 2008.

Nolting, Tobias / Thiessen, Ansgar (Hg.): Krisenmanagement in der Mediengesellschaft – Potenziale und Perspektiven der Krisenkommunikation, Wiesbaden 2008.

Nord, Ilona: Die Konstruktion der Wirklichkeit – Zur Bedeutung virtueller Realitäten für die homiletische Diskussion, in: Gerber, Uwe / Hoberg, Rudolf (Hg.): Sprache und Religion, Darmstadt 2009.

Nord, Ilona: Realitäten des Glaubens – Zur virtuellen Dimension christlicher Religiosität, Berlin 2008.

Oberdorfer, Bernd: Gesellschaft I. Ethisch, in: RGG4, Bd. 3, Tübingen 2000, S. 823.

Ockel, Eberhard: Muss der/die Sprecherzieher/-in mehr hören?, in: Lemke, Siegrun (Hg.): Sprechwissenschaftler/in und Sprecherzieher/in – Eignung und Qualifikation, München 2001, S. 118–122.

Odenthal, Andreas: Liturgie als Ritual – Theologische und psychoanalytische Überlegungen zu einer praktisch-theologischen Theorie des Gottesdienstes als Symbolgeschehen, Stuttgart 2002.

Otto, Gert: Predigt als Rede – Über die Wechselwirkungen von Homiletik und Rhetorik, Stuttgart 1976.

Otto, Gert / Lütze, Frank M.: Predigt als Sprachereignis, in: Engemann, Wilfried / Lütze, Frank M. (Hg.): Grundfragen der Predigt, Leipzig ²2009, S. 255–297.

Otto, Gert: Die Predigtvorbereitung im Rhetorischen Zusammenhang, in: Pohl-Patalong, Uta / Muchlinsky, Frank (Hg.): Predigen im Plural – Homiletische Aspekte, Hamburg 2001, S. 151–159.

Pabst-Weinschenk, Marita: Hörverstehen und Sprechdenken, in: dies. (Hg.): Grundlagen der Sprechwissenschaft und Sprecherziehung, München 2004, S. 57–81.

Peier, Martin (Hg.): Beim Wort genommen – Kommunikation in Gottesdienst und Medien, Zürich 2007.

Peier, Martin / Bühler, Willi: Mediale Repräsentation und Kontextualisierung des Christentums, in: Jecker, Constanze (Hg.): Religionen im Fernsehen, Konstanz 2011, S. 205–215.

Peier, Martin / Plüss David: Authentizität oder Inszenierung im Gottesdienst, in: Kunz, Ralph / Plüss, David / Marti, Andreas (Hg.): Reformierte Liturgik – kontrovers, Zürich 2011, S. 333–349.

Peier, Martin: Freier Dialog – koproduzierendes Sprechdenken, in: Peier, Martin (Hg.): Beim Wort genommen – Kommunikation in Gottesdienst und Medien, Zürich 2007, S. 195–202.

Peier, Martin: Liturgische Dramaturgie, in: Peier, Martin (Hg.): Beim Wort genommen – Kommunikation in Gottesdienst und Medien, Zürich 2007, S. 9–83.

Peier, Martin: Freier Dialog – koproduzierendes Sprechdenken, in: Heilmann, Christa M. (Hg.): Kommunikationskulturen – intra- und interkulturell, St. Ingbert 2005, S. 119–125.

Percze, Sándor: Wie der Feind zur Muse wurde – Zur Bedeutung des Films für die Predigt, in: Deeg, Alexander / Nicol, Martin: Bibelwort und Kanzelsprache – Homiletik und Hermeneutik im Dialog, Leipzig 2010, S. 159–169.

Pezzoli-Oligati, Daria: Eine illustrierte Annäherung an das Verhältnis von Medien und Religion, in: Beinhauer-Köhler, Bärbel u. a. (Hg.): Religiöse Blicke – Blicke auf das Religiöse: Visualität und Religion, Zürich 2010, S. 245–266.

Piper, Hans-Christoph / Hermelink, Jan / Müske, Eberhard: Aspekte der Predigtanalyse, in: Engemann, Wilfried / Lütze, Frank M. (Hg.): Grundfragen der Predigt, Leipzig $^{2}$2009, S. 341–387.

Plüss, David / Rahn Michael (Hg.): Gottesdienste ins Gespräch bringen – Eine Sammlung von Feedback-Methoden, Zürich 2008.

Plüss, David: Gottesdienst als Textinszenierung – Perspektiven einer performativen Ästhetik, Zürich 2007.

Plüss, David: Liturgische Atmosphärenräume, in: Peier, Martin (Hg.): Beim Wort genommen – Kommunikation in Gottesdienst und Medien, Zürich 2007, S. 153–166.

Pohl-Patalong, Uta / Muchlinsky, Frank (Hg.): Predigen im Plural – Homiletische Perspektiven, Hamburg 2001.

Pohl-Patalong, Uta: Gottesdienst erleben – Empirische Einsichten zum evangelischen Gottesdienst, Stuttgart 2011.

Pohl-Patalong, Uta: «Wenn ich die Seele durchhöre, dann ist alles gut» – «Gottesdienst erleben» – eine empirische Untersuchung; PThI, 33. Jahrgang, 2013–1, S. 159–173.

Raschzok, Klaus: Gottesdienst und Dramaturgie. Eine Einführung, in: Mildenberger, Irene u. a. (Hg.): Gottesdienst und Dramaturgie – Liturgiewissenschaft und Theaterwissenschaft im Gespräch, Leipzig 2010, S. 15–45.

Reichertz, Jo / Englert, Carina J.: Einführung in die qualitative Videoanalyse – Eine hermeneutisch-wissenssoziologische Fallanalyse, Wiesbaden 2010.

Reuter, Ingo: Predigt verstehen: Grundlagen einer homiletischen Hermeneutik, Leipzig 2000.

Richter, Günther: Wirkungen der rednerischen Argumentation, in: Krech, Eva-Maria u. a.: Sprechwirkung – Grundfragen, Methoden und Ergebnisse ihrer Erforschung, Berlin 1991, S. 143–192.

Ricoeur, Paul: Zeit und Erzählung I: Zeit und historische Erzählung, München 1988.

Ricoeur, Paul: Das Selbst als ein Anderer, München $^{2}$2005.

Ricoeur, Paul: Die lebendige Metapher, München $^{3}$2004.

Riemann, Fritz: Grundformen der Angst – Eine tiefenpsychologische Studie, Basel $^{2}$1999.

Rinn, Angela: Die Kurze Form der Predigt – Interdisziplinäre Erwägungen zu einer Herausforderung für die Homiletik, Göttingen 2016.

Ritter, Martina: Die Dynamik von Privatheit und Öffentlichkeit in modernen Gesellschaften, Wiesbaden 2008.

Rizzolatti, Giacomo / Sinigaglia, Corrado: Empathie und Spiegelneurone – Die biologische Basis des Mitgefühls, Frankfurt 2008.

Roelofsen, Abraham: Das Predigtnachgespräch in der Gemeinde als Element der Gemeindebildung – Eine empirische Untersuchung zur kommunikativen und theologischen Kompetenz in der Gemeinde, Würzburg 2000.

Roelofsen, Abraham: Die Theologische Relevanz der sprecherzieherischen Arbeit mit Predigerinnen und Predigern, in: Lemke, Siegrun (Hg.): Sprechwissenschaftler/in und Sprecherzieher/in – Eignung und Qualifikation, München 2001, S. 106–111.

Rolf, Eckard: Metaphertheorien: Typologie, Darstellung, Bibliografie, Berlin 2005.

Rolf, Eckard: Sprachtheorien von Von Saussure bis Millikan, Berlin 2008.

Roloff, Jürgen: Die Predigt als Kommunikation, Stuttgart 1972.

Rosenkranz, Karl: Ästhetik des Hässlichen. Königsberg, 1853 (Leipzig 2007).

Roth, Ursula: Der Gottesdienst und das Modell des Theaters – Theaterwissenschaftliche Denkanstösse für zeitgenössische Gottesdiensttheorien, in: Mildenberger, Irene u. a. (Hg.): Gottesdienst und Dramaturgie – Liturgiewissenschaft und Theaterwissenschaft im Gespräch, Leipzig 2010, S. 89–110.

Roth, Ursula: Die Predigt als Performance – Ein homiletischer Trend auf dem Prüfstand, in: Meyer-Blanck, Michael u. a. (Hg.): Homiletische Präsenz – Predigt und Rhetorik, München 2010, S. 101–112.

Roth, Ursula: Die Theatralität des Gottesdienstes (PThK Bd. 18), Gütersloh 2006.

Schiwy, Günther / Geissner, Hellmut K. u. a.: Zeichen im Gottesdienst, München 1976.

Schlag, Thomas: Aufmerksam predigen. Eine homiletische Grundperspektive (Theol. St. 9), Zürich 2014.

Schmid, Wolf: Elemente der Narratologie, Berlin $^{2}$2008.

Schneider, Wolf: Deutsch für Kenner – Die neue Stilkunde, München $^{6}$2001.

Schneider, Wolf: Deutsch für Profis – Wege zu gutem Stil, München 2001.

Schnepper, Arndt E.: Frei predigen – Ohne Manuskript auf der Kanzel, Witten 2010.

Schöttler, Heinz-Günther: Moderne Kunst als e-vocatio auf dem Weg zur Predigt, in: Garhammer, Erich / Schöttler, Heinz-Günther (Hg.): Predigt als offenes Kunstwerk – Homiletik und Rezeptionsästhetik, München 1998, S. 65–81.

Schröder, Bernd: Die Predigt im Gottesdienst, in: Grethlein, Christian / Ruddat, Günter: Liturgisches Kompendium, Göttingen 2003, S. 134–150.

Richard Schrodt: Deskription, Narration, Interpretation: Textstrukturen der Deskription in Joseph Roths Erzählung «Seine k. und k. apostolische Majestät.», in: Dannerer, Monika u. a. (Hg.), Gesprochen – geschrieben – gedichtet. Variation und Transformation von Sprache. Berlin 2009, S. 147–160.

Schröer, Henning: Umberto Eco als Predigthelfer? – Fragen an Gerhard Marcel Martin; in: EvTh 44 (1984) S. 58–63.

Schroeter-Wittke, Harald: Predigt als Unterhaltung, in: Pohl-Patalong, Uta / Muchlinsky, Frank (Hg.): Predigen im Plural – Homiletische Aspekte, Hamburg 2001, S. 94–102.

Schulz von Thun, Friedemann: Miteinander reden 1 – Störungen und Klärungen. Allgemeine Psychologie der Kommunikation, Reinbek 1981/2008.

Schulz von Thun, Friedemann: Miteinander reden 2 – Stile, Werte und Persönlichkeitsentwicklung. Differentielle Psychologie der Kommunikation, Reinbek 1989/2008.

Schulz von Thun, Friedemann: Miteinander reden 3 – Das «innere Team» und situationsgerechte Kommunikation, Reinbek 1998/2008.

Schulz, Claudia / Hauschildt, Eberhard / Eike, Kohler: Milieus praktisch – Analyse- und Planungshilfen für Kirche und Gemeinde, Göttingen 2008.

Schulz, Claudia: Wie hätten Sie's denn gern? – Erkenntnisse und offene Fragen zum Gottesdienst für Menschen in verschiedenen Milieus, in: Arbeitsstelle Gottesdienst 21, 2007, S. 15–24.

Schwandt, Bernd: Stimme und psychodramatisches Rollenkonzept: Identität durch Imitation?, in: Kopfermann, Thomas (Hg.): Das Phänomen Stimme: Imitation und Identität, St. Ingbert 2006, S. 239–240.

Schwarz-Friesel, Monika: Sprache und Emotion, Tübingen 2007.

Schwarz-Friesel, Monika: Sprache, Kognition und Emotion – Neue Wege in der Kognitionswissenschaft, in: Kämper, Heidrun / Eichinger, Ludwig M. (Hg.): Sprache, Kognition, Kultur – Sprache zwischen mentaler Struktur und kultureller Prägung, Berlin 2009, S. 277–301.

Schweizer, Alexander: Homiletik der evangelisch-protestantischen Kirche, systematisch dargestellt, Leipzig 1848.

Schwier, Helmut / Gall, Sieghard: Predigt Hören – Befunde und Ergebnisse der Heidelberger Umfrage zur Predigtrezeption, Berlin 2008.

Schwier, Helmut: Zur Sache der Texte – Bibel, Predigt und Hermeneutik aus exegetischer Sicht, in: Deeg, Alexander / Nicol, Martin: Bibelwort und Kanzelsprache – Homiletik und Hermeneutik im Dialog, Leipzig 2010, S. 11–29.

Sendlmeier, Walter: Junge und alte Stimmen, in: Geissner, Hellmut K. (Hg.): Das Phänomen Stimme – in Kunst, Wissenschaft, Wirtschaft, St. Ingbert 2004, S. 91–104.

Slembek, Edith (Hg.): Transzensionen: angeregt – weiterdenken, St. Ingbert 2007.

Slembek, Edith / Geissner, Hellmut K. (Hg.): Feedback – Das Selbstbild im Spiegel der Fremdbilder, St. Ingbert 1998.

Slembek, Edith: «Wort zum Sonntag»: Von der Idee zur Rede, in: Peier, Martin (Hg.): Beim Wort genommen – Kommunikation in Gottesdienst und Medien, Zürich 2007, S. 167–177.

Slembek, Edith: Feedback als hermeneutischer Prozess, in: Slembek, Edith / Geissner, Hellmut K. (Hg.): Feedback – Das Selbstbild im Spiegel der Fremdbilder, St. Ingbert 1998, S. 55–72.

Slembek, Edith: Frauen in Führungsgesprächen, in: Geissner, Hellmut K. u. a. (Hg.): Gesprächsführung – Führungsgespräche, St. Ingbert [3]2001, S. 91–102.

Slembek, Edith: Gedankenfreiheit – oder: Gedankenkonserven?, in: Peier, Martin (Hg.): Beim Wort genommen – Kommunikation in Gottesdienst und Medien, Zürich 2007, S. 203–214.

Slembek, Edith: Gespräche leiten, in: Geissner, Hellmut K. u. a. (Hg.): Gesprächsführung – Führungsgespräche, St. Ingbert, [3]2001, S. 35 – 48.

Slembek, Edith: The Cultural and Social Impact of Female Voices, in: Carragee, Kevin M. / Barthel, Henner (Hg.): The Voice of Power, St. Ingbert 2002, S. 51–64.

Slembek, Edith: Warum und woran Gespräche scheitern können, in: Geissner, Hellmut K. u. a. (Hg.): Gesprächsführung – Führungsgespräche, St. Ingbert, [3]2001, S. 59–77.

Slembek, Petra / Slembek, Silke: Klären als Erfolgsfaktor in der Praxis interdisziplinärer Projektarbeit, in: Heilmann, Christa M. (Hg.): Kommunikationskulturen – intra- und interkulturell, St. Ingbert 2005, S. 173–181.

Spang, Wolfgang: Qualität im Radio – Determinanten der Qualitätsdiskussion im öffentlich-rechtlichen Hörfunk in Deutschland, St. Ingbert 2006.

Spiegel, Carmen: Heisst Miteinander Kommunizieren etwa auch Zuhören? – Ein Plädoyer für die Zuhörenden, in: Wagner, Roland u. a. (Hg.): Sprechen, Lesen, Hören, München 2006, S. 153–162.

Spiegel, Carmen: Zuhören im Gespräch, in: Krelle, Michael / Spiegel, Carmen (Hg.): Sprechen und Kommunizieren, Baltmannsweiler 2009, S. 189–20.

Stanzel, Frank K.: Theorie des Erzählens, Göttingen [8]2008.

Steele, Alexander (Hg.): Creative Writing – Romane und Kurzgeschichten schreiben, Berlin 2004.

Steffensky, Fulbert: Liturgische Authentizität und die pluralen Erwartungen – Ein Lob der Formen; Referat anlässlich des Symposiums «Gottesdienst in einer pluralistischen Welt», Bern 1999.

Steffensky, Fulbert: Schöne Aussichten – Einlassungen auf biblische Texte, Stuttgart 2006.

Stierle, Beate: Symbole in der Predigt II – Ein Beitrag zur Beziehungsproblematik, in: Daiber, Karl-Fritz (Hg.): Predigt als religiöse Rede – Homiletische Überlegungen im Anschluss an eine empirische Untersuchung (Predigen und Hören Bd. 3), München 1991, S. 404–425.

Stock, Eberhard / Suttner, Jutta: Wirkungen des Stimm- und Sprechausdrucks, in: Krech, Eva-Maria / Richter, Günther / Stock, Eberhard / Suttner, Jutta: Sprechwirkung – Grundfragen, Methoden und Ergebnisse ihrer Erforschung, Berlin 1991, S. 59–142.

Stolz, Jörg / Ballif, Edmée: Die Zukunft der Reformierten – gesellschaftliche Megatrends – kirchliche Reaktionen, Zürich 2010.

Theissen, Gerd: Exegese und Homiletik – Neue Textmodelle als Impulse für neue Predigten, in: Pohl-Patalong, Uta / Muchlinsky, Frank (Hg.): Predigen im Plural – Homiletische Aspekte, Hamburg 2001, S. 55–67.

Theissen, Gerd: Zeichensprache des Glaubens – Chancen der Predigt heute, Gütersloh 1994.

Thiele, Michael: «Königin alle Dinge, die Rede» – Rhetorische Präsenz, in: Meyer-Blanck, Michael u. a. (Hg.): Homiletische Präsenz – Predigt und Rhetorik, München 2010, S. 175–189.

Thiele, Michael: Als Sprecherzieher in der Predigtausbildung – Über zwei Pilotprojekte der Evangelischen Kirche in Hessen und Nassau, in: Lemke, Siegrun (Hg.): Sprechwissenschaftler/in und Sprecherzieher/in – Eignung und Qualifikation, München 2001, S. 112–117.

Thiele, Michael: Lernerfolge durch Video-Feedback, in: Heimbrock, Hans-Günter / Kriegstein, von, Matthias (Hg.): Predigen lernen, Gottesdienst feiern lernen – Neue Wege in der theologischen Ausbildung, Frankfurt a. M. 2000, S. 87–98.

Thiele, Michael: Stimme auf der Kanzel, in: Geissner, Hellmut K. (Hg.): Das Phänomen Stimme – in Kunst, Wissenschaft, Wirtschaft, St. Ingbert 2004, S. 173–177.

Thielicke, Helmut: Leiden an der Kirche – Ein persönliches Wort, Hamburg 1965.

Thomé, Hans E.: Analysen der Kurzansprachen in rhetorischer Sicht, in: Heimbrock, Hans-Günter / Kriegstein, von, Matthias (Hg.): Predigen lernen, Gottesdienst feiern lernen – Neue Wege in der theologischen Ausbildung, Frankfurt a. M. 2000, S. 75–86.

Tomasello, Michael: Die Ursprünge der menschlichen Kommunikation, Frankfurt a. M. 2009.

Tomasello, Michael: Warum wir kooperieren, Berlin 2010.

Tropp, Jörg: Moderne Marketing-Kommunikation – System – Prozess – Management, Wiesbaden 2011.

Valentin, Joachim: Zwischen Fiktionalität und Kritik, Freiburg, Basel, Wien 2005.

Wachtel, Stefan: Schreiben fürs Hören, Konstanz 1997.

Wachtel, Stefan: Sprechwissenschaftliche Untersuchungen zum Moderieren im Rundfunkjournalismus, St. Ingbert 2002.

Wagner-Rau, Ulrike: Komplexe Wirklichkeit – Über die Kunst, sie in der Predigt zur Sprache zu bringen, in: Pohl-Patalong, Uta / Muchlinsky, Frank (Hg.): Predigen im Plural – Homiletische Aspekte, Hamburg 2001, S. 116–132.

Watzlawick, Paul, u. a.: Menschliche Kommunikation – Formen, Störungen, Paradoxien, Stuttgart 1996.

Weber, Max: Wirtschaft und Gesellschaft. Grundriss der verstehenden Soziologie, 1922, Zugriff online am 30.05.2017, www.textlog.de/weber_wirtschaft.html.

Weder, Hans: Die Gleichnisse Jesu als Metaphern – Traditions- und redaktionsgeschichtliche Analysen und Interpretationen, Göttingen [4]1990.

Weiss, Ralph / Groebel, Joe: Privatheit im öffentlichen Raum – Medienhandeln zwischen Individualisierung und Entgrenzung, Opladen 2002.

Wenz, Helmut: Körpersprache im Gottesdienst, Leipzig 1998.

Wiedermann, Hans-Georg: Zur rhetorischen Gestaltung der Predigt, in: EvTh 1/72, S. 38–61.

Willems, Herbert: Glaubwürdigkeit und Überzeugung als dramaturgische Probleme und Aufgaben der Werbung, in: Fischer-Lichte, Erika u. a. (Hg.): Inszenierung von Authentizität, Tübingen [2]2007, S. 209–232.

Winkler, Eberhard: Gemeinde zwischen Volkskirche und Diaspora – Eine Einführung in die praktisch-theologische Kybernetik, Neukirchen-Vluyn 1998.

Winkler, Maud / Commichau, Anka: Reden – Handbuch der kommunikationspsychologischen Rhetorik, Reinbek bei Hamburg [2]2008.

Wolf-Linke, Eberhard: Fernseh-Moderationen – Bedingungen und Möglichkeiten pädagogischer Interventionen in audiovisuell technisch vermittelten Kommunikationen, St. Ingbert 2011.

Wolf, Eberhard: «… fiel in der Sendung nicht weiter auf …», in: Slembek, Edith / Geissner, Hellmut K. (Hg.): Feedback – Das Selbstbild im Spiegel der Fremdbilder, St. Ingbert 1998, S. 215–225.

Wolf, Eberhard: «Kann ich das noch mal hören?», in: Heilmann, Christa M. (Hg.): Kommunikationskulturen – intra- und interkulturell, St. Ingbert 2005, S. 301–311.

Wolf, Eberhard: «Mach's wie die andern! – Sei einfach Du selbst!», in: Kopfermann, Thomas (Hg.): Das Phänomen Stimme: Imitation und Identität, St. Ingbert 2006, S. 261–263.

Zaboura, Nadia: Das empathische Gehirn – Spiegelneurone als Grundlage menschlicher Kommunikation, Wiesbaden 2009.

Zeillinger, Peter: Und wieder stehen wie am Areopag … – Christliche Predigt und die Rhetorik der «Postmoderne», in: Meyer-Blanck, Michael / Seip, Jörg / Spielberg, Bernhard (Hg.): Homiletische Präsenz – Predigt und Rhetorik, München 2010, S. 137–155.

Zeindler, Matthias / Grözinger, Albrecht: Reformatorisch oder (post-) modern?, in: Kunz, Ralph / Plüss, David / Marti, Andreas (Hg): Reformierte Liturgik kontrovers, Zürich 2011, S. 11–30.

Zeitler, Herbert / Pagon, Dusan: Fraktale Geometrie, Wiesbaden 2000.

Zellerhof, Rita: Zuhören lernen, in: Lemke, Siegrun (Hg.): Sprechwissenschaftler/in und Sprecherzieher/in: Eignung und Qualifikation, München 2001, S. 123–127.

Zerfass, Rolf: Grundkurs Predigt 1. Spruchpredigt, Düsseldorf 1987.

Ziegler, Waltraud: Feedback in einer Konzeption ‹Sprechausbildung beim Fernsehen›, in: Slembek, Edith / Geissner, Hellmut K. (Hg.): Feedback – Das Selbstbild im Spiegel der Fremdbilder, St. Ingbert 1998, S. 227–242.